自由尺寸裁剪 P33

视频路径： 视频>CH02>2.3.1自由尺寸裁剪.mp4

重新构图裁剪

视频路径： 视频>CH02>2.3.4重新构图裁剪.mp4

透视校正裁剪 P39

视频路径： 视频>CH02>2.3.6透视校正裁剪.mp4

污点修复画笔工具 P40

视频路径： 视频>CH02>2.4.1污点修复画笔工具.mp4

修补工具 P41

视频路径： 视频>CH02>2.4.2修补工具.mp4

调整图片亮度（亮度/对比度） P44

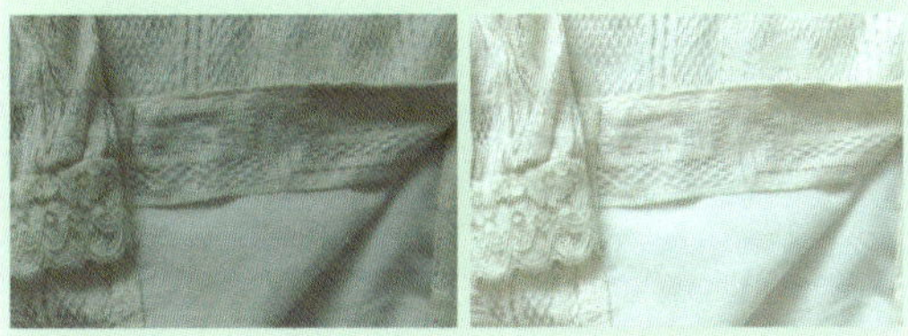

视频路径： 视频>CH02>2.5.1调整图片亮度.mp4

调整图片暗色（色阶） P46

视频路径： 视频>CH02>2.5.2调整图片暗色.mp4

调整图片偏色（曲线） P47

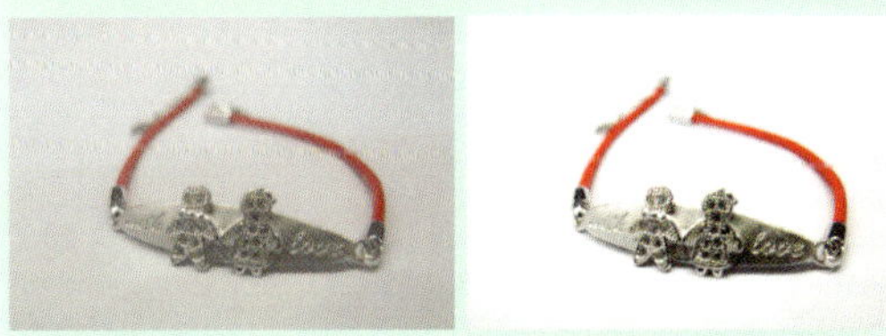

视频路径： 视频>CH02>2.5.3调整图片偏色.mp4

调整图片颜色（色相/饱和度） P49

视频路径： 视频>CH02>2.5.4调整图片颜色.mp4

调整图片清晰度（锐化） P50

视频路径： 视频>CH02>2.5.5调整图片清晰度.mp4

规则形状抠图（套索工具） P51

视频路径： 视频>CH02>2.6.1规则形状抠图.mp4

简单背景抠图（快速选择工具） P52

视频路径： 视频>CH02>2.6.2简单背景抠图.mp4

复杂图形抠图（钢笔工具） P54

视频路径： 视频>CH02>2.6.3复杂图形抠图.mp4

毛发抠图（调整边缘） P56

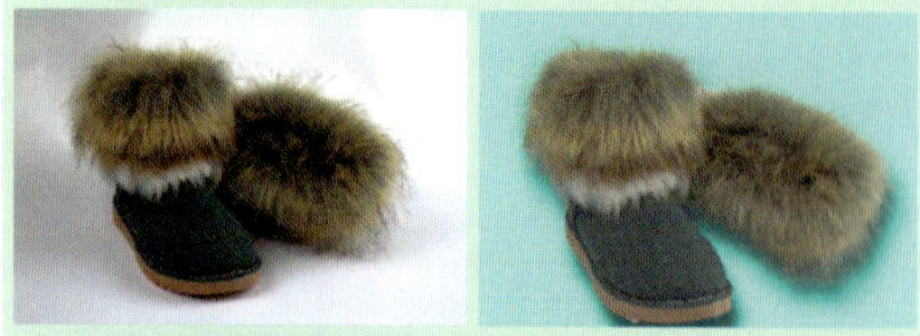

视频路径： 视频>CH02>2.6.4毛发抠图.mp4

光效抠图（混合颜色带） P59

视频路径： 视频>CH02>2.6.6光效抠图.mp4

模糊投影 P60

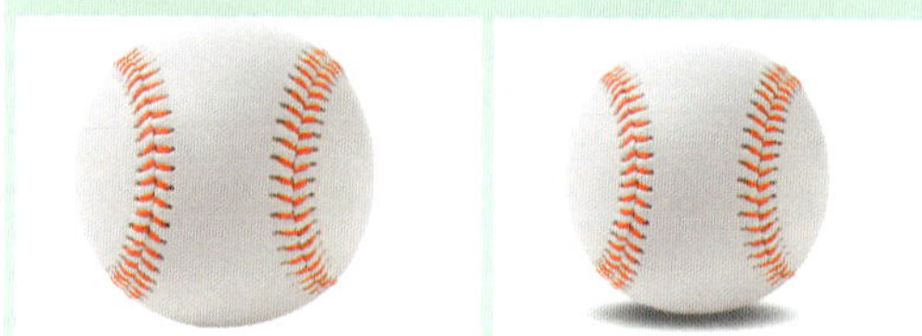

视频路径： 视频>CH02>2.7.1模糊投影.mp4

扁平化长投影 P63

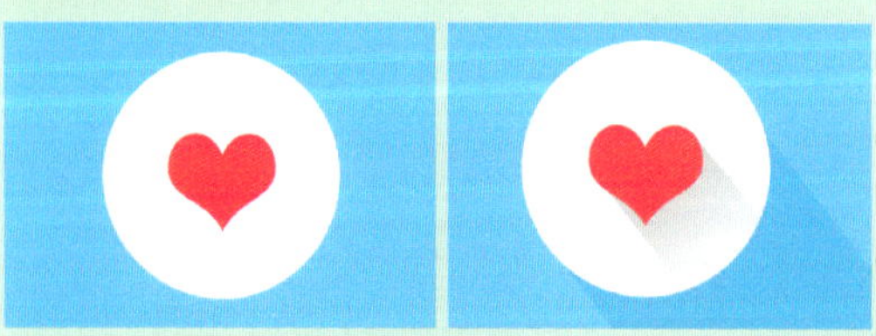

视频路径： 视频>CH02>2.7.3扁平化长投影.mp4

平面类商品倒影 P64

视频路径： 视频>CH02>2.7.4平面类商品倒影.mp4

渐变字 P77

视频路径： 视频>CH02>2.9.3渐变字.mp4

立体字 P79

视频路径： 视频>CH02>2.9.3立体字.mp4

金属质感字体 P81

视频路径： 视频>CH02>2.9.3金属质感字体.mp4

书法字体 P84

视频路径： 视频>CH02>2.9.3书法字体.mp4

促销广告图制作 P90

视频路径： 视频>CH02>2.10促销广告图制作.mp4

订购旺铺智能版 P117

视频路径： 视频>CH04>4.1.2订购旺铺智能版.mp4

首页布局制作流程 P125

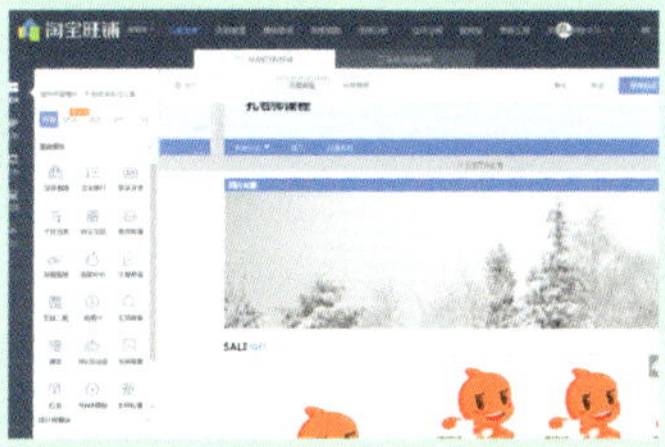

视频路径： 视频>CH04>4.2.2首页布局制作流程.mp4

页中分类导航 P150

视频路径： 视频>CH04>4.4.3页中分类导航.mp4

店招的制作流程 P132

视频路径： 视频>CH04>4.3.2店招的制作流程.mp4

左侧分类导航 P153

视频路径： 视频>CH04>4.4.4左侧分类导航.mp4

店招的装修上传 P135

视频路径： 视频>CH04>4.3.3店招的装修上传.mp4

首页海报制作流程 P164

视频路径： 视频>CH04>4.5.2首页海报制作流程.mp4

宝贝推荐模板设置 P173

视频路径： 视频>CH04>4.6.2宝贝推荐模板设置.mp4

自定义陈列区制作 P174

视频路径： 视频>CH04>4.6.3自定义陈列区制作.mp4

页尾的制作 P179

视频路径： 视频>CH04>4.7.2页尾的制作.mp4

直通车图制作流程 P190

视频路径： 视频>CH05>5.1.3直通车图制作流程.mp4

聚划算主图制作流程 P204

视频路径： 视频>CH05>5.3.3聚划算主图制作流程.mp4

女装详情页制作流程 P220

视频路径： 视频>CH06>6.2.2女装详情页制作流程.mp4

店招的设计 P282

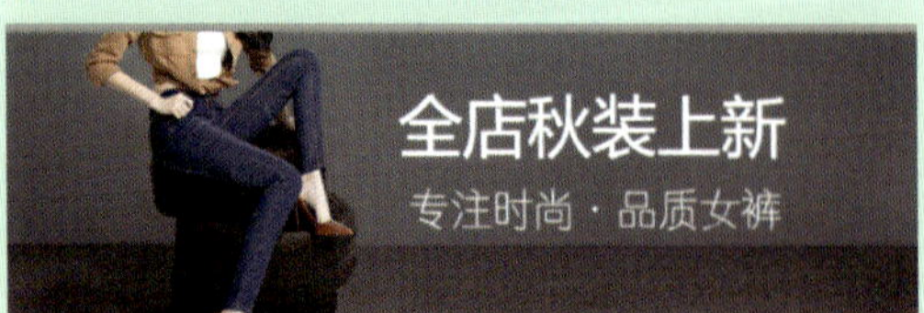

视频路径： 视频>CH10>10.2.2店招的设计.mp4

焦点图模块设计 P284

视频路径： 视频>CH10>10.2.3焦点图模块设计.mp4

淘宝店铺装修全攻略

孔德川◎编著

商品美化 + 页面设计 + 视频制作 + 图文排版 + 手机淘宝

人民邮电出版社
北京

图书在版编目（CIP）数据

淘宝店铺装修全攻略 ：商品美化+页面设计+视频制作+图文排版+手机淘宝 / 孔德川编著. -- 北京 ：人民邮电出版社，2017.8（2023.1重印）
ISBN 978-7-115-45748-6

Ⅰ. ①淘… Ⅱ. ①孔… Ⅲ. ①电子商务－网站－设计 Ⅳ. ①F713.361.2②TP393.092

中国版本图书馆CIP数据核字(2017)第142314号

内 容 提 要

本书主要讲解淘宝美工必须掌握的店铺设计与装修实操技能，以工作流程为导向，从零基础出发，条理清晰，深入浅出，通俗易懂。

全书共 10 章，讲解了淘宝美工需要掌握的基础知识，商品的美化和效果制作，店铺 Logo 制作，店铺首页整体装修，店铺常用活动图的设计，详情页的设计制作，图片切片和优化，Dreamweaver 排版和表格编辑，主图视频编辑制作，以及手机淘宝店铺装修的相关知识。

本书配套资源包括书中案例的素材文件、效果文件及操作演示视频，方便读者边学边练。本书不仅适合淘宝店主、淘宝美工、电商相关从业者，也适合作为相关培训机构、职业院校的参考教材。

◆ 编　　著　孔德川
责任编辑　张丹阳
责任印制　陈　犇
◆ 人民邮电出版社出版发行　　北京市丰台区成寿寺路 11 号
邮编　100164　　电子邮件　315@ptpress.com.cn
网址　http://www.ptpress.com.cn
北京九州迅驰传媒文化有限公司印刷
◆ 开本：700 × 1000　1/16　　彩插：2
印张：18.75　　2017 年 8 月第 1 版
字数：456 千字　　2023 年 1 月北京第 10 次印刷

定价：69.00 元

读者服务热线：(010)81055410　印装质量热线：(010)81055316
反盗版热线：(010)81055315
广告经营许可证：京东市监广登字 20170147 号

前言

随着近几年网络购物的兴起，也带动了相关从业人员的扩充，其中大家最为熟知就是“淘宝美工”。当客户进入卖家的店铺后，购买与否，往往取决于美工设计对店铺的精心装修是否打动了他们。美工设计将摄影师拍摄好的商品和文案人员编辑整理好的文案用最佳的呈现方式、最好的用户购物体验来进行视觉营销设计制作。各类招聘网站，各家电商平台招聘美工人员，如果有3~5年工作经验，月薪都很丰厚。

特色体例

本书主要讲解淘宝美工必须掌握的设计实操技能，并以工作流程为导向，从零基础出发，条理清晰，深入浅出，通俗易懂，理论讲解和软件实操相结合。

本书涵盖了目前网店装修所涉及的大多数领域，读者可以按照本书的章节和顺序学习，用提供的素材进行练习，配合相应的视频教程讲解，不到三四周的时间，就能掌握网店装修的常用方法和技巧，从而完成相应工作。同时本书也可以作为参考书来进行学习，在店铺装修、设计制作过程中遇到问题，可以直接翻阅本书，找到相关章节，查看对应参数，直接运用即可。本书不但是一本美工设计、店铺装修入门图书，也可以作为日后工作的参考图书。

内容梗概

全书共10章，内容从美工设计必备知识开始，到淘宝无线端的装修设计。

第1章对美工从业者所需要必备的知识进行了梳理。

第2章重点讲解商品的美化和效果制作，从Photoshop基础入手，由浅到深，循序渐进，配合案例综合讲解。从裁剪、修图美化、图像调色、抠图处理、醒目标识制作，到文案排版、促销广告图设计制作，合理安排学习Photoshop软件的同时，你也能掌握日常美工设计软件必备的技巧。

第3章对店铺Logo制作进行讲解。从Logo前期设计准备到一个Logo草图的诞生，再到Photoshop后期制作，系统讲解从无到有的创作步骤。

第4章对店铺首页整体装修的详细讲解，从智能版旺铺、首页布局到店招设计、导航设计、首页海报设计、陈列区的规划和设计，再到容易忽略的店尾设计。可以说，学完本章内容，马上就可以制作出一个心满意足的店铺首页。

第5章对店铺常用的活动图设计进行了讲解，包括直通车、钻石展位、聚划算等都是店铺经常要做的付费营销推广活动，制作一个高点击率的活动图是每个淘宝美工设计人员首要考虑的因素。考核美工设计的其中一个标准就是设计的活动图，是否有足够的创意，是否有较高的点击率。

第6章对详情页的设计制作进行了讲解。详情页占据了一个店铺最多的流量入口，消费者是否购买我们的商品，最终还是要通过详情页描述来做出决定。在淘宝的虚拟店铺中，一个足以吸引人眼球的详情页，是每一个淘宝电商从业者不懈的追求。

第7章对图片切片和优化进行了讲解。当消费者浏览我们的店铺时，因网速和服务器的制约，会造成加载速度过慢、卡机等不良的用户体验。所以，对图片进行后期优化处理，选择合适的图片格式是必不可少的环节。

第8章对Dreamweaver排版和表格编辑进行了讲解。在店铺装修过程中，总会遇到一些一张图片上添加多个卖点链接的情况，那么就可以在Dreamweaver这款软件里轻易实现。

第9章对主图视频编辑制作进行了讲解。淘宝店铺的商品，除了文字和图片展示，视频展示无疑是最直观、最明了的，全方位360° 对某个商品进行展示。

第10章对手机淘宝装修进行了讲解。在淘宝购物中，无线端流量已经远远超越PC端，这也直接地告诉我们一线从业者，客户都去手机上购买了，而我们的手机淘宝店铺装修也要重视起来。

本书适合读者

本书不仅适合淘宝店主、淘宝美工、电商相关从业者、自学爱好者，也适各培训机构、职业院校相关专业作为参考教材。

笔者2009年开始从事一线教学工作，2010年又兼顾网络课程教学内容，视频学习人员受众达百万之多，广受好评。

尽管笔者在编写过程中力求精准、完善，但是由于水平有限，书中不足、纰漏之处在所难免，恳求广大读者批评指正。让我们针对书中的内容一起探讨，实现共同进步。路虽远，行则将至；事虽难，做则必成。

随书配套资源及服务

本书所有的学习资源文件均可在线下载，扫描“资源下载”二维码，关注我们的微信公众号即可获得资源文件下载方式。资源下载过程中如有疑问，可通过我们的在线客服或客服电话与我们联系。在学习的过程中，如果遇到问题，也欢迎您与我们交流，我们将竭诚为您服务。

资源下载

您可以通过以下方式来联系我们。

客服邮箱：press@iread360.com

客服电话：028-69182687、028-69182657

孔德川

2017年5月

目录

目录

第3章

店铺Logo设计

第4章

店铺首页装修与设计

第 5 章 常用活动图设计与制作

第 6 章 详情页设计与制作

第 7 章 图片切割与优化

目录

CONTENTS

第 1 章

合格美工必备知识

设计是一个专业性很强的工作，没有相当长一段时间的学习是不可能掌握的，并且设计工作是没有规则性的，它有无限的创意空间让设计师发挥。

电商美工设计是近些年发展较快的视觉设计之一，随着我国互联网行业的高速发展，急需这方面的优秀从业者。淘宝网从2003年成立到今天已有十几年，从历史发展的经验来看，还没有一个行业像互联网一样发展如此之快，影响之深。

本章将全面讲解一个合格美工设计人员需要掌握的基础知识。

1.1 认识淘宝美工

淘宝美工是淘宝网店页面编辑美化工作者的统称，其日常工作包括网店设计、图片处理、页面设计、美化处理、促销海报设计、商品描述详情设计、专题页设计、店铺装修及商品上下线更换等工作内容。不难看出，淘宝美工和传统的平面美工、网页美工等有很大的区别。

美工设计是对整个店铺视觉营销设计与装修的最终执行者，在整个工作流程中尤为重要。要经过专业的训练，掌握相应的技能，才能胜任此工作。

一个网店设计的美观与否是至关重要的，它直接影响到店铺的销量。线下的实体店铺及大型商场内的商铺，外部需要有门头、橱窗、活动海报等，内容部有展柜、出售的商品、模特、导购等，网店同样需要展示这些内容，要全靠美工设计人员在店铺装修上体现出来。不难看出，实体店和网店是一样的，从装修上一眼就能看出各店铺的档次。

图1-1和图1-2所示分别为没有装修的店铺和精心装修好的店铺。不难看出，后期通过美工设计装修好的店铺，在产品排列和风格设计上，层次分明，井然有序，极大程度提高了店铺的整体品位、令消费者赏心悦目，最终促成订单成交。淘宝已经从早期的蛮荒生长阶段，随意放上商品就能打造爆款的时代走向有品位，有格调的时代。一个小小的一线美工设计人员，肩负着这个时代赋予的使命——引领大众审美的走向。

图1-1 暂未装修的店铺

图1-2 装修后的店铺

就目前而言，淘宝店和天猫商城的整个装修流程和方法都是一致的。本书将系统地讲解淘宝店铺装修过程中必须掌握的技能和方法，由浅入深，循序渐进，通过每一个经典实例一步一步进行详细讲解。希望大家学习之后，人人都能独立完成掌握淘宝美工和店铺装修的技能和方法，从而设计装修出令人赏心悦目的店铺。

1.2 美工掌握基本知识

1.2.1 分辨率、像素和尺寸

1. 分辨率

分辨率有两种：屏幕分辨率和图像分辨率。

屏幕分辨率：指显示器所能显示的像素有多少。显示的像素越多，画面就越精细，信息也越多。例如，将计算机显示器的分辨率设置成1280像素×1024像素，说明计算机屏幕在水平方向上有1280个像素点，在垂直方向上有1024个像素点，如图1-3所示。

图1-3 电脑屏幕分辨率

图像分辨率：指图像中存储的信息量，是每英寸图像内有多少个像素点。分辨率的单位为PPI（Pixels Per Inch），即叫作像素每英寸。

在设计的过程中，图像分辨率一般设置为72PPI就可以了，色彩模式为RGB。如果做的海报需要输出印刷，那么分辨率就要设置为300PPI，色彩模式为CMYK。

2. 像素

图像由一个个点组成，这个点称为像素。像素是图像中最小的单位。每个像素是一个小点，不同颜色的点（像素）聚集起来就变成一幅动人的画面。

在Photoshop软件中打开一张图片，将图片放大300倍，就可以发现，它是由很多小方格色块排列组成的，这就是一个像素，如图1-4所示。

图1 4 像素

两张图片尺寸相等的情况下，像素越高，说明其精细度越高，反之则越低。

3. 尺寸

图像尺寸的长度和宽度经常以毫米或厘米为单位，也可以像素为单位。

在做印刷设计的时候，在Photoshop软件中新建文件时，可以选择以毫米或厘米为尺寸单位。在美工设计中，长度和宽度尺寸经常以像素为单位，如图1-5所示。

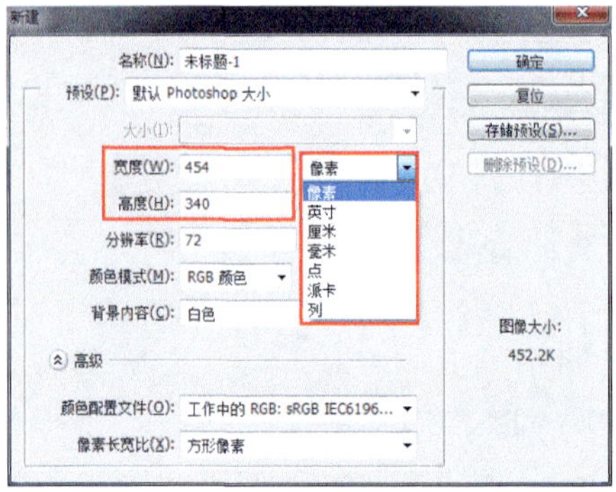

图1-5 尺寸

在美工设计中，宝贝主图尺寸大小是800像素×800像素，详情页宽度是750像素，全屏海报宽度是1920像素不等。

1.2.2 位图和矢量图

1. 位图图像

位图又称点阵图或像素图，是由屏幕上的发光点（即像素）构成的，点或像素是最小单位，这些多个像素的色彩组合就形成了一张图像，称为位图。位图图像和分辨率像素有关，在图像放大时，可以很清楚地看到每个像素的组成内容，如图1-6所示。

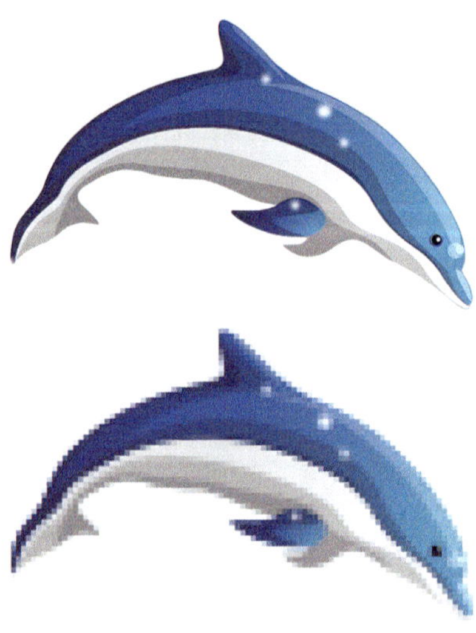

图1-6 位图图像

位图图像的主要优点是表现力强、细腻、层次多、细节多，可以很容易模拟出像照片一样的真实效果。它的缺点是在传播的过程中会造成失真、图像模糊等。

2. 矢量图

矢量图是使用直线和曲线工具描述的图形，这些图形的元素是一些点、线、矩形、多边形、圆和弧线等。矢量图的特点是放大后图像不会失真，与分辨率无关，适用于图形设计、文字设计和一些标志设计、版式设计等，如图1-7所示。

图1-7 矢量图

可用Illustrator、CorelDRAW等常用软件绘制矢量图。

位图由像素组成，而矢量图由矢量线组成。位图可以表现的色彩比较多，而矢量图可以表现的色彩则相对较少。矢量图可以无限放大，而不会失真。

1.2.3 常用图片文件格式

图片格式是计算机存储图片的格式，常见的存储格式有JPG、PNG、GIF、PSD、AI等。

每一款工具软件都会支持输出不同的图片格式选项，以满足用户的工作需求。在Photoshop软件中，执行 “文件>存储为”菜单命令，弹出选项面板，能保存为二十多种图片格式，如图1-8所示。

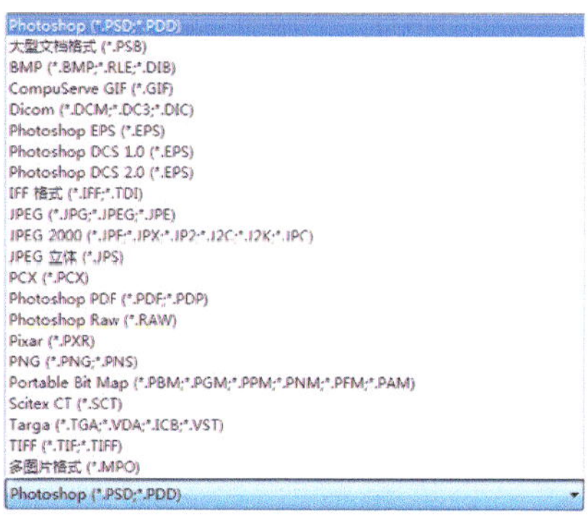

图1-8 常用图片文件格式

经常在网上使用QQ软件聊天，也会发现，使用截图功能，选择保存，保存类型选项也提供了3种图片格式供用户选择。那么，为什么会有这么多图片格式呢？它们之间有什么区别？在做美工设计的时候，选择哪一种合适的图片格式才是正确的呢？

1. JPEG格式

JPEG/JPG格式是最常见的一种图像格式，它是由联合照片专家组（Joint Photographic Experts Group）命名的，其文件扩展名为“.jpg”或“.jpeg”，它是一种有损压缩格式。

但是JPEG压缩技术十分先进，它用有损压缩方式去除冗余的图像数据，在获得极高的压缩率的同时能展现十分丰富生动的图像。换句话说，就是可以用最少的存储空间得到最好的图像品质，如图1-9所示。

JPEG格式是目前网络上最流行的图像格式，互联网上80%的图片都是用的此格式，它的特点是文件尺寸较小，下载速度快。在Photoshop软件中以JPEG格式存储时，提供13级压缩级别，用0~12级表示。0级别表示压缩最高，如图1-10所示。

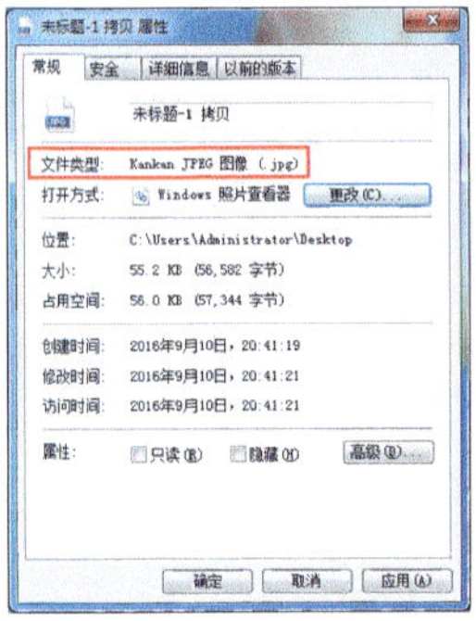

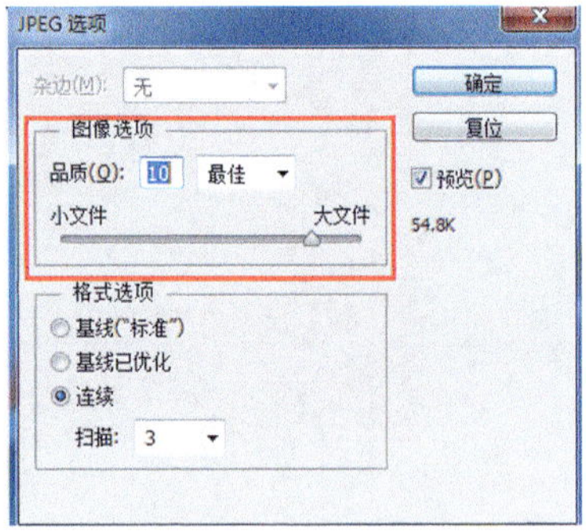

图1-9 JPG/JPEG格式　　　　图1-10 图像品质选项

整体来说，JPEG格式的优点是可以将图像或素材进行高倍数压缩，利用可变的压缩比自由控制文件大小，满足在网络上的传播。缺点自然和优点是对立的，有压缩就会对图像进行取舍，会使原始图片质量下降。

2. PNG-8/PNG-24格式

PNG（Portable Network Graphics，便携式网络图形）是网上接受的最新图像文件格式。其设计目的是试图替代GIF和TIFF文件格式，同时增加一些GIF文件格式所不具备的特性。PNG格式也汲取了GIF和JPG格式二者的优点，而且PNG是一种无损压缩的图像格式，在保证图像质量的情况下，文件体积也是可以接受的。存储灰度图像时，灰度图像的深度可多达16位；存储彩色图像时，彩色图像的深度可多达48位，并且还可存储Alpha通道，在存储选项中，可以对压缩和交错进行更换模式，如图1-11所示。

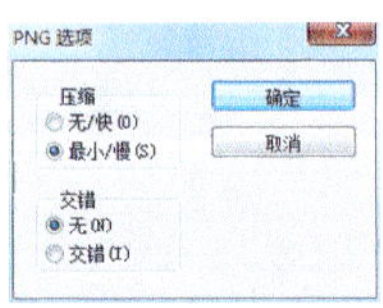

图1-11 存储选项

PNG格式的图像在浏览器上采用流式浏览，图像会在完全下载之前提供给浏览者一个基本的图像内容，然后再逐渐清晰起来。

PNG格式不但可以获得较高的压缩比，而且不损失数据。更重要的是，PNG格式还支持透明格式。在设计中，经常会存储一些图形来丰富自己的素材库，很多小的图标和标示都会直接存储为PNG的透明格式，以备今后重复使用，可以极大地提高工作效率，非常方便。

3. GIF格式

GIF（Graphics Interchange Format）是图形交换格式，GIF文件的数据是一种基于LZW算法的连续色调的无损压缩格式，其压缩率一般在50%左右，几乎所有相关软件都支持它，公共领域有大量的软件在使用GIF图像文件。它的最大特点是在一个GIF文件中可以存储多幅彩色图像，多幅图像数据逐幅读出并显示到屏幕上，就可构成一种最简单的动画。网络上的“动图”“闪图”“GIF动画图”都是指的此格式。

GIF格式还支持透明背景图像，透明背景图像也是网络上常见的图片格式，体积小，在做宝贝详情描述页时，所输出的图片大多数会选择GIF格式。在Photoshop软件中，执行“文件>存储为Web所用格式”菜单命令，选项面板会提供相应的优化参考和效果预览等，如图1-12所示。

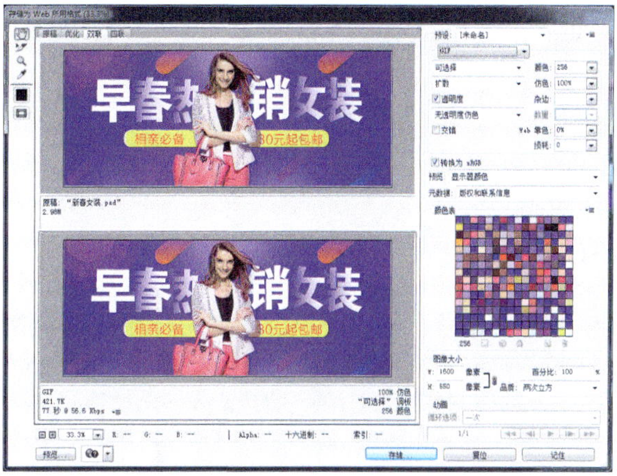

图1-12 存储为Web所用格式

4. PSD格式

PSD格式是Photoshop软件的专用文件格式，是一种非压缩的原始文件保存格式，也是经常所说的设计“源文件”格式。

PSD格式存储了设计操作过程中所有的信息内容，如图层、文字、形状、通道、蒙板及滤镜特效信息等，如图1-13所示。PSD文件有时容量会很大，图层过多，动辄数百兆字节。由于PSD格式可以保留所有原始信息，在设计过程中，对于尚未制作完成的图像，应选用 PSD格式进行保存。

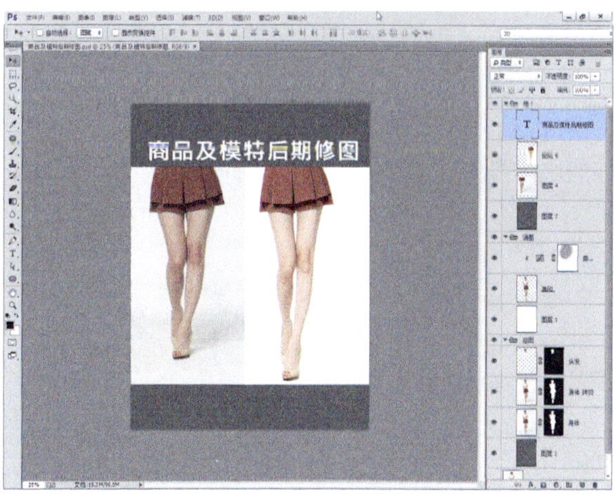

图1-13 PSD格式

值得注意的是，Photoshop软件在存储PSD源文件格式时，不论用Photoshop哪个版本的软件程序都可以打开进行编辑，高版本和低版本兼容性效果好。

5. AI格式

AI是Adobe公司Illustrator软件存储的源文件格式，它是专用的矢量图形文件格式。它的优点是占用空间小、打开速度快、方便格式转换等。

AI格式与PSD格式相同，AI也是一种分层文件，每个对象都是独立的，它们具有各自的属性，如大小、形状、轮廓、颜色、位置等，存储了设计过程中所有的对象内容。

在设计的过程中，如产品的包装、产品Logo标示等信息，大多数都是用Illustrator软件制作的。美工设计用到的Illustrator的功能没有平面设计用到的多，但是，最好还是要掌握Illustrator基本的操作，对日后工作也是很有帮助。

在Photoshop软件中，可以直接打开AI格式的文件，将其作为一个图层导入进来。

1.2.4 色彩的基本知识

大千世界，五彩缤纷，春夏秋冬的更替，每个人都能感受到春的花花绿绿，夏的绚丽多姿，秋的琳琅满目，冬的异彩纷呈。当想到天空时，脑海里呈现出的是深邃的蓝色和漂浮的白云；当想到大海时，脑海里呈现出的是水天相接的一望无际蔚蓝色的大海；当想到沙漠时，脑海里呈现出的是浩瀚无垠的黄色。大自然赋予我们的一切，都是通过色彩进行传播的。

对于一个设计人员来说，要设计出好的作品，必须掌握这些色彩的知识，同时也要学会借鉴大自然的色彩，如图1-14所示。

图1-14 大自然的颜色

1. 三原色

从小老师就会告诉我们，世界那么大，人眼所能看到的颜色都是由3种颜色混合组成的，它们是三原色，分别是红、绿、蓝。那么具体什么是三原色呢？它们又为何如此神奇呢？

色彩中不能再分解的基本色称为原色，原色可以合成其他的颜色，而其他颜色却不能还原出本来的色彩。通常说的三原色，即红（R）、绿（G）、蓝（B）。原色的纯度高，最干净，最明快，三原色可以混合出其他所有的颜色，如图1-15所示。

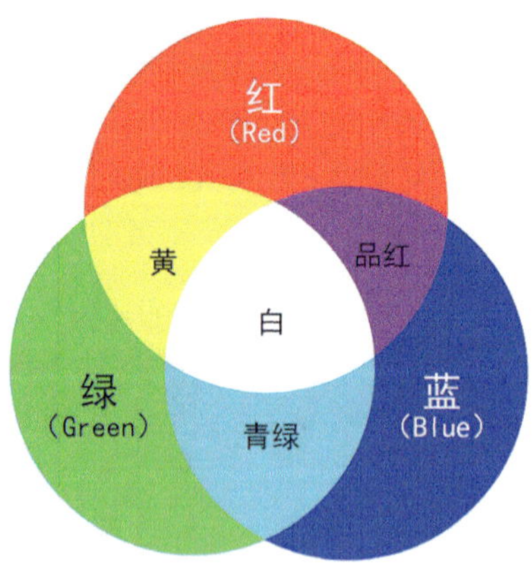

图1-15 三原色

2. 色彩的分类

丰富多样的颜色可以分为有彩色系和无彩色系两大类，如图1-16所示。

图1-16 有彩色和无彩色

有彩色：指红、橙、黄、绿、青、蓝、紫等颜色。不同明度和纯度的红、橙、黄、绿、青、蓝、紫色调都属于有彩色系。有彩色系的颜色具有3个基本特性：色相、纯度（也称彩度、饱和度）、明度。在色彩学上也称为色彩的三大要素或色彩的三属性。

无彩色系：指白色、黑色和由白色、黑色调和形成的各种深浅不同的灰色。

3. 色彩三要素

（1）色相

色相即各类色彩的相貌称谓，如大红、普蓝、柠檬黄等。色相是色彩的首要特征，是区别于各种不同色彩的最准确的标准。最初的基本色相为红、橙、黄、绿、蓝、紫。在各色中间加插一两个中间色，其头尾色相，按光谱顺序为红、红橙、橙、黄橙、黄、黄绿、绿、蓝绿、蓝、蓝紫、紫、红紫，可制出十二色相环，如图1-17所示。

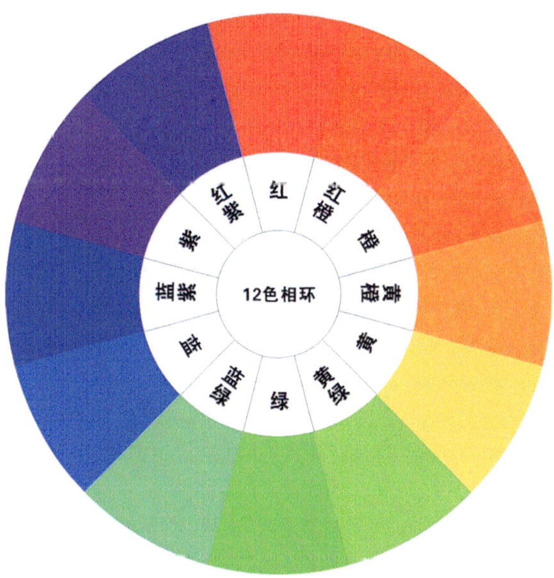

图1-17 色相环

（2）饱和度（纯度、彩度）

饱和度是指色彩的鲜艳程度，也称色彩的纯度。饱和度取决于该色中含色成分和消色成分（灰色）的比例。含色成分越大，饱和度越高；消色成分越大，饱和度越低，如图1-18所示。纯的颜色都是高度饱和的，如鲜红、鲜绿等。混杂上白色、灰色或其他色调的颜色时，就是不饱和的颜色，如绛紫、粉红、黄褐等。完全不饱和的颜色根本没有色调，如黑白之间的各种灰色。

图1-18 饱和度

（3）明度

明度是眼睛对光源和物体表面的明暗程度的感觉，主要是由光线强弱决定的一种视觉体验。颜色有深浅、明暗的变化。明度不仅取决于物体照明程度，而且取决于物体表面的反射系数。如果我们看到的光线来源于光源，那么明度取决于光源的强度，如图1-19所示。如果我们看到的是来源于物体表面反射的光线，那么明度取决于照明的光源的强度和物体表面的反射系数。

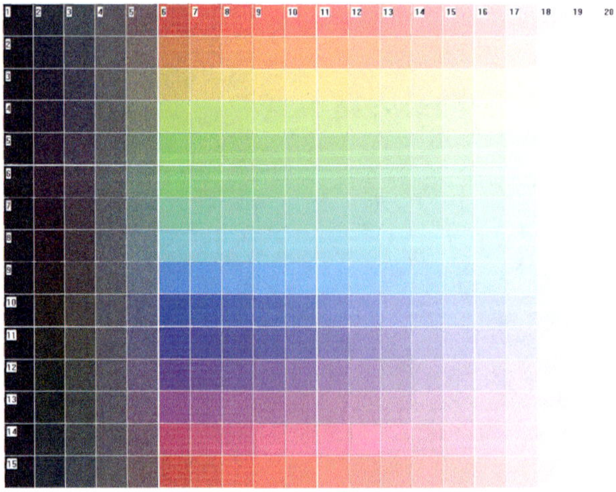

图1-19 明度

深黄、中黄、淡黄、柠檬黄等黄色在明度上就不一样，紫红、深红、玫瑰红、大红、朱红、橘红等红色在亮度上也不尽相同。这些颜色在明暗、深浅上的不同变化，就是色彩的又一重要特征——明度变化。

4. 色彩模式

色彩模式是数字世界中表示颜色的一种算法。在数字世界中，为了表示各种颜色，通常将颜色划分为若干分量。由于成色原理的不同，决定了计算机显示器、手机屏幕、投影机等是由色光直接合成颜色的。打印机、印刷机等使用颜料的印刷设备生成颜色，所以，色彩模式之间是有区别的。图1-20所示为Photoshop中提供的多种色彩模式。

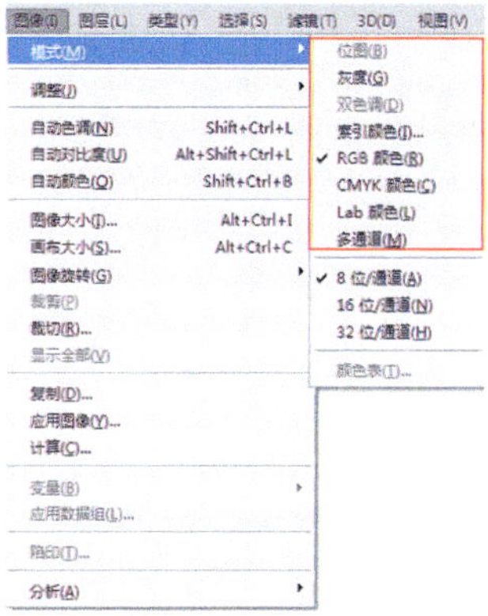

图1-20 色彩模式

（1）RGB模式

RGB模式适用于显示器、投影机、扫描仪、数码相机等，也被称为加色模式。RGB色彩就是常说的三原色，R代表Red（红色），G代表Green（绿色），B代表Blue（蓝色）。

（2）CMYK模式

CMYK模式是当阳光照射到一个物体上时，这个物体将吸收一部分光线，并将剩下的光线进行反射，反射的光线就是我们所看见的物体颜色。这是一种减色色彩模式，适用于打印机、印刷机等。

CMYK代表印刷上用的4种颜色，C代表青色（Cyan），M代表洋红色（Magenta），Y代表黄色（Yellow），K代表黑色（Black）。因为在实际应用中，青色、洋红色和黄色很难叠加形成真正的黑色，最多不过是褐色，因此，才引入了K——黑色。黑色的作用是强化暗调，加深暗部色彩。

值得注意的是，在用Photoshop软件设计一个名片或者海报时，做图的时候色彩模式选择的是RGB，提交给印刷厂时，可以在软件中将图像模式转换为CMYK模式，如图1-21所示。

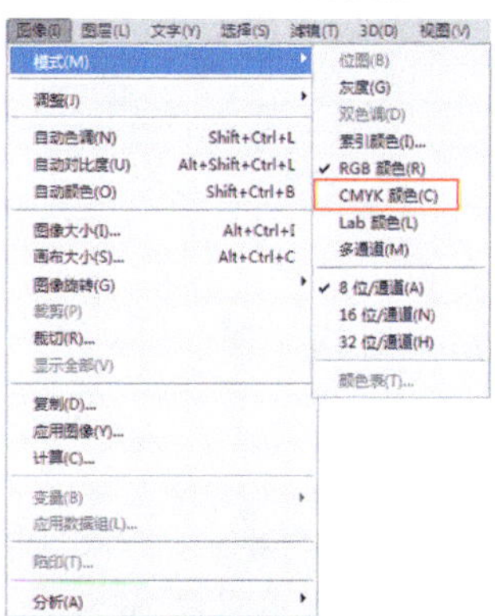

图1-21 CMYK模式

（3）Lab模式

Lab模式由3个通道组成，但不是RGB通道。它的一个通道是明度，即L。另外两个是色彩通道，用a和b来表示，如图1-22所示。Lab模式弥补了RGB和CMYK这两种色彩模式的不足。

RGB是一种屏幕加色模式，CMYK是一种颜色反光的印刷减色模式。而Lab模式既不依赖光线，也不依赖颜料，它是CIE组织确定的一个理论上包括了人眼可以看见的所有色彩的色彩模式。

可以放心大胆地在图像编辑中使用Lab模式，因为它所定义的色彩最多，并且和光线、设备无关，处理速度快。Lab模式在转换成CMYK模式时，色彩不会丢失或被替换。

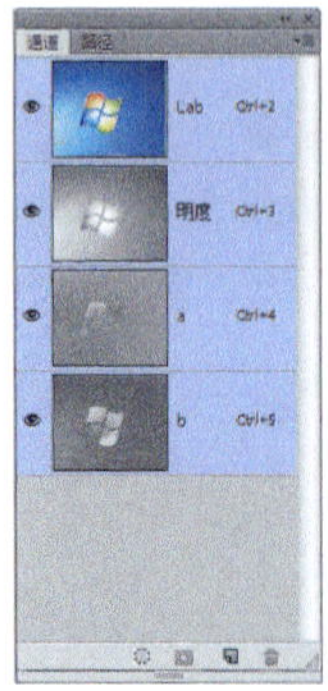

图1-22 Lab模式

5. 色彩的性格

为什么大多数购物类网站的页面用的都是黄色、红色？工业类网站的页面则常用蓝色？在生活当中，往往也能根据店铺的装修风格，判断出是从事什么行业的。这都是为什么呢？

颜色与人的大脑有着某种联系，不同颜色对人的身体情绪、思想和行为有着深刻影响。由于人们的生活经验、传统习惯、年龄和性格等不同，对色彩可产生的心理反应也自然不同。其实“色彩是感情的语言”，根据不同色彩可以诱发不同情感。

红色的热情振奋，蓝色的健康活泼，白色的纯洁坦率，黄色的高贵庄重，紫色的高贵脱俗，黑色的神秘恐怖等。所以，在进行创作的时候，选择合适产品的颜色属性是很有必要的。

红——活力、健康、热情、希望、太阳、火、血。

橙——兴奋、喜悦、活泼、华美、温和、欢喜、灯火、秋色。

黄——温和、光明、快活、希望、金光。

绿——青春、和平、朝气。

青——希望、坚强、庄重。

蓝——秀白、清新、宁静、平静、永恒、理智、深远、海洋、天空、水。

紫——高贵、典型、华丽、优雅、神秘、丁香、玫瑰。

褐——严肃、浑厚、温暖。

白——纯洁、神圣、清爽、洁净、卫生、光明、雪、云。

灰——平静、稳重、朴素。

黑——神秘、静寂、悲哀、严肃、刚健、恐怖、稳重、夜。

金——光荣、华贵、辉煌。

1.3 必备软件技能要求

“工欲善其事，必先利其器”，不管我们做什么工作，都离不开好的工具。一个合格的美工人员，也需要掌握几款常用的工具软件，犹如书法家创作要熟练运用笔墨纸砚，工人上岗要会操作相应的机器。

1.3.1 Photoshop软件

美工设计最常用的工具就是Photoshop软件，简称PS。它是由美国Adobe公司开发和发行的图像处理软件，功能非常强大，主要应用在处理像素构成的数字图像，同时也是本书重点讲解的内容。

截至目前，Adobe Photoshop CC是市场上最新的版本，支持Windows操作系统和Mac OS系统操作。Photoshop正版软件需要到Adobe中国官网在线付费下载使用，软件界面如图1-23所示。

图1-23 软件界面

本书中的讲解以Photoshop CC版本软件为主，以Windows操作系统为基础，但也不影响使用苹果系统电脑的人员进行操作，同时兼容使用Photoshop低级版本的软件进行操作。Adobe公司开发的软件最大的好处就是它有很好的兼容性，一般不会因为软件的升级而删除上一个版本的一些工具和操作命令。所以，大可不必纠结有关软件版本的问题，熟练掌握操作技能之后，很多情况下可以使用快捷键来操作。

1.3.2 美图秀秀软件

可以到官网直接下载并安装使用美图秀秀软件，如图1-24所示。

美图秀秀由美图官网研发推出，是一款免费图片处理软件，最大的好处就是界面直观，操作简单，不用学习就会用，比同类软件简单很多，图1-25所示为该软件的欢迎界面。

图1-24 美图秀秀官网下载

图1-25 软件欢迎界面

在做美工设计的时候，涉及的产品图片特别多，美图秀秀的功能虽然不能和强大的Photoshop相比，但在图像批量化处理时，特别是批量裁剪、批量转换格式、批量加水印处理时，比Photoshop简单很多，速度也很快，非常好用。

1.3.3 Dreamweaver软件

Dreamweaver又称为DW软件，现在也是Adobe公司旗下的一款优秀软件，目前的最新版本是Adobe Dreamweaver CC。它是集网页制作和管理网站于一身的所见即所得网页编辑软件，如图1-26所示。

图1-26 Dreamweaver软件操作界面

进行店铺装修时，想要让页面呈现更多个性化内容，如动图效果及交互内容，就要通过代码来实现，而这些代码的编辑就要在Dreamweaver软件中完成。

虽然美工设计不会用到复杂的HTML、CSS代码，但是最基础的表格的排版、链接的添加、尺寸数据的修改等都是必须掌握的。在后面的章节会有相应的实例制作和演示讲解。

1.3.4 Premiere软件

Premiere又称为PR软件，是Adobe公司推出的一款常用的视频编辑软件，目前的最新版本是Adobe Premiere CC。它广泛应用于广告制作和电视节目制作中，是一款剪辑软件，用于视频段落的组合和拼接，内置了很多视频转场特效与调色功能，如图1-27所示。

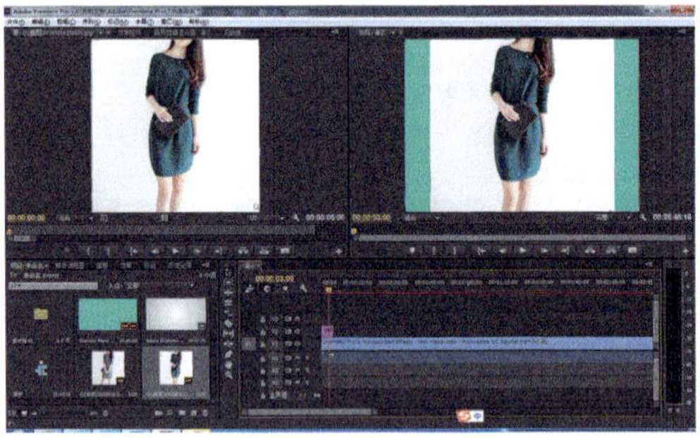

图1-27 Premiere软件操作界面

有人会问，为什么要用PR视频编辑软件呢？淘宝主图推出了9秒的展示视频，对于产品来说，视频动态展示要比文字和图片效果强很多。所以，可以拍摄一段视频，在后期PR软件中编辑剪辑，上传主图宝贝视频，进一步展示商品，提高用户体验，促进商品销售。

值得注意的是，除了Premiere视频编辑软件，淘宝官方也推出了傻瓜式操作的主图视频制作软件，另外，还有会声会影、爱剪辑等软件。

1.3.5 Illustrator软件

Illustrator又称为AI软件，是Adobe公司推出的一款矢量图形制作软件，广泛应用在印刷出版、海报书籍排版、插画、多媒体图像处理和互联网页面的制作等方面，如图1-28所示。

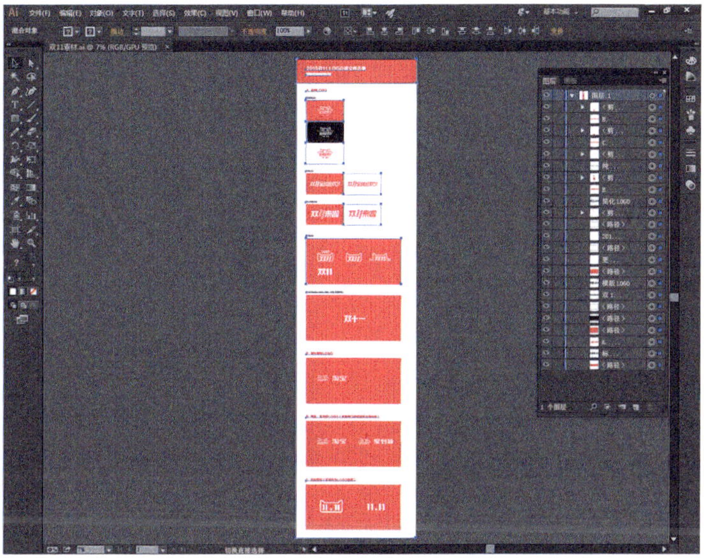

图1-28 软件操作界面

美工使用AI软件时，主要用于一些图标的制作、海报艺术文字的创意制作等。另外，AI软件存储的图片为矢量格式，不存在失真的问题，通常也会涉及很多AI格式的素材需要编辑，然后，输出其他相应文件格式进行应用。所以，对于美工设计来说，不需要精通掌握AI软件，但是在日后的工作中，需要有相应的操作基础。它的学习相对比较简单，很多工具和命令操作方法和Photoshop软件都很相似，只不过一个是位图软件，另一个是矢量软件。

1.4 店铺装修常见图片尺寸

淘宝店铺中不同的位置，图片尺寸要求也不同，当图片过大时，会自动被系统裁剪掉，而图片过小时，周围则会留下空白或者系统自动平铺，这样一来用户体验是极其不好的。

所以，在装修店铺的过程中，制作不同区域的图片时，要根据店铺要求来确定尺寸、大小等信息。这是美工人员在动手设计之前必须考虑到的，否则，因图片的尺寸不合适，再进行后期调整是非常麻烦的。

店铺PC端常用图片尺寸、图片大小及格式参考如表1-1所示。

表1-1 PC端常用图片尺寸、图片大小及格式

名称	图片尺寸	图片大小	图片格式	建议/备注
店招	950像素×120像素	不限	GIF、JPG、JPEG、PNG	品牌形象、促销宣传内容等
导航	950像素×30像素	不限	GIF、JPG、JPEG、PNG	活动分类/热销商品
首焦轮播图	950像素×100~600像素	不限	GIF、JPG、JPEG、PNG	促销宣传
全屏轮播	1920像素×100~600像素	不限	GIF、JPG、JPEG、PNG	促销宣传
宝贝主图	800像素×800像素~1200像素×1200像素	不超过500KB	GIF、JPG、JPEG、PNG	正方形、凸显商品、差异化
详情页面	750像素×自定义 950像素×自定义	不限	JPEG、GIF	完美展现商品
分类图片	宽度不超过160像素，高度无明确规定	不超过50KB	GIF、JPG、JPEG、PNG	醒目/文字为主
店标	建议80像素×80像素	不超过80KB	GIF、JPG、JPEG、PNG	独特、醒目
旺旺头像	建议120像素×120像素	不超过300KB	GIF、JPG、JPEG、PNG	
页头背景	不限	不超过200KB	GIF、JPG、JPEG、PNG	最好可以无缝拼接
页面背景	不限	不超过200KB	GIF、JPG、JPEG、PNG	

手机端常用图片尺寸、图片大小及格式参考如表1-2所示。

表1-2 手机端常用图片尺寸、图片大小及格式

名称	图片尺寸	图片大小	图片格式	建议/备注
店铺头模块	640像素×200像素	不限	JPG、JPEG、PNG	
活动头图片	608像素×304像素	不限	JPG、PNG	展示优惠活动/主推宝贝
单列图片模块	608像素×336像素	不限	JPG、PNG	精美大图展示
双列图片模块	296像素×160像素	不限	JPG、PNG	尝试展示店铺的宝贝分类
多图模块	248像素×146像素	不限	JPG、PNG	可尝试展示优惠券信息

（续表）

名称	图片尺寸	图片大小	图片格式	建议/备注
左文右图模块	608像素×160像素	不限	JPG、PNG	建议图片与图片上的文字颜色要区分开来，让消费者更容易看清楚文字
活动中心模块	608像素×361像素	不限	JPG、PNG	热门活动
新老客模块	608像素×336像素	不限	JPG、PNG	老客户回馈
无线详情装修	宽度480~620像素，高度不超过960像素	不超过1.5MB	JPG、GIF、PNG	
手机海报	背景图：640像素×1136像素	不限	JPG、PNG	
	缩略图：320像素×320像素	不限	jJPG、PNG	
微淘	发广播： 普通模式： 800像素×800像素； 长文章模式： 702像素×360像素	图片不大于3MB		
	发上新： Banner750像素×160像素	不限	JPG、GIF、PNG	
	发视频： 封面800像素×450像素	不限	JPG、GIF、PNG	
上新公告	宽608像素×高112像素	不能超过3MB	jJPG、PNG	

以上仅是部分店铺装修中的图片尺寸格式要求，在实际工作中，直通车图、钻展图及参加官方促销活动图，要求设计的尺寸都是不一样的，在这里就不一一赘述了。

1.5 美工设计制作流程

设计流程就是美工设计人员日常工作的内容，按照先后顺序进行合理规划，提高工作效率。

1.5.1 素材规划

装修店铺之前，设计人员必须考虑整个店铺的风格，从拍摄照片开始就必须进行全面规划。每一个店铺都是富有独特生命活力的，如何完美地展现给顾客，都是需要考虑到的。

1.5.2 图片设计制作

拍摄好商品和模特展示等图片，需要在Photoshop软件中进行美化处理，再配上文案内容，进行排版设计制作。这也是美工设计人员工作的重点，同样也是本书着重讲解的内容。

1.5.3 切片处理

使用Photoshop切片工具把设计好的内容进行无缝切片和优化处理。同样本书后面有单独章节来讲解切片的内容。

1.5.4 上传图片空间

把切片并存储好的图片上传到淘宝图片空间或千牛云盘，然后复制图片的地址链接到Dreamweaver软件中，给图片添加热点链接等将其转换为代码，之后就可以在店铺装修中使用了。

1.5.5 预览效果

把转化好的代码有效地安装到店铺当中，及时预览查看效果。值得注意的是，要及时检查代码链接的有效性，处理瑕疵，确定无误后，方可发布。

1.5.6 其他工作

另外，当日常工作中遇到其他营销活动时，需要配合运营人员设计制作促销广告图。

第 2 章

商品美化和效果制作

从事淘宝美工设计工作必须掌握图片的处理、美化、设计和排版等内容。Photoshop软件是设计师最常用的图像后期处理软件，它在日后工作中占据大量工作内容。设计制作好效果图后，才能进一步对店铺进行美化装修处理。

本章主要通过Photoshop软件讲解图像的裁剪方法和技巧、图像的美化瑕疵处理、图像的偏色处理方法、抠图的处理方法、投影和倒影的制作方法、醒目标识制作、文字和排版，以及促销广告图的制作等。俗话说，工欲善其事，必先利其器，每一部分内容都是日后工作中必不可少的环节，希望大家认真学习，多加练习。

2.1 认识Photoshop软件

视频文件 | 视频\CH02\2.1认识Photoshop软件.mp4

本书以目前Adobe公司的最新版本Photoshop CC进行演示讲解，如果是CS5、CS6等版本，影响也不是很大，因为Photoshop最大的优点之一就是兼容性很强，不必纠结有关软件版本的问题。图2-1所示为Photoshop CC启动后的操作界面，之后的设计工作都需要在这个界面中完成。

A区域是菜单栏。菜单栏集合了Photoshop中的各种命令，由11项主菜单及很多子菜单命令构成。当某个命令可以使用时，会呈现深灰色；如果不可以使用，则是浅灰色。以“图层”菜单为例，发现下拉菜单中，“新建”命令可以用，子菜单中命令也可以用，而下一个“复制CSS”命令不可用，如图2-2所示。

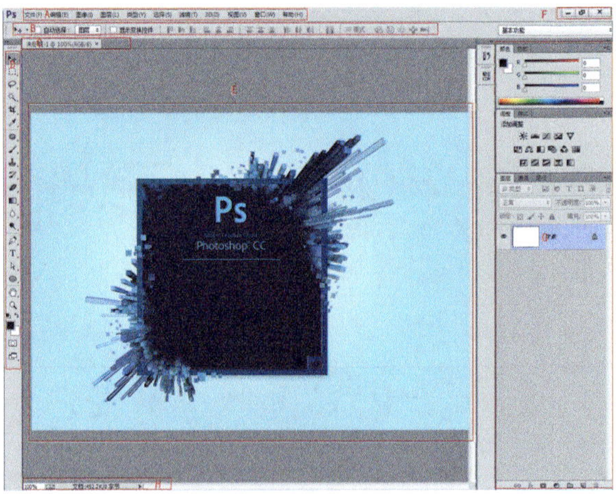

图2-1 Photoshop CC工作界面

图2-2 图层菜单命令选择

B区域是选项栏。选项栏又称属性栏，通常位于菜单栏下方，每一个工具都有自己的属性选项。当选择工具箱中的某一个工具时，选项栏就会出现与之相对应的操作命令。图2-3所示为画笔工具，图2-4所示为文字工具。

图2-3 画笔工具选项栏

图2-4 文字工具选项栏

C区域是标题栏及图形窗口栏。其中标题栏显示的是文件名称、存储位置、色彩模式及文件是否进行保存等信息。作为图形窗口，可以单击切换显示或关闭所选文件。如图2-5所示，“未标题-1”是选中文件，“未标题-2和未标题-3”是图像窗口待切换文件。

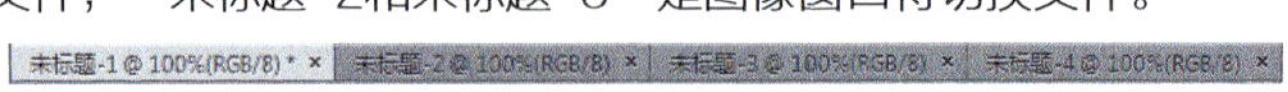

图2-5 标题栏及图形窗口栏

D区域是工具箱。工具箱集合了处理图像时所需要的所有工具。值得注意的是，当鼠标移动到某个工具上悬停2秒左右，会有此工具的名称及操作快捷键提示。同时，当鼠标移动到某个工具上单击不放2秒左右，可以相互切换同一组中隐藏的其他工具，如图2-6所示。

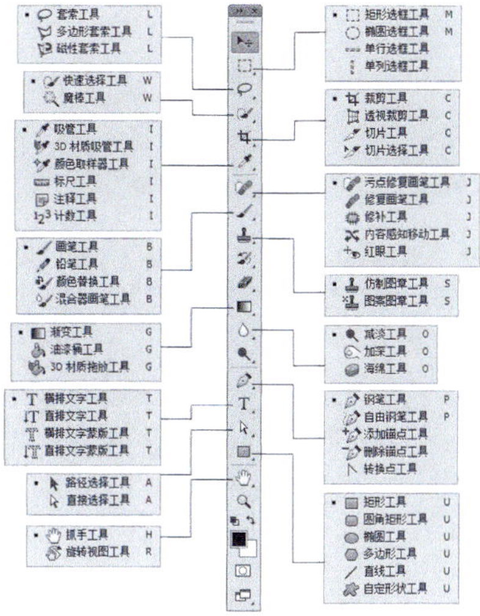

图2-6 工具箱

E区域是工作区。工作区又称为编辑区，它类似于舞蹈演员的舞台，图片的编辑操作处理都在这里显示。在日常操作中，可以来回调整大小查看编辑的内容，如图2-7所示。

图2-7 工作区

F区域：程序控制，主要由最小化、最大化/恢复、关闭3个按钮组成，如图2-8所示。工作结束时，可以直接单击关闭按钮，退出Photoshop软件。

G区域是控制面板。控制面板又称选项卡组，用于配合图像编辑、设置参数、调整图像数据等工作。通过窗口菜单，可以把所有工具的控制面板调整出来，如图2-9所示。系统默认的基本功能区下，显示展开的有颜色、调整和图层控制面板。

图2-8 程序控制

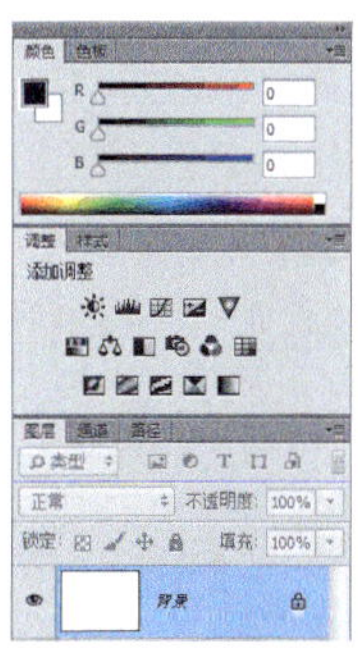

图2-9 控制面板

H区域是状态栏。状态栏位于软件最下端，显示图像文件比例、大小、操作状态和提示信息等，如图2-10所示。

图2-10 状态栏

2.2 新建、打开、保存“三兄弟”

不论是简单的修饰一张图片，还是设计制作一张复杂的海报创意图，设计过程中需要做很多工作，进行很多操作步骤。其中，“新建”“打开”“保存”是必不可少的3个步骤，这里将它们称为“三兄弟”。

2.2.1 新建文件

视频文件 视频\第2章\2.2.1新建文件.mp4

当设计制作一张海报时，首先要设置图片文件尺寸的大小，然后根据图片使用的环境设置分辨率和色彩模式等内容。

步骤01 启动Photoshop软件，执行“文件>新建”菜单命令，如图2-11所示。

步骤02 在弹出的“新建”对话框中设置参数，如图2-12所示。

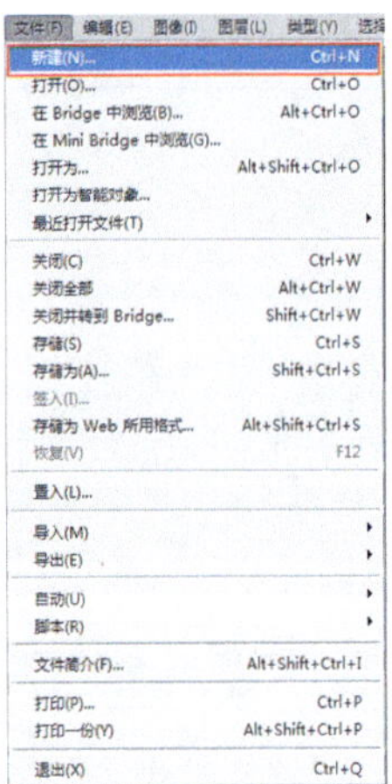

图2-11 新建文件

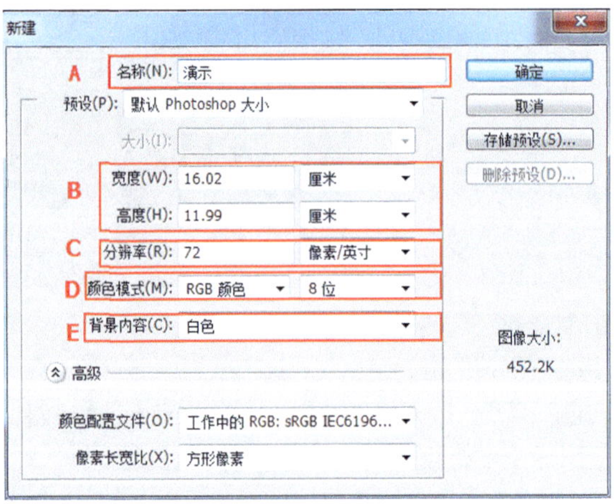

图2-12 “新建”对话框

A：可以设置图片的文件名称，系统默认为“未标题-1”。

B：根据设计要求，设置宽度和高度尺寸（单位可选厘米或像素）。

C：分辨率为72像素/英寸（如果是印刷设计，可以选择300像素/英寸）。

D：颜色模式选择RGB 颜色8位。

E：背景内容通常为白色。

以上参数是美工设计通常情况下选择的参数。

步骤03 设置完成，单击“确定”按钮，即可创建一个新文件，如图2-13所示。

图2-13 创建新文件

千里之行，始于足下，当新建好文件之后，就可以尽情地创作了。

2.2.2 打开文件

视频文件 视频\第2章\2.2.2打开文件.mp4

在设计图片时，有时会直接在一个图像文件上进行制作，此时就不必新建文件了，只需要打开图像文件即可。

Photoshop软件提供了多种打开文件的方法，有“打开”“打开为”“打开为智能对象”和“最近打开文件”等，最常用的是第一种方法，直接打开。除了通过菜单打开之外，也可以直接选中某一张图像拖到软件界面中，直接打开此图即可。

步骤 01 执行“文件>打开”菜单命令，如图2-14所示。

步骤 02 在弹出的“打开”对话框中选择图像所在的位置，如图2-15所示。

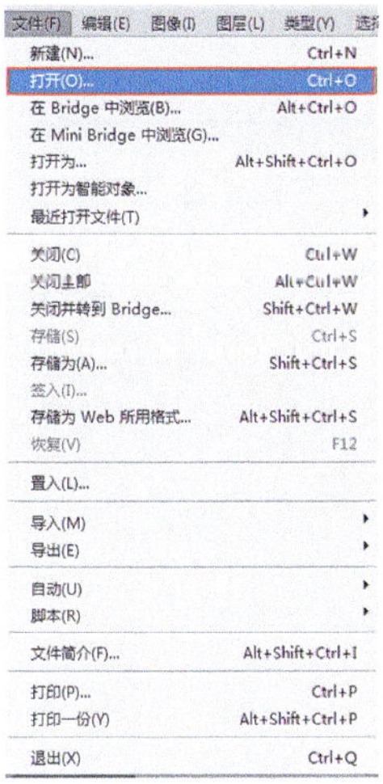

图2-14 打开命令

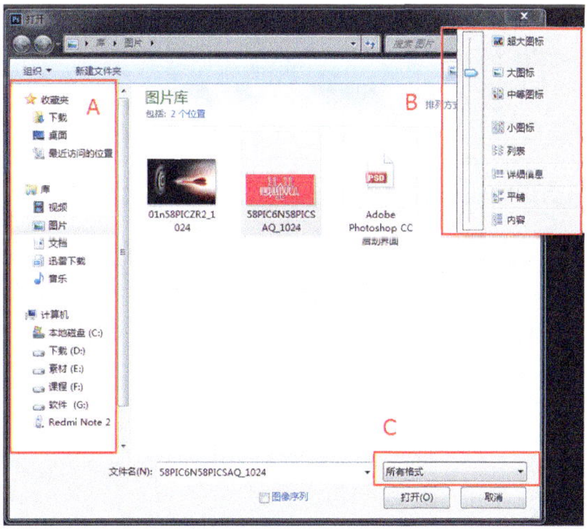

图2-15 “打开”对话框

A：选择文件所在的位置。

B：选择文件视图方式。

C：选择文件的相应格式。

步骤 03 设置完成，单击“打开”按钮，即可打开所选中的对象，如图2-16所示。

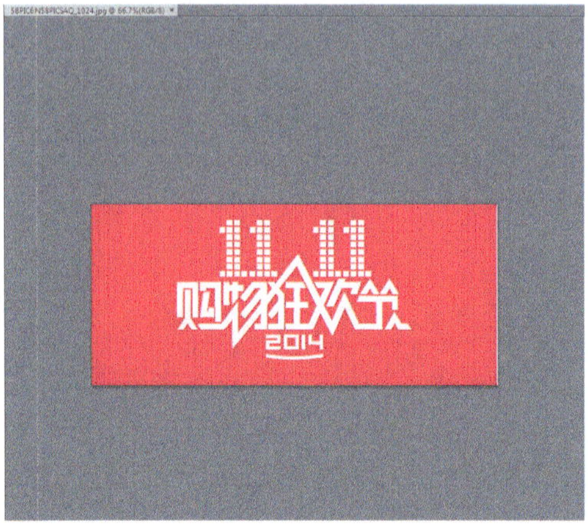

图2-16 打开对象

值得注意的是，Photoshop也可以直接打开多个文件。

2.2.3 保存文件

视频文件 视频\第2章\2.2.3保存文件.mp4

在设计过程中，需要将文件保存以便日后继续编辑，此时将文件以PSD格式保存。设计制作完成后，需要输出样稿，美工设计常用的格式有JPG/JPEG、PNG、GIF等。

步骤 01 执行“文件>存储”菜单命令，如图2-17所示。

步骤 02 在弹出的“另存为”对话框中设置存储的位置，单击“保存”，PSD格式文件就保存成功了，如图2-18所示。

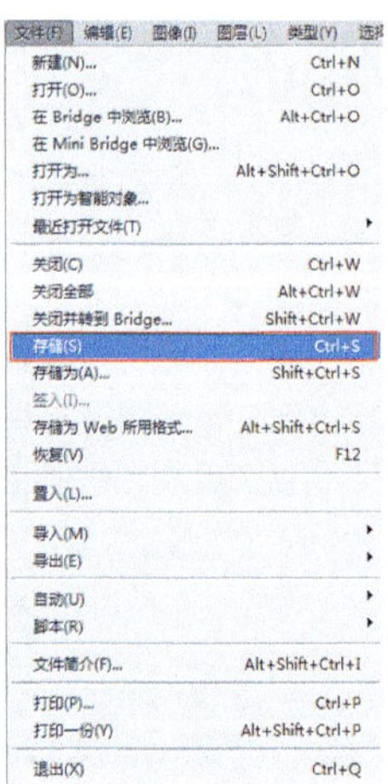

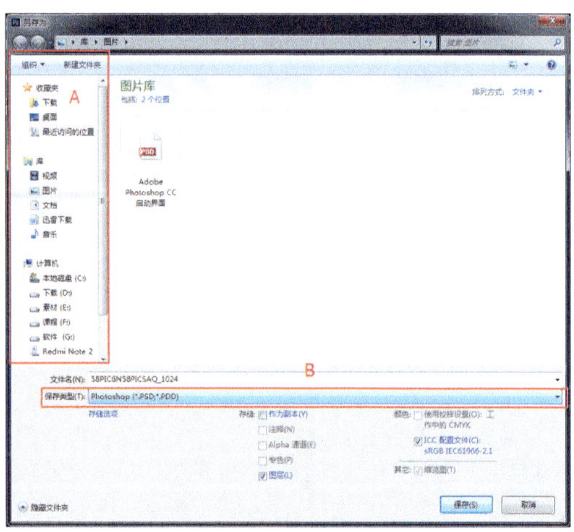

图2-17 存储命令　　图2-18 “另存为”对话框

A：选择文件所存储的位置。

B：选择文件保存类型，选择PSD格式。

步骤 03 执行“文件>保存>保存类型>JPEG”命令，如图2-19所示。

图2-19 选择JPEG格式

步骤04 在弹出的“JPEG选项”对话框中选择图像品质之后，单击“确定”按钮，如图2-20所示。在“图像选项”选项组中，Photoshop提供了0~12个品质级别，分低、中、高、最佳，如图2-21所示。

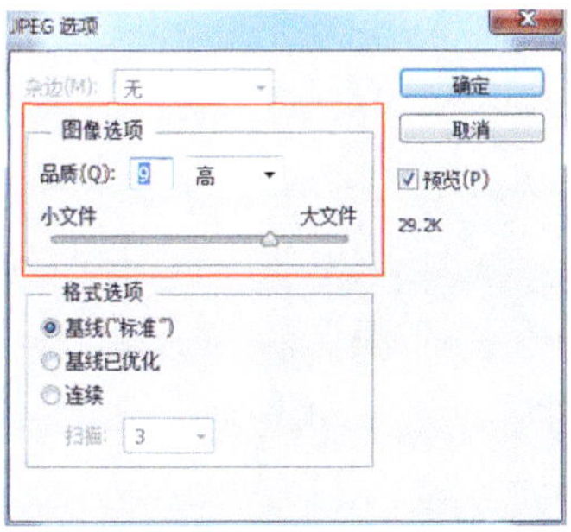

图2-20 JPEG选项

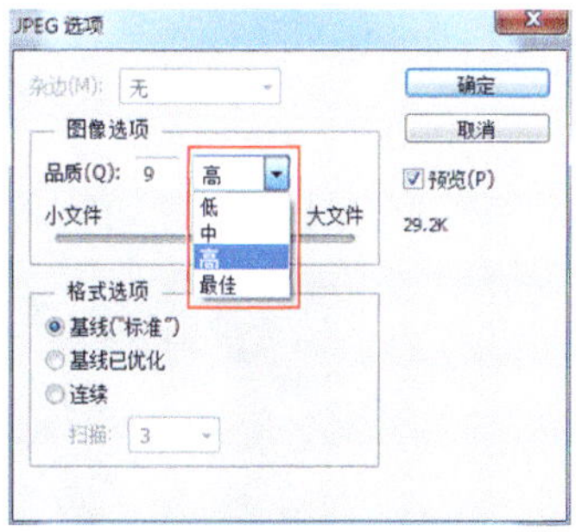

图2-21 JPEG选项品质设置

值得注意的是，在保存JPEG格式选择品质时，一般选择中或高即可，这样文件不会太大，也不会因大小而造成过度失真。

2.3 裁图（裁剪的各种方法）

无论是自己拍摄的商品图，还是从网上获取的免费素材图，在设计过程中，需要裁剪到合适的大小。Photoshop裁剪工具也是最常用的工具之一，类似于日常生活中的剪刀，操作起来也有很多技巧。本节将会全面讲解对素材图片进行裁剪的各种方法和技巧。

2.3.1 自由尺寸裁剪

效果文件 效果>CH02>2.3.1效果图.jpg

素材文件 素材>CH02>2.3.1原图.jpg

视频文件 视频>CH02>2.3.1自由尺寸裁剪.mp4

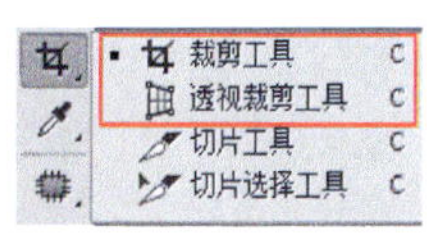

图2-22 裁剪工具

首先要认识裁剪工具，它在工具箱中，由两个工具命令组成，一个是“裁剪工具”，另一个是“透视裁剪工具”，快捷键是C，如图2-22所示。如果一个工具组中有两个或两个以上工具，在这些工具进行相互切换时，可以按Shift+工具快捷键，例如，“裁剪工具”与“透视裁剪工具”的相互切换就是按Shift+C快捷键。

图2-23和图2-24所示为进行自由尺寸裁剪的前后效果对比。

图2-23 自由尺寸裁剪前

图2-24 自由尺寸裁剪后

步骤01 打开素材图，选择工具箱中的“裁剪工具”，如图2-25所示。

图2-25 裁剪工具

A：裁剪工具。

B：裁剪工具选项栏。提供了比例、固定尺寸、拉直、黄金比例、模式选择等信息。

C：裁剪工具进行拖动，自由调整，控制大小区域的选择。

步骤02 单击裁剪工具，拖动边框可以调整大小，如图2-26所示。灰色区域代表被裁剪去的，白色区域代表保留下来的。

步骤03 裁剪工具的上下左右有4个边和4个角，它们都可以调整裁剪对象，如图2-27所示。除了用鼠标拖动4个边或旋转4个角来调整，还可以配合键盘上的Shift键进行等比例调整。

图2-26 拖动裁剪边框线

图2-27 裁剪工具边框线调整

步骤 04 调整完之后，可以按Enter键确定裁剪，也可以选择裁剪工具选项栏上的“提交当前裁剪操作”或者取消操作，如图2-28所示。

步骤 05 完成自由裁剪操作之后，图像进行了新的构图，如图2-29所示。

图2-28 提交当前裁剪操作

图2-29 最终裁剪效果

2.3.2 固定尺寸裁剪

效果文件 | 效果>CH02>2.3.2效果图.jpg
素材文件 | 素材>CH02>2.3.2原图.jpg
视频文件 | 视频>CH02>2.3.2固定尺寸裁剪.mp4

有时需要裁剪为固定尺寸，对素材图片进行二次构图。例如，宝贝首图要求是正方形，那么在裁剪时，就可以设置固定的裁剪尺寸，直接对图像进行裁剪操作。

图2-30和图2-31所示为进行固定尺寸裁剪的前后效果对比。

图2-30 固定尺寸裁剪前

图2-31 固定尺寸裁剪后

步骤01 打开文件，选择工具箱中的“裁剪工具”，在工具选项栏“比例”下拉菜单选择中提供了很多固定的裁剪比例，如图2-32所示。

步骤02 在裁剪工具栏中设置参数，如图2-33所示。固定裁剪后的效果如图2-34所示。

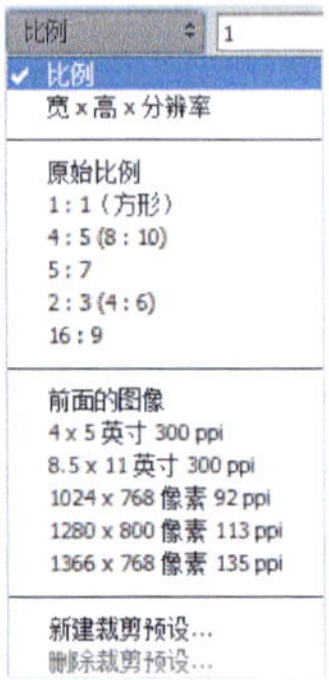

图2-32 裁剪比例选项

图2-33 固定尺寸裁剪

图2-34 固定裁剪后的效果

步骤03 执行“文件>存储为”菜单命令，选择存储位置，输入文件名，设置保存类型，选择合适的品质，确定保存，输出的最终效果如图2-35所示。

图2-35 固定尺寸裁剪最终效果

2.3.3 校正角度裁剪

效果文件 ┊ 效果>CH02>2.3.3效果图.jpg
素材文件 ┊ 素材>CH02>2.3.3原图.jpg
视频文件 ┊ 视频>CH02>2.3.3校正角度裁剪.mp4

在日常工作中，在拍摄商品景物时，因手持相机角度倾斜造成拍摄的商品角度的倾斜，就必须通过后期进行调整，最常用的办法就是使用裁剪工具进行旋转处理。

图2-36和图2-37所示为进行校正角度裁剪的前后效果对比。

图2-36 校正角度裁剪前

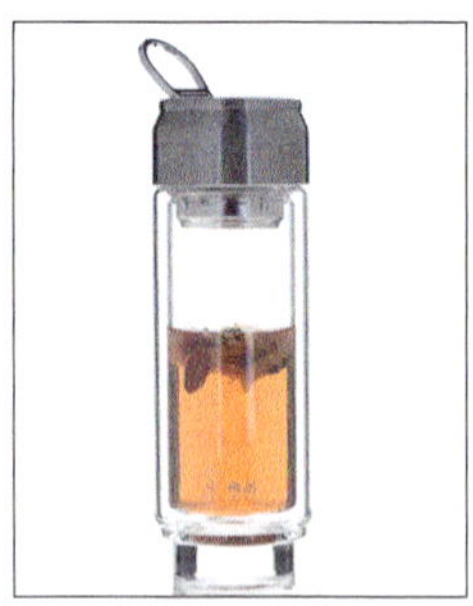

图2-37 校正角度裁剪后

步骤 01 打开素材图，选择工具箱中的“裁剪工具”，如图2-38所示。

步骤 02 将鼠标放在裁剪边框的任意一个角上，当视图出现旋转箭头时，按下鼠标左键旋转调整至杯子垂直即可，如图2-39所示。

图2-38 校正角度裁剪

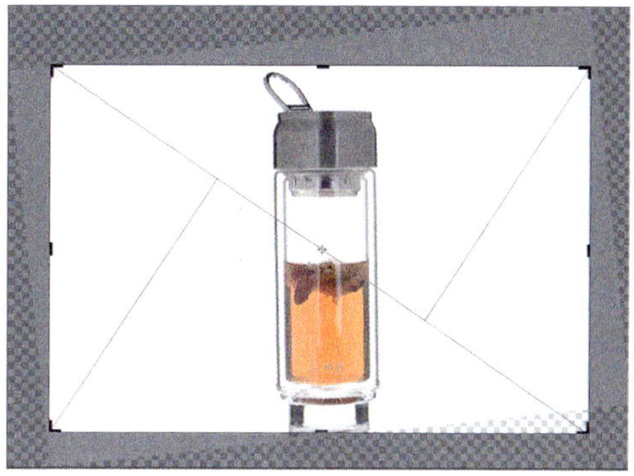

图2-39 裁剪工具角度校正

步骤 03 另外一种校正角度方法是选择裁剪工具，在裁剪工具栏中选择“拉直”命令，如图2-40所示。在瓶口处单击，顺着瓶身拖动，如图2-41所示。

图2-40 裁剪选项栏拉直命令

图2-41 拉直裁剪

步骤 04 完成拉直裁剪操作之后，角度就得到了校正，角度校正裁剪最终效果如图2-42所示。

图2-42 角度校正裁剪最终效果

2.3.4 重新构图裁剪

| 效果文件 | 效果>CH02>2.3.4效果图.jpg
| 素材文件 | 素材>CH02>2.3.4原图.jpg
| 视频文件 | 视频>CH02>2.3.4重新构图裁剪.mp4

通过裁剪可以对图像进行二次构图，甚至多次构图。如果人物占据画面太多信息，商品突出不明显，如图2-43所示。在进行二次构图裁剪后，画面中的商品更突出，主次更分明，如图2-44所示。

图2-43 重新构图前图像

图2-44 二次构图效果

重新构图方法非常多，在日常设计工作中，全靠自身过硬的经验和商品的展现角度进行甄别选择，这里就不再进行讲解。

2.3.5 突出细节裁剪

| 效果文件 | 效果>CH02>2.3.5效果图.jpg
| 视频文件 | 视频>CH02>2.3.5突出细节裁剪.mp4

在商品描述中，经常用到产品细节图，除了在拍摄时可以用微距拍摄出细节特写照片外，还可以将拍摄后的原图放大，在放大后的图片中，用裁剪工具裁剪出细节图，如图2-45所示。

图2-45 细节图展示

2.3.6 透视校正裁剪

- 效果文件 | 效果>CH02>2.3.6效果图.jpg
- 素材文件 | 素材>CH02>2.3.6原图.jpg
- 视频文件 | 视频>CH02>2.3.6透视校正裁剪.mp4

图2-46所示为一张拍摄的透视变形的图片，通过调整后的效果如图2-47所示。

图2-46 透视倾斜调整前

图2-47 透视倾斜调整后效果

步骤01 打开文件，选择工具箱中的“透视裁剪”工具，在画面上创建第一个点，然后创建第二个点，形成一条与建筑物垂直的线，如图2-48所示。创建其他剩下的点，形成一个透视平面效果，如图2-49所示。

图2-48 创建一个点

图2-49 创建一个透视面

步骤02 创建完之后，可以对4个角进行位置调整，调整到自己满意为止，如图2-50所示。

步骤03 直接双击完成裁剪，也可以在选项栏上单击“提交当前裁剪操作”按钮，或者按Enter键确定，整个建筑物进行了透视校正，即可完成透视校正裁剪效果，最终效果如图2-51所示。

图2-50 调整透视

图2-51 最终透视裁剪效果

2.4 修图（美化瑕疵图片的处理方法）

拍摄的照片会出现很多问题，例如，在拍摄某个商品时，颜色是否饱和，是否有偏色；在拍摄人像时，脸上会有痘痘、雀斑等；抑或在外旅行时，拍摄美丽的风景画面，偏偏会有闲杂游客出现在镜头中。种种原因，一旦出现这些影响照片品质的元素，效果就会大打折扣。本节就讲解通过Photoshop强大的图片美化修图功能轻而易举解决这些棘手的问题，从而让图片看上去更美观。

2.4.1 污点修复画笔工具

效果文件 | 效果>CH02>2.4.1效果图.jpg
素材文件 | 素材>CH02>2.4.1原图.jpg
视频文件 | 视频>CH02>2.4.1污点修复画笔工具.mp4

Photoshop修复工具的基本原理是将要修复位置的像素信息（颜色、亮度），用周围或其他位置的像素信息（颜色、亮度）来代替，从而达到想要的效果。污点修补画笔工具的使用方法非常简单，只要将鼠标指针移动到要修复的位置，在污点上涂抹即可。污点修复画笔工具选择栏如图2-52所示。

图2-52 污点修复画笔工具选项栏

图2-53和图2-54所示为修复前后效果对比。

图2-53 污点修复前

图2-54 污点修复后

步骤01 打开素材图，选择工具箱中的“污点修复画笔工具”，设置污点修复画笔参数大小为30像素，如图2-55所示。使用污点修复画笔工具时，去污画笔的笔头大小最好大过污点的大小。

步骤02 选择好合适的画笔大小，单击并拖动鼠标，整个操作过程覆盖住素材图上的文字信息，如图2-56所示。

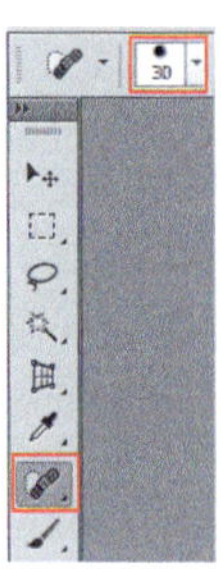

图2-55 选择污点修复画笔工具

图2-56 拖动鼠标

步骤03 松开鼠标即可查看污点修复画笔修复好的图像，如图2-57所示。

图2-57 污点修复画笔最终效果

2.4.2 修补工具

- 效果文件 ┆ 效果>CH02>2.4.2效果图.jpg
- 素材文件 ┆ 素材>CH02>2.4.2原图.jpg
- 视频文件 ┆ 视频>CH02>2.4.2修补工具.mp4

修复工具可以很好地将样本像素的纹理、光影等信息与源像素进行匹配，修补工具选项栏如图2-58所示。

图2-58 修补工具选项栏

图2-59和图2-60所示为修补前后的效果对比。

图2-59 修补工具修补前

图2-60 修补工具修补后

步骤01 打开素材图，选择工具箱中的“修补工具”，使用修补工具选中要修补的对象，创建一个闭合的选区，如图2-61所示。

步骤02 把选择好的对象拖动到紧邻周边效果，此时，会发现选中的对象进行了修补填充处理，如图2-62所示。

图2-61 使用修补工具选中要修补的对象

图2-62 拖动周边效果

步骤 03 松开鼠标即可完成修补效果，也可以按Ctrl+D快捷键取消选区，如图2-63所示。用同样的方法，把其他不需要的对象也进行修补处理，最终效果如图2-64所示。

图2-63 修补效果

图2-64 修补工具最终修补效果

2.4.3 仿制图章工具

效果文件	效果>CH02>2.4.3效果图.jpg
素材文件	素材>CH02>2.4.3原图.jpg
视频文件	视频>CH02>2.4.3仿制图章工具.mp4

相比“污点修复画笔工具”和“修补工具”，“仿制图章工具”的修图功能更为强大，但操作步骤也比较复杂。使用“仿制图章工具”可以轻松地将图像中的某一部分进行复制，同时，复制图像时可以是同一图层，也可以是不同图层间进行操作。

“仿制图章工具”和“修补工具”不同，“仿制图章工具”使用前需要取样，按住Alt键，选取源点，然后设置合适大小的画笔进行修补，仿制图章工具选项栏如图2-65所示。

图2-65 仿制图章工具选项栏

图2-66和图2-67所示为利用“仿制图章工具”修图的前后效果对比。在淘宝美工设计过程中，有很多商品需要处理，如衣服拍摄得太过柔软，往往需要用衣撑挂起来再拍照，设计师再进行修图处理。

图2-66 仿制图章工具修图前

图2-67 仿制图章工具修图后

步骤 01 打开素材图，选择工具箱中的“仿制图章工具”，选择合适的画笔大小，按住Alt键，在空白背景区域定义为源点，进行顶部修图操作处理，如图2-68所示。

步骤 02 用同样的方法，可以按住Alt+鼠标右键自由调整画笔大小，定义不同地方的源点再进行处理，顶部修图完毕，如图2-69所示。

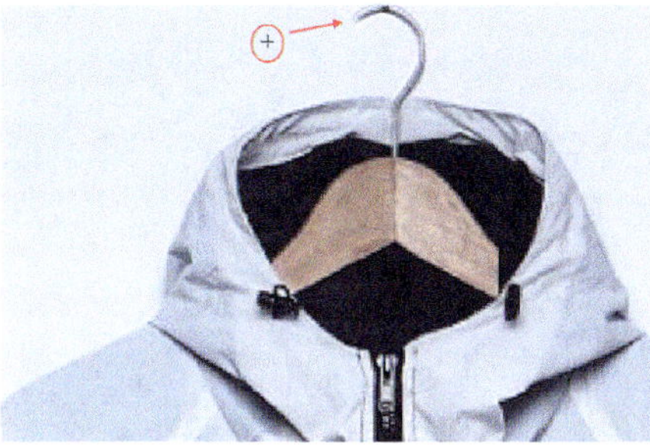

图2-68 顶部修图处理

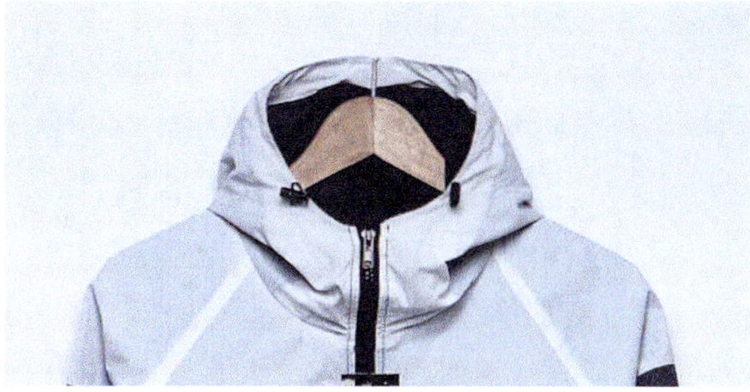

图2-69 顶部修图完毕

步骤03 接下来开始对衣领处进行处理，去掉全部铁丝效果，如图2-70所示。

步骤04 当处理的面积较大时，可以分批次逐一进行处理。案例中木质衣撑很明显占据了衣领将近二分之一的面积，使用“仿制图章工具”选择不同的周围源点，分别对每一处进行修图，如图2-71~图2-73所示。

图2-70 衣领修图

图2-71 仿制图章工具逐一修图（一）

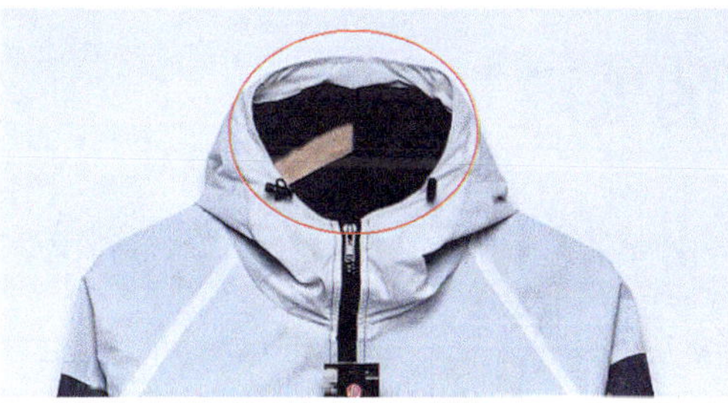

图2-72 仿制图章工具逐一修图（二）

图2-73 仿制图章工具逐一修图（三）

步骤05 最终修图效果如图2-74所示。

图2-74 最终修图效果

2.4.4 课后习题

素材文件 ┊ 素材>CH02>2.4.4习题素材1.jpg、2.4.4习题素材2.jpg

通过上述内容的讲解，相信大家都能理解和掌握污点修复画笔工具、修补工具和仿制图章工具的操作原理和使用方法。下面提供图2-75和图2-76所示的素材，供大家练习使用。只要多加练习，就能熟练掌握。

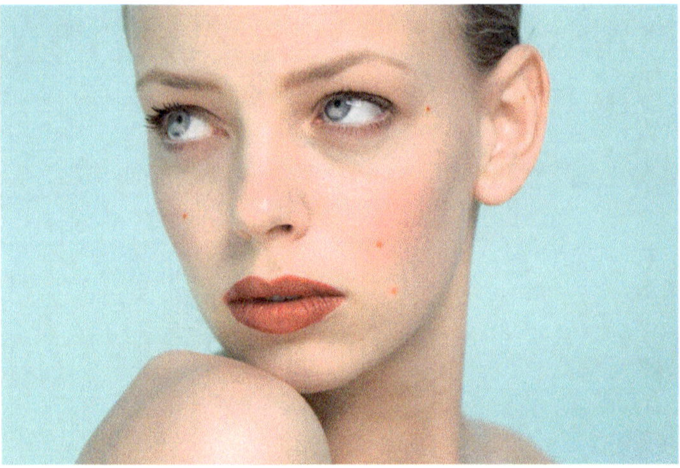

图2-75 习题素材1

图2-76 习题素材2

2.5 调色（调整偏色图片的处理方法）

在拍摄过程中，因为环境光线的原因，经常会出造成商品曝光不足、曝光过度、偏色等问题。商品图太暗或偏亮，不能很好地呈现商品本身，会直接影响客户对产品的第一印象。例如，一件深蓝色的衣服因曝光不足，有可能拍摄出来的效果会显示成黑色。恰好客户误认为是黑色，购买试穿后，发现是深蓝色而非黑色，那么肯定会造成客户的不满。所以，应通过后期调色处理，使其更接近符合商品本身颜色。

Photoshop软件是一款强大的图像处理软件，其中对于图像调整提供了二十多个颜色调整命令，本节将重点讲解一些常用的调整命令，希望大家举一反三，学以致用。

2.5.1 调整图片亮度（亮度/对比度）

效果文件 ┊ 效果>CH02>2.5.1效果图.jpg

素材文件 ┊ 素材>CH02>2.5.1原图.jpg

视频文件 ┊ 视频>CH02>2.5.1调整图片亮度.mp4

如果拍摄照片时光线不足，就会导致照片黯淡和主体不突出，进而不能很好地展示商品效果，因此，需要通过后期对亮度进行调整。

图2-77和图2-78所示为通过调整“亮度/对比度”的前后效果对比。

图2-77 亮度/对比度调整前

图2-78 亮度/对比度调整后

步骤01 打开素材图，执行“图像>调整>亮度/对比度”菜单命令，弹出“亮度/对比度”对话框，这里提供了“亮度”和“对比度”两个参数，包含负数到正数之间的调整数值，按住鼠标拖动亮度三角滑块，参数为正数时，提高亮度；负数则反之。调整亮度参数为85，查看图像效果，如图2-79和图2-80所示。

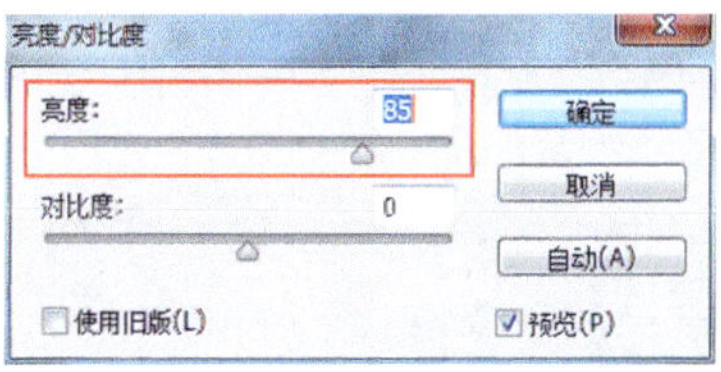

图2-79 “亮度”参数设置

图2-80 亮度调整后效果

步骤02 除了调整亮度，还可以增加对比度效果，将“对比度”参数调至25，查看图像效果，如图2-81和图2-82所示。

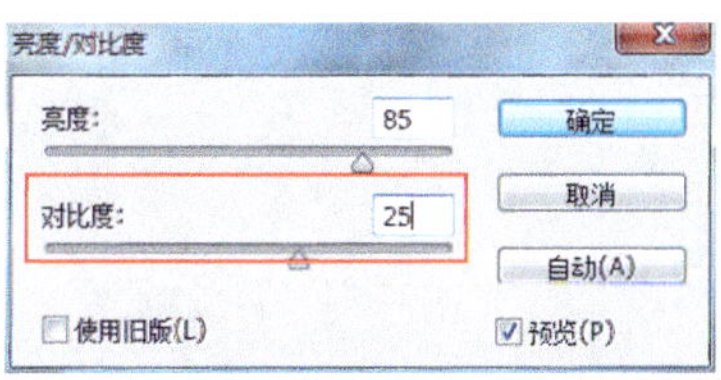

图2-81 “对比度”参数设置

图2-82 调整后最终效果

2.5.2 调整图片暗色（色阶）

效果文件 | 效果>CH02>2.5.2效果图.jpg
素材文件 | 素材>CH02>2.5.2原图.jpg
视频文件 | 视频>CH02>2.5.2调整图片暗色.mp4

与“亮度/对比度”命令相比，“色阶”命令是更加高级的色彩调整命令，它可以对图像的255个色阶分别进行调整。同时也可以在预设选项里增加对比度，以及在通道选项里调整红、绿、蓝通道的信息。

图2-83和图2-84所示为通过调整“色阶”的前后效果对比。

图2-83 色阶调整前

图2-84 色阶调整后

步骤01 打开素材图，执行“图像>调整>色阶”菜单命令，弹出“色阶”对话框，可以在“输入色阶”选项组中拖动三角滑块，改变“黑、灰、白”（阴影、中间调、高光）的3个参数，如图2-85所示。

步骤02 除了调整“色阶”中的阴影和高光参数之外，还可以利用“在图像中取样以设置黑场/白场”来调整图像，如图2-86所示。单击“在图像中取样以设置黑场”按钮，然后拾取图像中最暗的地方，拾取后对图像色调进行调整，如图2-87和图2-88所示。

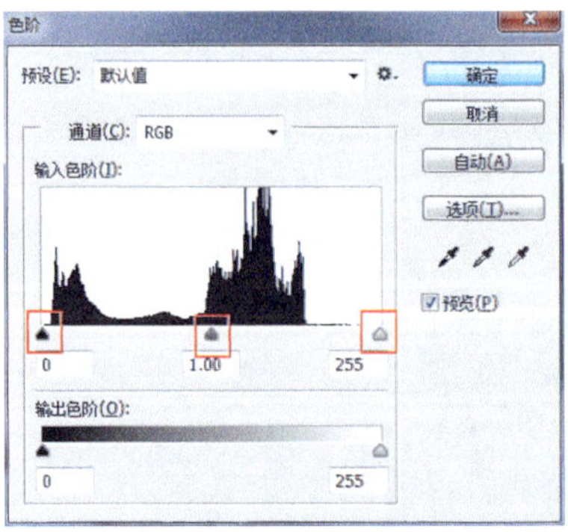

图2-85 输入色阶

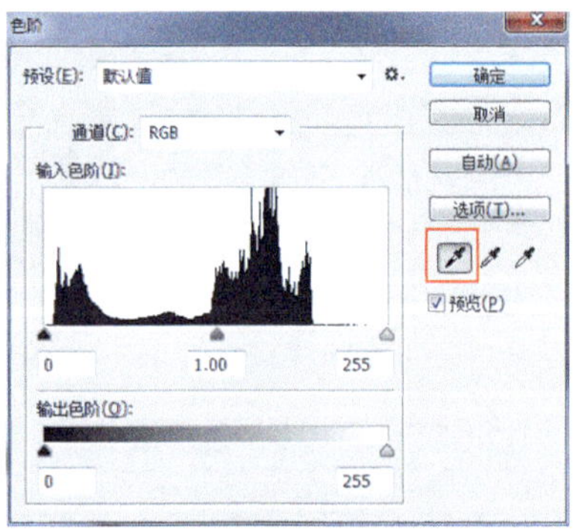

图2-86 在图像中取样以设置黑场

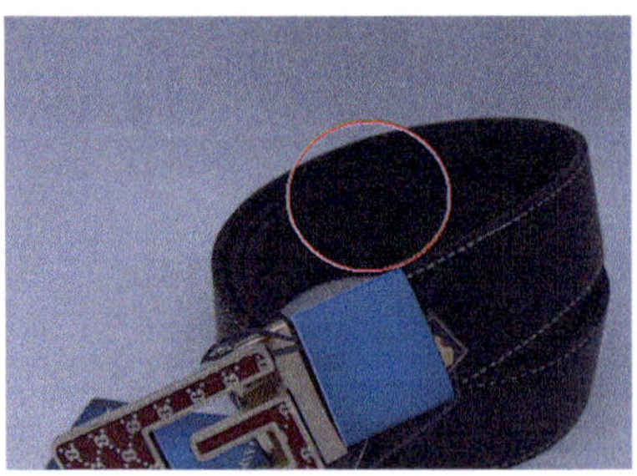

图2-87 选择图像中最暗信息

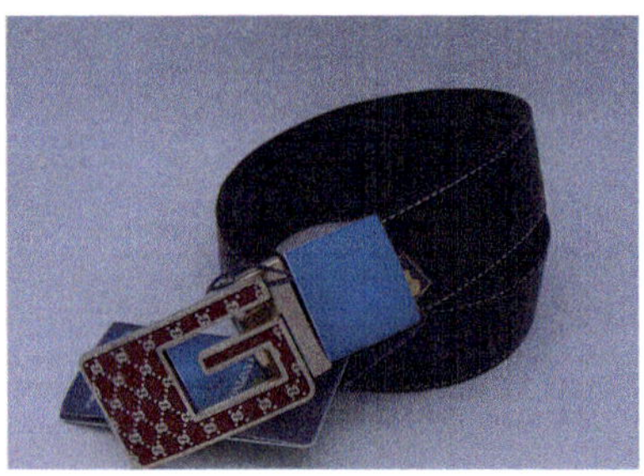

图2-88 取样以设置黑场后效果

步骤03 通过设置“在图像中取样以设置黑场”后，单击“在图像中取样以设置白场”按钮，然后拾取图像中最亮的地方，拾取后对图像色调进行调整，如图2-89至图2-91所示。

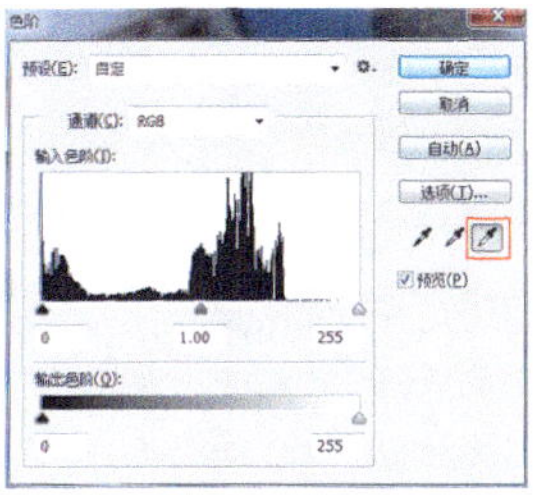

图2-89 在图像中取样以设置白场

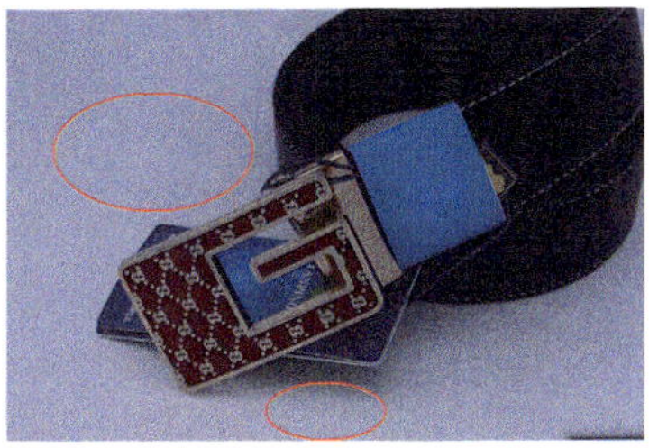

图2-90 选择图像中最亮信息

图2-91 取样以设置白场后效果

步骤04 设置好“黑场”和“白场”后，输入色阶发生改变，如图2-92所示。单击“确定”按钮，对图像进行调整后的效果如图2-93所示。

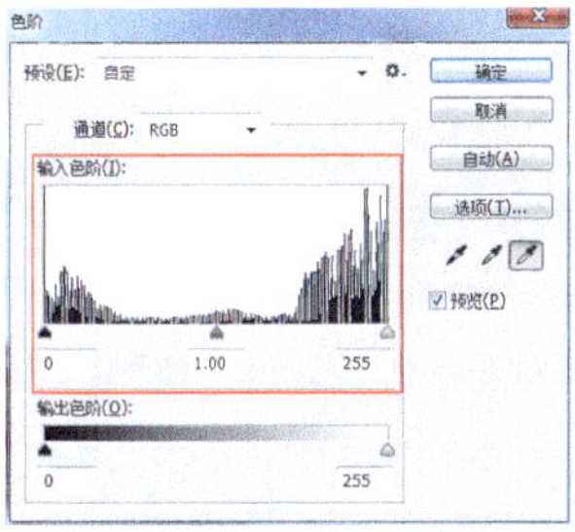

图2-92 输入色阶

图2-93 色阶调整效果图

2.5.3 调整图片偏色（曲线）

效果文件 | 效果>CH02>2.5.3效果图.jpg
素材文件 | 素材>CH02>2.5.3原图.jpg
视频文件 | 视频>CH02>2.5.3调整图片偏色.mp4

在给图像调色过程中，会遇到很多调整命令，其中“曲线”命令是Photoshop软件中最为复杂、高级的颜色调整命令。

图2-94和图2-95所示为通过调整“曲线”的前后效果对比。

图2-94 曲线调整前

图2-95 曲线调整后

步骤01 打开素材图，执行“图像>调整>曲线”菜单命令，弹出“曲线”对话框，如图2-96所示。可以在斜线上单击后创建一个控制点，然后按住控制点上下调整，输出值大于输入值图片整体调亮，如图2-97和图2-98所示。

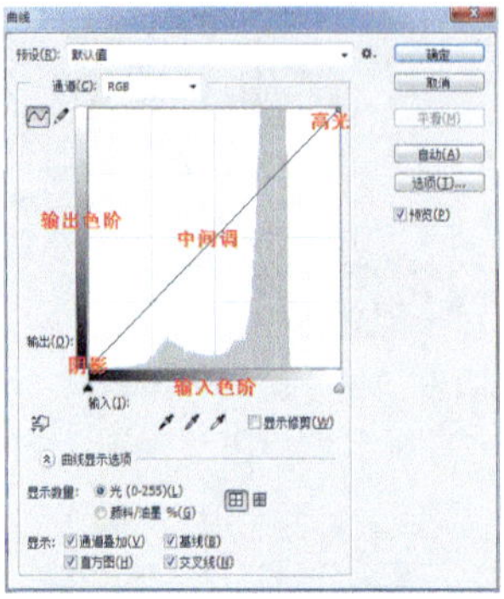

图2-96 “曲线”对话框

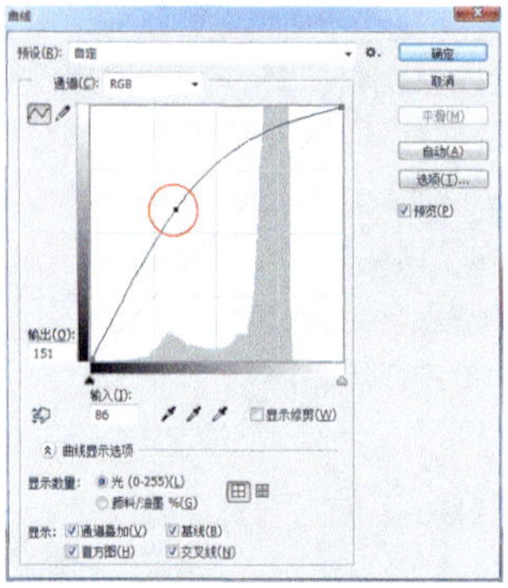

图2-97 调高参数

图2-98 图片整体调亮

步骤02 如果拍摄的图片曝光过亮，需要调暗，那么就可以通过添加的控制点向下调整，使图片整体变暗，如图2-99和图2-100所示。

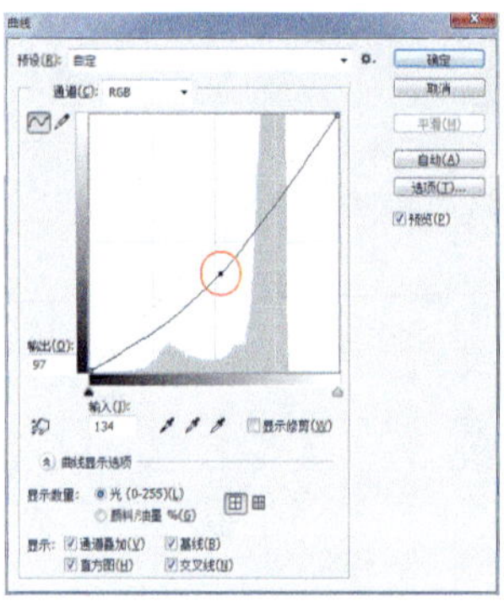

图2-99 调低参数

图2-100 整体变暗效果

步骤03 通过上述方法，可以掌握在“曲线”对话框的斜线上不同位置添加不同控制点，然后调亮或调暗，整个图片就能达到想要的效果，不同位置会调整出不同的效果，如图2-101和图2-102所示。

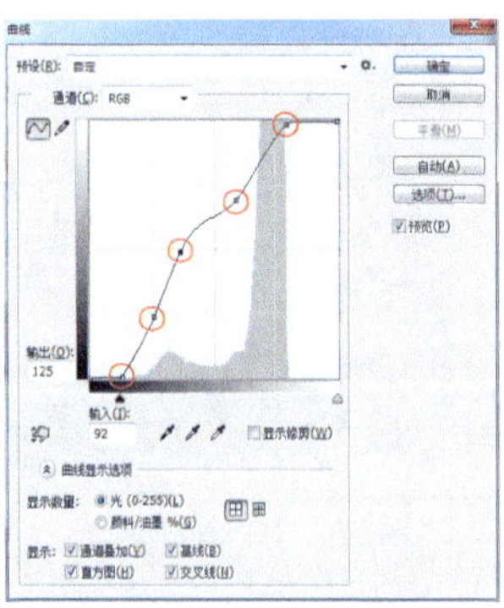

图2-101 调整不同参数

图2-102 曲线最终调整效果图

2.5.4 调整图片颜色（色相/饱和度）

效果文件 | 效果>CH02>2.5.4效果图.jpg
素材文件 | 素材>CH02>2.5.4原图.jpg
视频文件 | 视频>CH02>2.5.4调整图片颜色.mp4

在拍摄过程中，有时会因种种原因，造成拍出来的照片颜色较暗，不够鲜亮，与实物颜色有一定的差别。遇到这种情况，就可以通过“色相/饱和度”命令调至合适的颜色。

图2-103和图2-104所示为通过调整“色相/饱和度”前后的对比效果。

图2-103 色相/饱和度调整前

图2-104 色相/饱和度调整后

步骤01 打开素材图，执行“图像>调整>色相/饱和度”菜单命令，弹出“色相/饱和度”对话框，如图2-105所示。

步骤02 在“色相/饱和度命令”对话框中，将“色相”设置为-130，可以改变图像的色相信息，效果如图2-106所示；将“饱和度”设置为-100，可以调整色彩的鲜艳程度，图像则成灰色，效果如图2-107所示；“明度”可以调整色彩深浅、明暗的变化，将其调整到+80，整个图像接近白色，如图2-108所示。

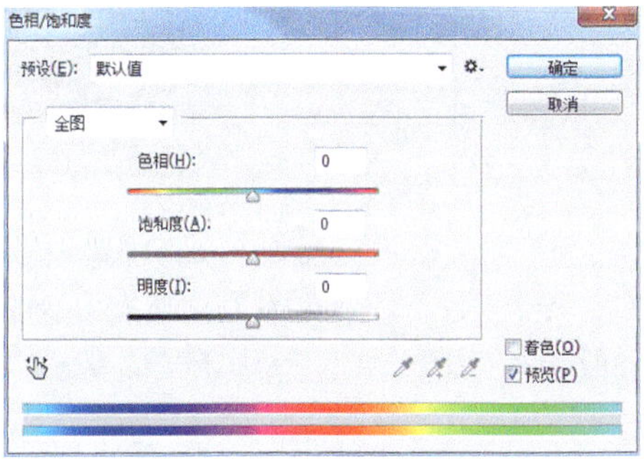

图2-105 “色相/饱和度”对话框

图2-106 调整色相

图2-107 调整饱和度

图2-108 调整明度

步骤 03 对素材图进行“色相/饱和度”参数设置，数值如图2-109所示。单击“确定”按钮，最终效果如图2-110所示。

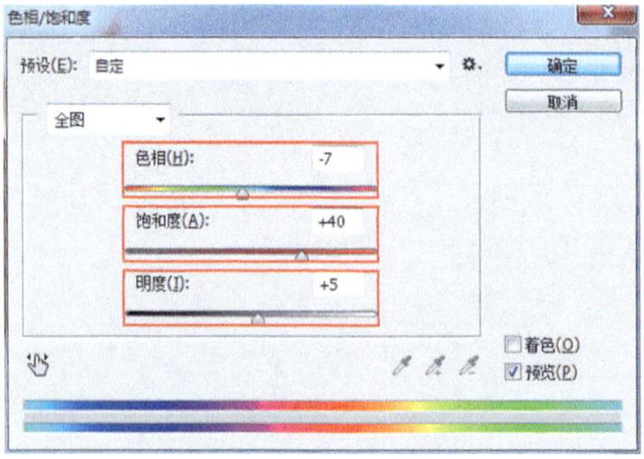

图2-109 色相/饱和度参数设置

图2-110 色相/饱和度调整最终效果

2.5.5 调整图片清晰度（锐化）

效果文件 | 效果>CH02>2.5.5效果图.jpg
素材文件 | 素材>CH02>2.5.5原图.jpg
视频文件 | 视频>CH02>2.5.5调整图片清晰度.mp4

有时候，图片比较模糊，那么就可以通过“锐化”进行处理。锐化工具可以快速聚焦模糊边缘，提高图像清晰度和焦距程度，使图像色彩更加鲜明、细节更加突出。

图2-111至图2-113所示可以清晰地看到，蔬菜纹理细节及番茄上的水珠效果。

图2-111 锐化处理前

图2-112 锐化处理后

图2-113 锐化细节对比

打开素材图，执行“滤镜>锐化>USM锐化”菜单命令，在“USM锐化”对话框中设置参数，“数量”为150%，“半径1”为10像素，“阈值”为2色阶，如图2-114所示。单击“确定”按钮，图片效果如图2-115所示。

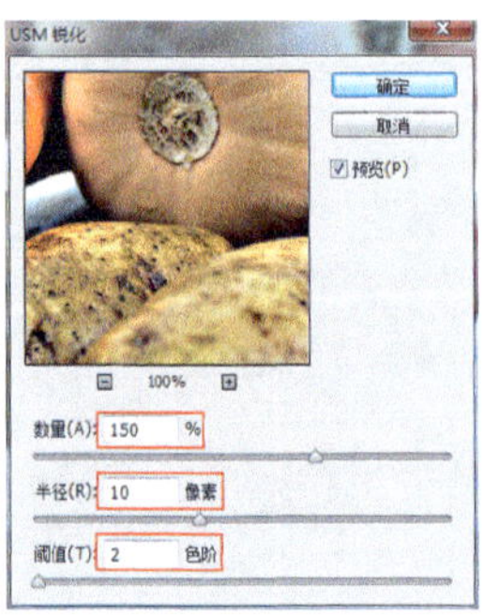

图2-114 USM锐化参数设置

图2-115 USM锐化后最终效果

2.5.6 课后习题

素材文件 素材\第2章\2.5.6习题素材1.jpg、2.5.6习题素材2.jpg

通过以上内容讲解，相信大家都能理解和掌握调色的方法和技巧。提供素材如图2-116和图2-117所示供大家练习使用。只要多加练习，就能熟练掌握。

图2-116 习题素材1

图2-117 习题素材2

2.6 抠图（抠出提取图片的处理方法）

网店美工经常要做设计合成效果，当多种元素合成一个画面时，就牵扯到商品的抠图处理。“抠图”是将图像中需要的部分从画面中提取出来，其目的就是为了后期的合成做准备。Photoshop软件提供了多种抠图工具和操作命令，主要有套索工具、选框工具、魔术棒工具等直接选择类，还有钢笔工具勾画路径后转选区、抽出滤镜和通道抠图等方法。本节将会逐一讲解网店美工常用的几种抠图方法。

2.6.1 规则形状抠图（套索工具）

效果文件 效果>CH02>2.6.1效果图.jpg

素材文件 素材>CH02>2.6.1原图.jpg

视频文件 视频>CH02>2.6.1规则形状抠图.mp4

最简单的抠图方法就是使用“套索工具”直接在图像上移动鼠标，选择某个区域，然后进行抠图操作。套索工具还配合有“多边形套索工具”和“磁性套索工具”两个命令。“多边形套索工具”适合对直边规则图形抠图，而“磁性套索工具”像有磁力一样，不用按鼠标左键，只需移动鼠标，就会出现自动跟踪的线，适合对颜色差别比较大的图形进行抠图。

图2-118和图2-119所示为通过“套索工具”抠图前后的效果对比。

图2-118 套索工具抠图前

图2-119 套索工具抠图后

步骤01 打开素材图，在工具箱中选择“磁性套索工具”，套索工具组中有3个工具，需要单击停留两秒后进行相互间的切换。从花瓣的任意一个地方开始，单击创建一个点，围绕花瓣的轮廓开始移动鼠标，发现“磁力”自动围绕着花瓣开始创建线，如图2-120所示。值得注意的是，选项栏有相应的参数设置，同时可以改变“频率”的高低。

步骤02 接着上一步操作，一直围绕花瓣轮廓创建点，直到创建的选区闭合为止，如图2-121所示。

图2-120 创建磁性套索对象

图2-121 磁性套索工具对花瓣进行选择

步骤03 创建好选区之后，执行“选择>修改>羽化”菜单命令，在弹出的对话框中设置“羽化半径”的参数为2，如图2-122所示。设置羽化选区处理后，抠图出来的对象边缘显得不会过于生硬。

图2-122 羽化半径

步骤04 执行“编辑>拷贝”菜单命令，再执行“编辑>粘贴”菜单命令，如图2-123和图2-124所示。也可以在创建选区后，直接用快捷键Ctrl+C和Ctrl+V进行拷贝粘贴的快速操作。完成拷贝粘贴后，会创建一个新的图层，把“背景”图层隐藏，“图层1”就是完成后的抠图，最终抠图去掉背景效果如图2-125所示。

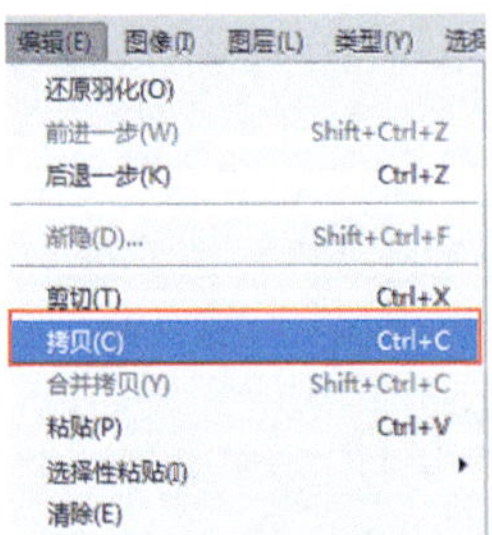

图2-123 编辑拷贝命令

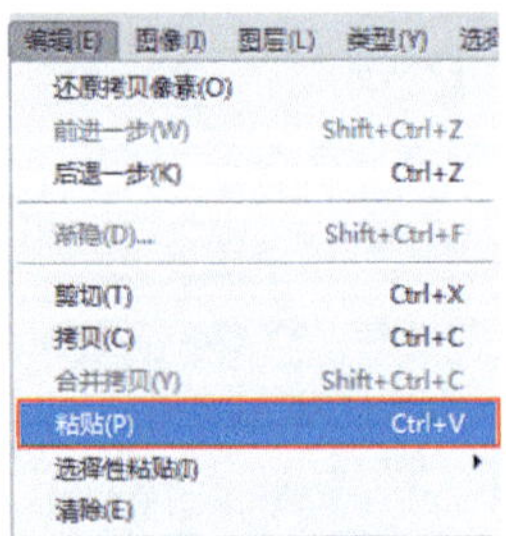

图2-124 编辑粘贴命令

图2-125 磁性套索工具完成抠图处理

2.6.2 简单背景抠图（快速选择工具）

效果文件	效果>CH02>2.6.2效果图.jpg
素材文件	素材>CH02>2.6.2原图.jpg
视频文件	视频>CH02>2.6.2简单背景抠图.mp4

套索工具往往费时又费力，Photoshop软件还提供了很多“智能化”抠图工具，对于简单背景抠图，使用“快速选择”和“魔术棒”工具就足够了。

图2-126和图2-127所示为通过“快速选择工具”抠图的前后效果对比。

图2-126 快速选择工具抠图前

图2-127 快速选择工具抠图后

步骤01 打开素材图，选择工具箱中的“快速选择”工具，在选项栏中设置成“建立新选区”，修改画笔大小参数为150，如图2-128所示。

步骤02 选择“快速选择工具”，在玩具物体上单击，直接拖动自动建立选区，如图2-129所示。

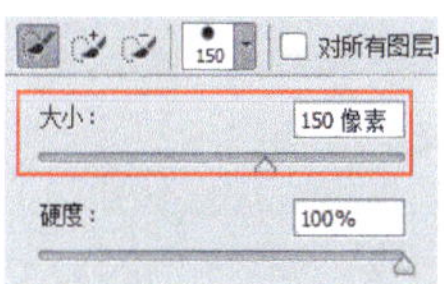

图2-128 快速选择工具修改参数

图2-129 快速选择工具选择物体

步骤03 使用选项栏上的“添加到选区”工具，调整画笔大小为50像素，如图2-130所示。把玩具的黄色周边加选进来，如图2-131所示。

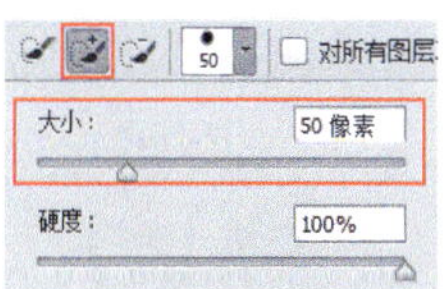

图2-130 添加到选区设置参数

图2-131 快速选择工具加选黄色周边

步骤04 创建整个物体的选区后，进行羽化操作，然后通过拷贝和粘贴命令，创建出一个新选区图层，最终抠图效果如图2-132所示。

步骤05 抠图完成之后，可以把物体放到不同的背景下，查看效果，如图2-133所示。

图2-132 快速选择工具抠图最终效果

图2-133 更换不同背景效果

2.6.3 复杂图形抠图（钢笔工具）

效果文件 | 效果>CH02>2.6.3效果图.jpg

素材文件 | 素材>CH02>2.6.3原图.jpg

视频文件 | 视频>CH02>2.6.3复杂图形抠图.mp4

通过前面两节的抠图操作，可以发现，不论是“套索工具”还是“快速选择工具”，在控制上都不尽如人意，不能灵活掌握，一旦创建选区，就不容易进行修改。Photoshop提供了“钢笔工具”，它可以绘制路径，通过不同的控制点，对路径进行任意修改，最后转化为选区，就可以对复杂的图形进行抠图。

图2-134和图2-135所示为通过“钢笔工具”抠图的前后效果对比。

图2-134 钢笔工具抠图前

图2-135 钢笔工具抠图后

步骤01 打开素材图，在工具箱中选择“钢笔工具”，在选项栏中选择工作模式为“路径”模式。在使用“钢笔工具”抠图的过程中，一定要把图像放大，只有放大后才能清晰地看到物体轮廓，创建路径。如图2-136所示，从A处创建一个点，到B处确定第二个点，两者之间就形成一条线。当创建B点时，单击后直接松开，那么A和B点中间就是直线；如果创建B点时，单击后不松开，直接拖动鼠标，那么A和B点中间就是弧线。C 点方向决定了路径的下一个走向。

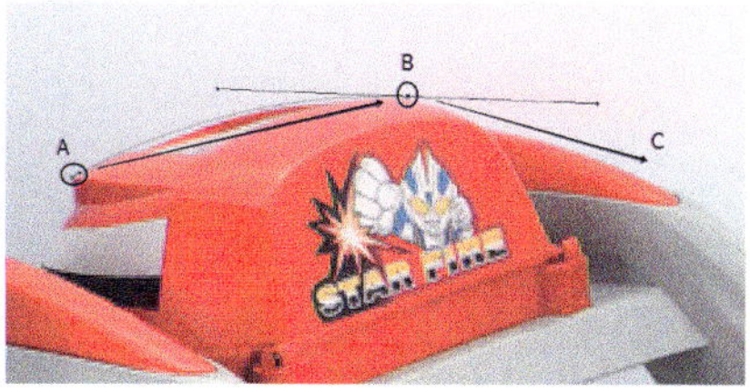

图2-136 钢笔工具创建路径

步骤02 使用钢笔工具跟着物体的轮廓进行路径创建。按住Ctrl键，拖动鼠标，改变锚点位置，如图2-137所示。按住Alt键，可以调整锚点的下一个方向，如图2-138所示。

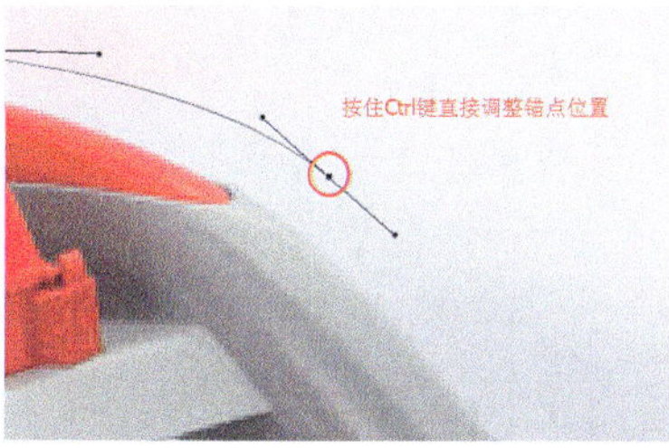

图2-137 改变钢笔工具锚点位置

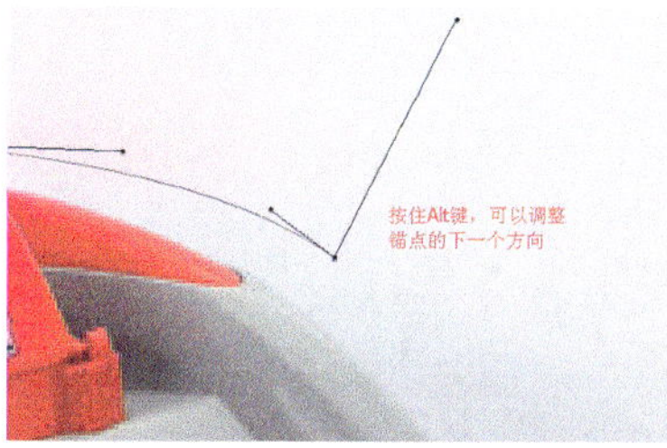

图2-138 调整钢笔工具锚点的方向

步骤03 通过钢笔工具的创建和不断修改，围绕着玩具车轮廓创建出一个闭合的路径，可以在路径面板中查看“路径”，创建的路径效果如图2-139所示。

步骤04 执行“窗口>路径”菜单命令，在“路径面板”中单击底部的“将路径作为选区载入”按钮，如图2-140所示。

图2-139 钢笔工具创建整个对象路径

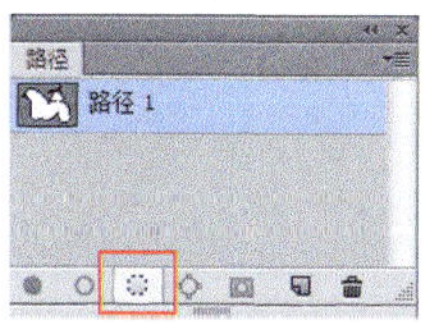

图2-140 “将路径作为选区载入”按钮

步骤05 将路径转换为选区后，进行复制和粘贴操作，使用钢笔工具抠图的最终效果如图2-141所示。

步骤06 抠图完成后，给图像换一个背景，如图2-142所示。

图2-141 钢笔工具抠图效果

图2-142 更换背景效果

2.6.4 毛发抠图（调整边缘）

效果文件	效果>CH02>2.6.4效果图.jpg
素材文件	素材>CH02>2.6.4原图.jpg
视频文件	视频>CH02>2.6.4毛发抠图.mp4

毛绒玩具、人物毛发是抠图中相对比较复杂的类型，细节多，不规则，难处理。遇到这种情况，可以使用Photoshop软件中的“调整边缘”功能抠取毛发。

图2-143和图2-144所示为通过“调整边缘”抠图的前后效果对比。

图2-143 调整边缘毛发抠图前

图2-144 调整边缘毛发抠图后

步骤01 打开素材图，使用“快速选择”工具对整个棉鞋进行大面积选取，如图2-145所示。

图2-145 快速选择工具创建选区

步骤02 执行“选择>调整边缘”菜单命令，或者直接在选项栏上单击“调整边缘”按钮。在调整边缘选框的“视图”中可以修改预览模式，“调整边缘”可以对选区边缘进行处理，“输出”可以设置输出的类型，然后对“调整边缘”参数进行修改，如图2-146所示。选择“调整半径工具”，在毛发的边缘进行涂抹修改，改边缘毛发细节，如图2-147和图2-148所示。

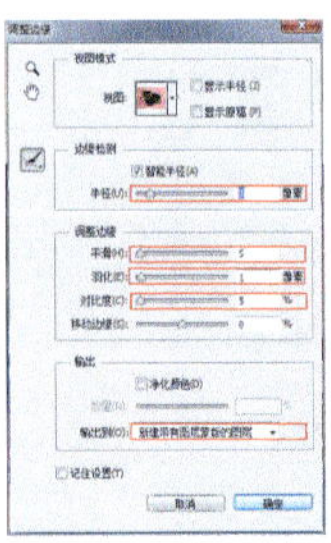

图2-146 修改调整边缘命令参数

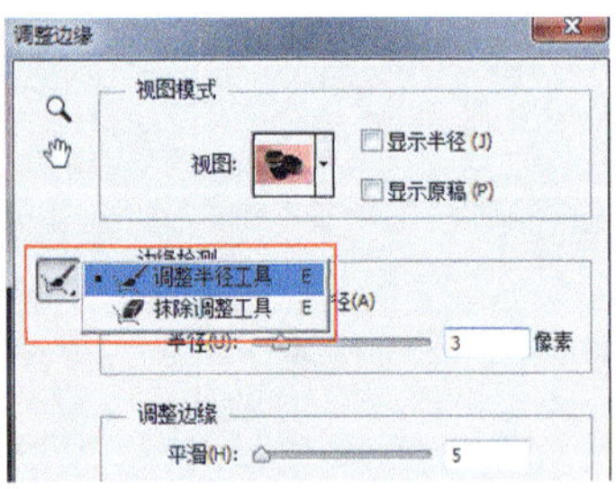

图2-147 选择调整半径工具

图2-148 调整半径工具修改边缘毛发细节

步骤03 在“调整边缘”面板中选择“新建带有图层蒙版的图层”选项，如图2-149所示。在“图层面板”中就复制创建出了一个新的带有图层蒙版抠好后的图层，如图2-150所示。

步骤04 抠图完成后，给图像更换一个背景，最终毛发抠图效果如图2-151所示。

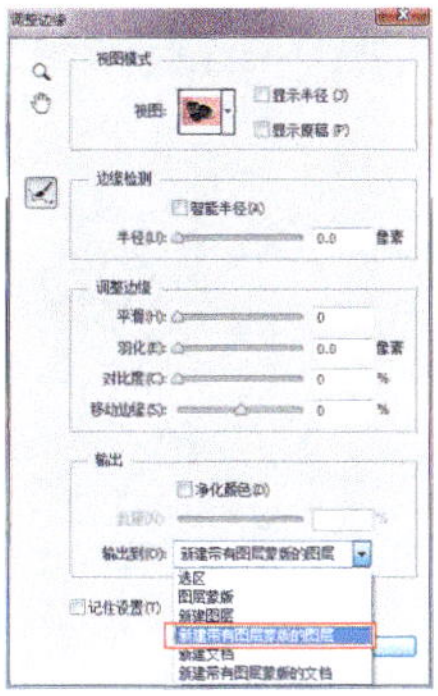

图2-149 调整边缘输出选项

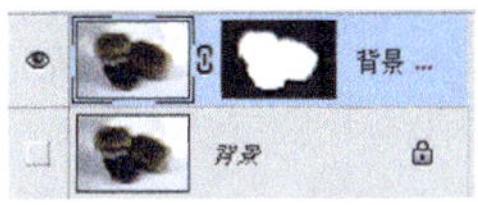

图2-150 带有蒙版抠好的图层

图2-151 调整边缘抠图最终效果

2.6.5 半透明物体抠图（通道）

效果文件 ┆ 效果>CH02>2.6.5效果图.jpg

素材文件 ┆ 素材>CH02>2.6.5原图.jpg

视频文件 ┆ 视频>CH02>2.6.5半透明物体抠图.mp4

在网店设计中，会遇到一些半透明商品，如婚纱、玻璃器具等，它的抠图方法要通过Photoshop软件中的通道功能进行操作处理。

图2-152和图2-153所示为通过通道抠图的前后效果对比。主要操作方法是通过“钢笔工具”创建人物主题路径，利用红色通道对比来进行抠图处理。

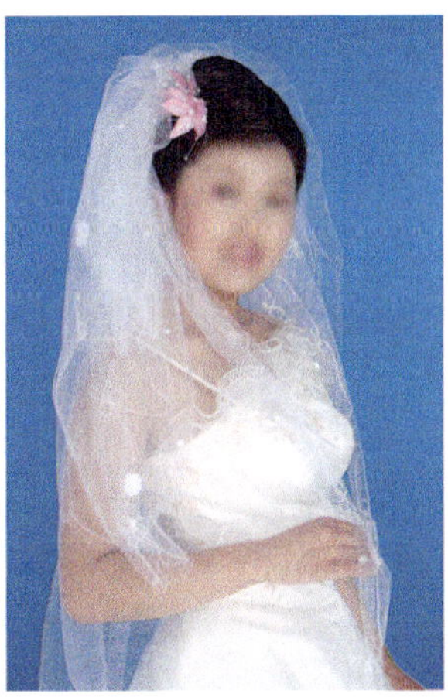

图2-152 通道抠图前

图2-153 通道抠图后

步骤01 打开素材图，使用“钢笔工具”勾勒出整个人物的轮廓，如图2-154所示。

步骤02 执行“窗口>通道”菜单命令，调出“通道”面板。在“通道”面板中选择“红色通道”，然后把红色通道复制一层，主要是在复制的对象中进行操作，如图2-155和图2-156所示。

步骤03 执行“图像>调整>反相”菜单命令，调整反相后的图像，如图2-157所示。

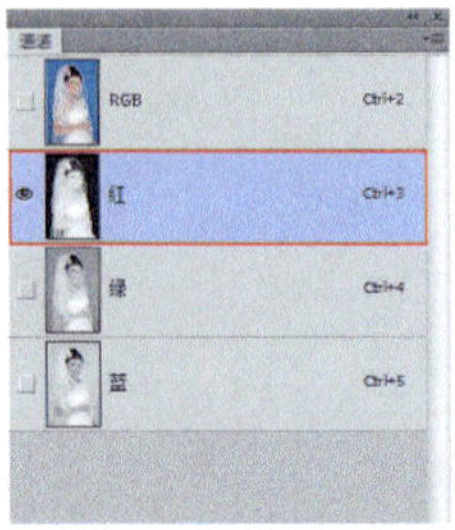

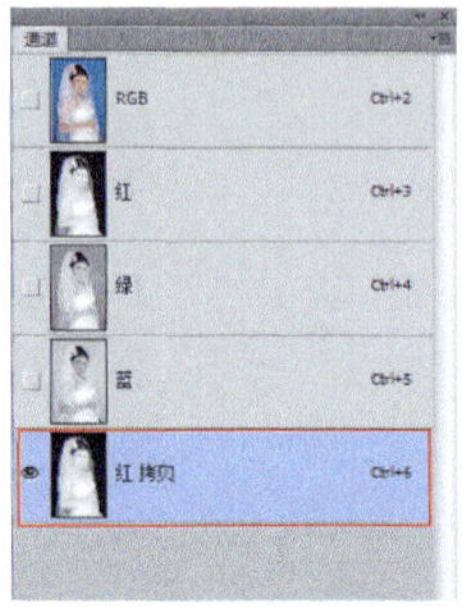

图2-154 钢笔工具勾勒轮廓　图2-155 选择红色通道　图2-156 复制红色通道　图2-157 调整反相后效果

步骤04 执行“图像>调整>色阶”菜单命令，调整对比度，如图2-158和图2-159所示。黑色的部分是要保留的，白色的背景部分是要删除的。所以，把步骤1中创建的路径转换为选区，然后使用“画笔工具”绘制或直接填充为黑色，如图2-160和图2-161所示。

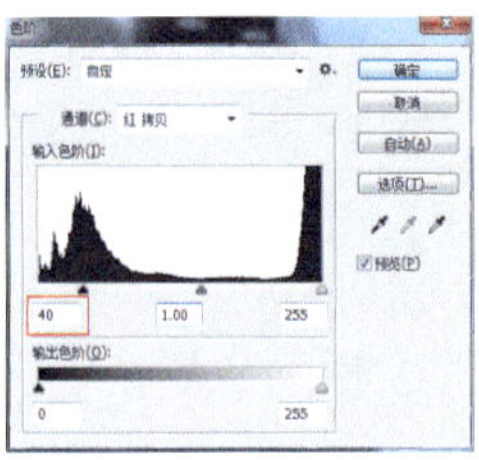

图2-158 调整色阶　图2-159 调整色阶后图像　图2-160 转换选区　图2-161 选区内填充黑色

步骤05 在“通道面板”中单击最底部的“将通道作为选区载入”按钮，如图2-162所示。这时，选择整个对象之后，对选区进行“反选”操作，最终效果如图2-163所示。

步骤06 选择RGB通道，回到“图层”面板中选择图层，通过复制和粘贴命令，创建新的选区内容对象，就是整个抠图的内容，如图2-164和图2-165所示。

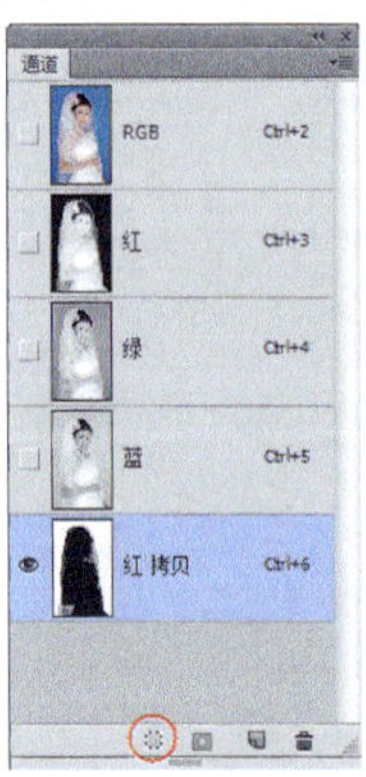

图2-162 载入选区　图2-163 选区进行反选操作　图2-164 回到“图层”面板　图2-165 通道抠图最终效果

2.6.6 光效抠图（混合颜色带）

效果文件 ┆ 效果>CH02>2.6.6效果图.jpg
素材文件 ┆ 素材>CH02>2.6.6原图.jpg
视频文件 ┆ 视频>CH02>2.6.6光效抠图.mp4

很多合成光效类的素材是黑白的背景或者是白色的背景，这时，可以直接通过“混合颜色带”处理，从而达到抠图的效果。

图2-166和图2-167所示为通过“混合颜色带”抠图的前后效果对比。

图2-166 混合颜色带抠图前

图2-167 混合颜色带抠图后

步骤01 打开素材图像，双击背景层，将背景图层转换为普通图层。执行“图层>图层样式>混合选项”菜单命令，弹出“图层样式”对话框，在“混合颜色带”选项组中可以调整下面的三角滑块，屏蔽黑色的信息。按住Alt键并拖动滑块，可以分离开操作，如图2-168所示。分离之后烟花素材图屏蔽了黑色背景，如图2-169所示。

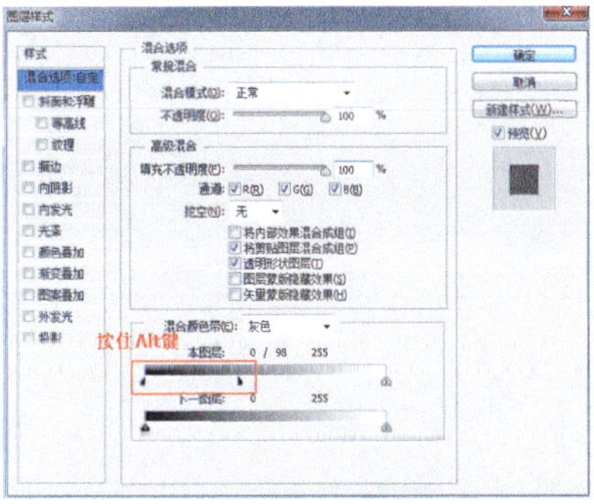

图2-168 分离滑块

图2-169 屏蔽掉黑色背景

步骤02 对烟花素材更换一个新的背景文件，最终的操作效果如图2-170所示。

图2-170 混合颜色带抠图最终效果

2.6.7 课后习题

素材文件 素材>CH02>2.6.7习题素材1、2、3.jpg

通过以上内容讲解，相信大家都能理解和掌握抠图的方法和技巧。提供素材如图2-171至图2-173，供大家练习使用。大家只要多加练习，就能熟练掌握。

图2-171 习题素材1

图2-172 习题素材2

图2-173 习题素材3

2.7 投影/倒影的制作方法

2.6节学习了抠图的方法和技能，在后期设计合成的过程中，除了能抠出清晰的商品，还要模拟商品在真实世界的立体效果，这样会给商品添加投影和倒影。在不同光影照射下，不同形状的物体所呈现出来的投影或倒影是不一样的。本节分别讲解不同的阴影/倒影的制作方法。

希望大家学习本节内容之后，能够掌握物体形状和变化的规律，无论在什么样的复杂场景中，都能模拟制作出物体真实的投影和倒影效果。

2.7.1 模糊投影

效果文件 效果>CH02>2.7.1效果图.jpg
素材文件 素材>CH02>2.7.1原图.png
视频文件 视频>CH02>2.7.1模糊投影.mp4

模糊投影是最常见的一种投影，可以使用Photoshop软件中的“图层样式投影”来制作，也可以通过滤镜中的“高斯模糊”进行制作。

图2-174和图2-175所示为添加模糊投影的前后效果对比。不难看出，添加投影后的物体更加真实。

图2-174 模糊投影添加前

图2-175 模糊投影添加后

步骤 01 打开素材图像，新建一个空白图层，使用“椭圆选框工具”绘制一个圆形，然后使用“油漆桶工具”填充黑色，如图2-176所示。

步骤 02 执行“滤镜>模糊>高斯模糊”菜单命令，设置“高斯模糊”的“半径”为130，如图2-177所示。模糊效果如图2-178所示。

图2-176 绘制圆形填充黑色

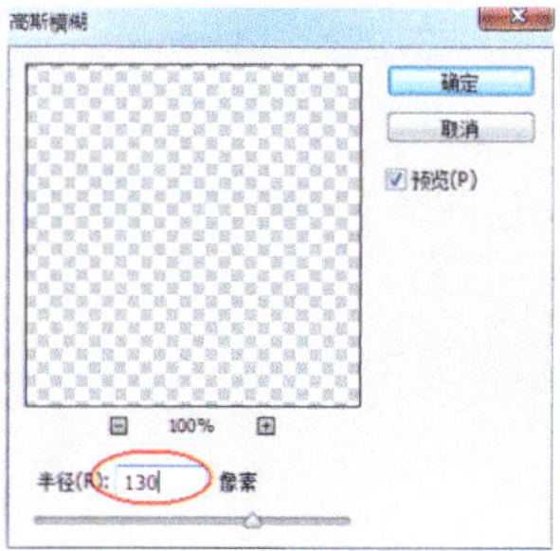

图2-177 设置高斯模糊半径参数

图2-178 模糊效果如图

步骤 03 执行“编辑>变换>缩放”菜单命令，调整阴影大小和形状，如图2-179所示。把调整好的阴影形状移动到棒球下方位置，如图2-180所示。

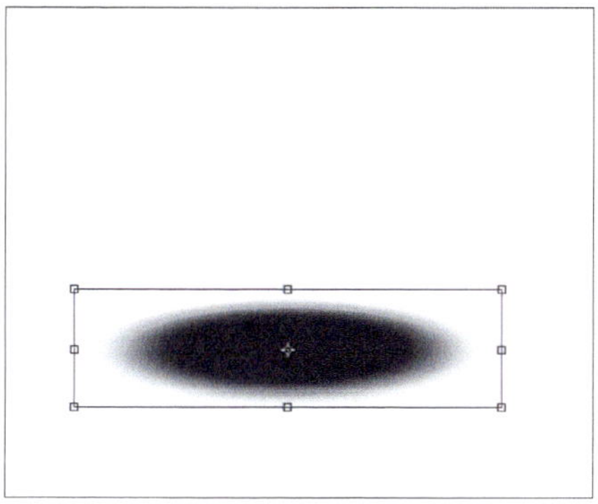
图2-179 调整阴影形状

图2-180 移动阴影位置

步骤 04 在“图层”面板中修改阴影图层的“不透明度”为70%，如图2-181所示。最终效果如图2-182所示。

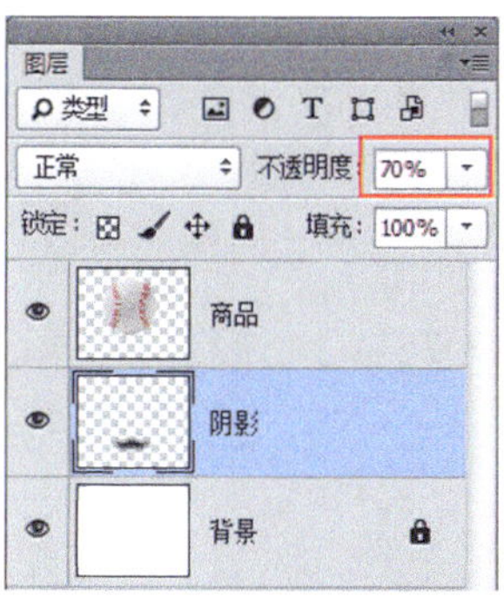

图2-181 图层不透明度参数

图2-182 模糊投影最终效果

2.7.2 渐变投影

效果文件	效果>CH02>2.7.2效果图.jpg
素材文件	素材>CH02>2.7.2原图.png
视频文件	视频>CH02>2.7.2渐变投影.mp4

除了常见的模糊投影之外，还有一种是“渐变投影”。

图2-183所示为渐变投影添加前，图2-184所示为渐变投影添加后。

图2-183 渐变投影效果添加前

图2-184 渐变投影效果添加后

步骤 01 打开素材图，使用“椭圆选框工具”绘制椭圆，使用“油漆桶工具”填充黑色，如图2-185所示。通过变形工具调整形状位置和大小，如图2-186所示。

图2-185 绘制矩形填充黑色

图2-186 调整形状位置和大小

步骤 02 在“图层面板”的最下方单击“添加图层蒙版”按钮，给图层添加一个蒙版，如图2-187所示。

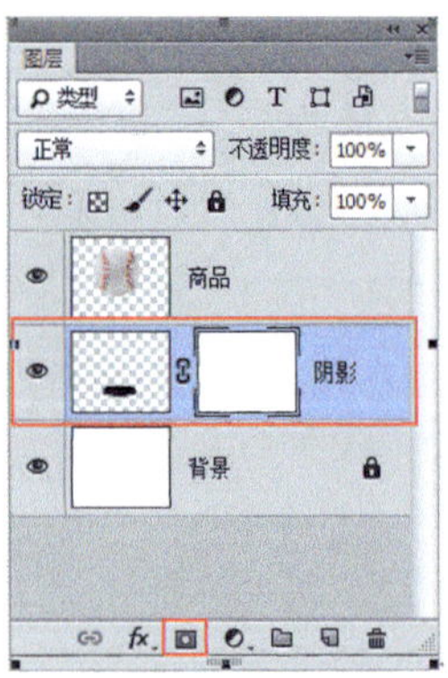

图2-187 添加图层蒙版

步骤03 选择工具箱中的“渐变工具”，选择从黑到白的线性渐变，如图2-188所示。在蒙版层上进行渐变操作处理，调整图层的“不透明度”为80%，如图2-189所示。最终“渐变投影”效果如图2-190所示。

图2-188 选择渐变工具线性渐变

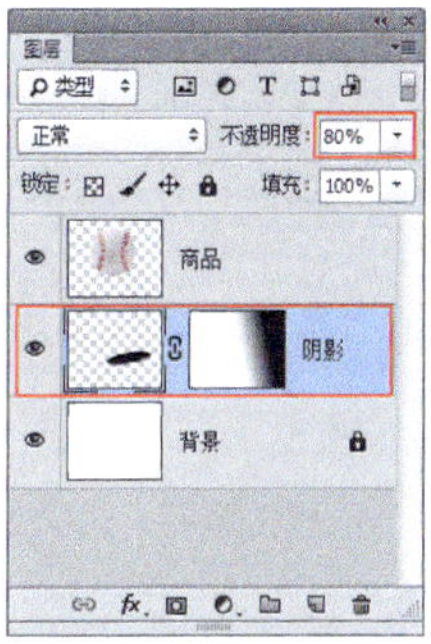

图2-189 蒙版层渐变操作　　图2-190 渐变投影最终效果

2.7.3 扁平化长投影

效果文件 ┊ 效果>CH02>2.7.3效果图.jpg

素材文件 ┊ 素材>CH02>2.7.3原图.jpg

视频文件 ┊ 视频>CH02>2.7.3扁平化长投影.mp4

近几年非常流行“扁平化”设计，遇到这种情况时，做物体阴影处理就要创建“扁平化长投影”效果。图2-191和图2-192所示为添加扁平化长投影的前后效果对比。

图2-191 扁平化长投影效果添加前 图2-192 扁平化长投影效果添加后

步骤01 打开素材图像，使用“钢笔工具”创建矩形，如图2-193所示。对路径转换为选区，然后进行黑色填充，如图2-194所示。

图2-193 钢笔工具创建矩形　　图2-194 对矩形填充黑色

步骤02 改变图层的“不透明度”为20%，如图2-195所示。执行“图层>创建剪贴图层蒙版”菜单命令，使用“渐变工具”对图层蒙版进行渐变填充，如图2-196所示。最终效果如图2-197所示。

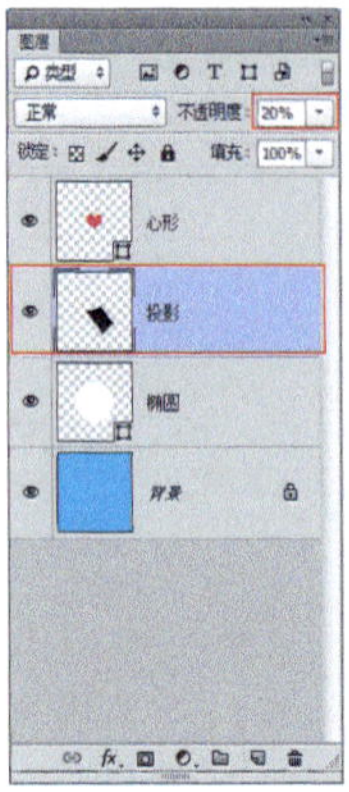

图2-195 图层不透明度

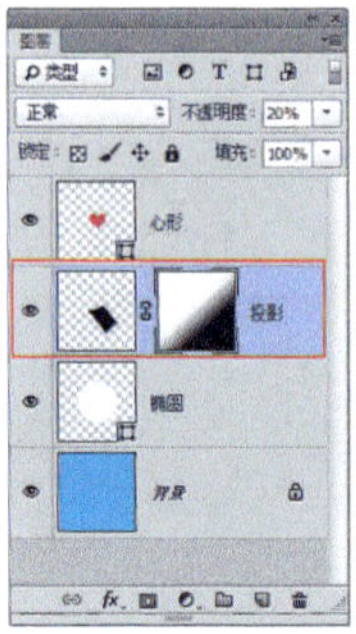

图2-196 图层蒙版添加渐变

图2-197 图层蒙版添加渐变后投影效果

步骤03 用同样的方法将白色椭圆的长投影制作出来，最终效果如图2-198所示。

图2-198 最终扁平化长投影制作效果

2.7.4 平面类商品倒影

效果文件	效果>CH02>2.7.4效果图.jpg
素材文件	素材>CH02>2.7.4原图.jpg
视频文件	视频>CH02>2.7.4平面类商品倒影.mp4

制作平面类商品倒影时，通常物体是正视图水平方向，添加倒影效果后商品显示得会更加逼真。

图2-199和图2-200所示为添加平面倒影的前后效果对比。

图2-199 平面倒影效果添加前

图2-200 平面倒影效果添加后

步骤01 打开素材图像，将素材图层拖曳到“图层面板”下方的“创建新图层”按钮上，制作一个新的拷贝图层，如图2-201所示。执行“编辑>变换>垂直旋转”菜单命令，调整旋转后图层到合理位置，如图2-202所示。

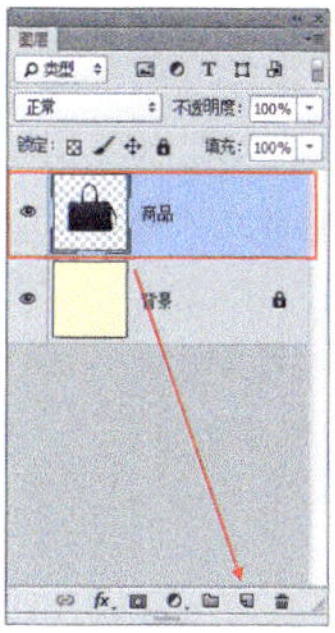

图2-201 复制对象

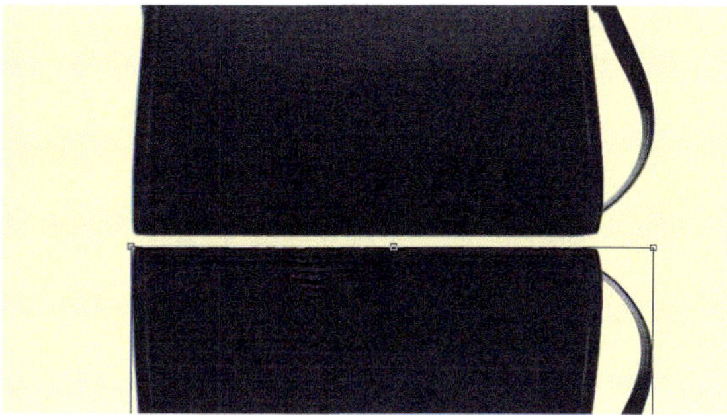

图2-202 调整合适位置

步骤02 在“图层”面板的下方单击“添加图层蒙版”按钮，在工具箱中使用“渐变工具”对旋转后的图层进行线性渐变处理，修改图层的“透明度”为50%，如图2-203所示。最终商品倒影制作效果如图2-204所示。

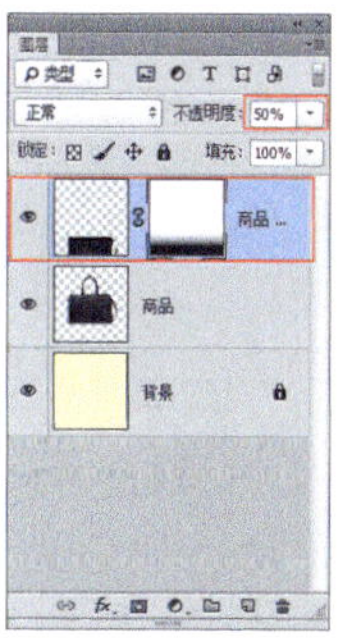

图2-203 添加渐变改变图层透明度

图2-204 商品倒影制作最终效果

2.7.5 圆柱类商品倒影

- 效果文件 | 效果>CH02>2.7.5效果图.jpg
- 素材文件 | 素材>CH02>2.7.5原图.jpg
- 视频文件 | 视频>CH02>2.7.5圆柱类商品倒影.mp4

很多商品的外形是圆柱体类，后期制作倒影时会遇到不在一个水平线上的麻烦，这种情况就要通过Photoshop软件中的“操控变形”方法来制作。

图2-205和图2-206所示为圆柱体类商品倒影添加前后的效果对比。

图2-205 圆柱类倒影效果添加前

图2-206 圆柱类倒影效果添加后

步骤01 打开素材图像，使用工具箱中的“矩形选框工具”创建矩形选框，选中瓶子底部进行复制和粘贴操作，如图2-207所示。执行“编辑>变换>垂直旋转”菜单命令，进行旋转操作，如图2-208所示。

图2-207 复制瓶子底部

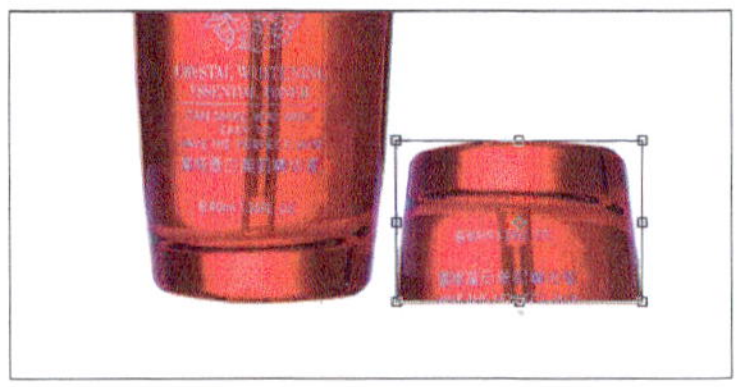

图2-208 进行旋转处理

步骤02 执行“图层>智能对象>转换为智能对象”菜单命令，再执行“编辑>操控变形”菜单命令，会发现，操控变形的对象图层好像被放进了“笼子”里，如图2-209和图2-210所示。

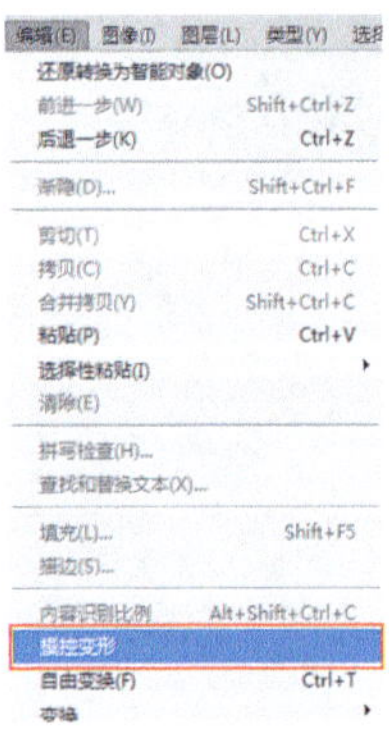

图2-209 操控变形

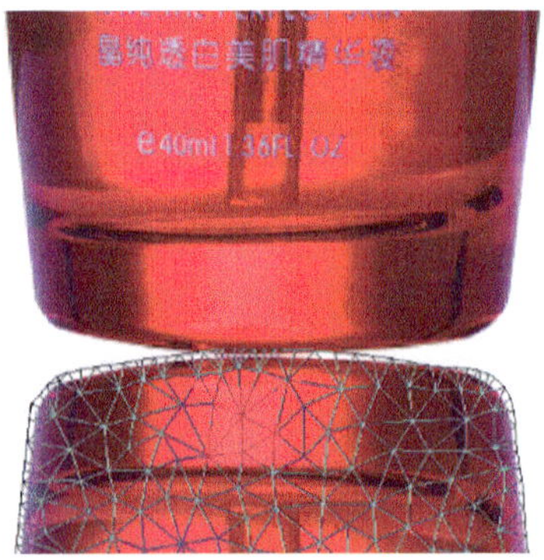

图2-210 操控变形效果

步骤03 单击可以创建控制点，每一个点都可以进行移动、编辑、删除等处理，如图2-211所示。

步骤04 围着着瓶子底部就可以拖动编辑控制点，如图2-212所示。经过多次调整，控制点和瓶子底部相吻合。

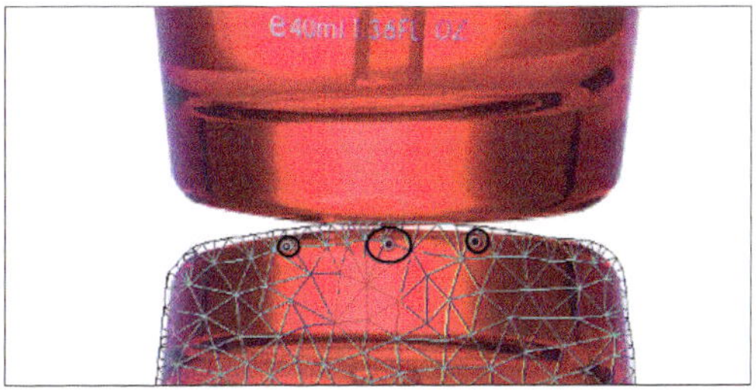

图2-211 操控变形添加控制点

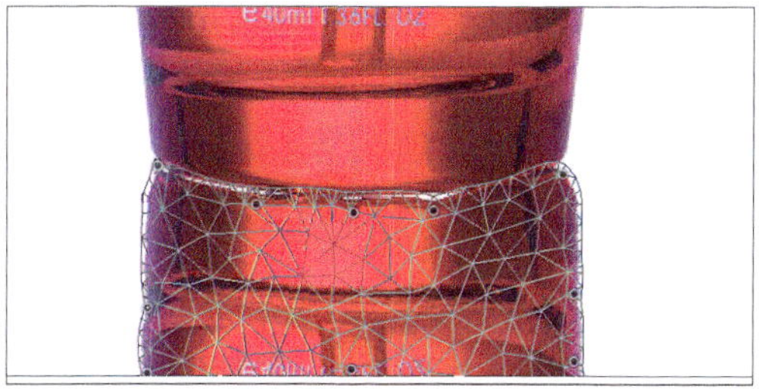

图2-212 拖动编辑控制点

步骤 05 在“图层”面板中，调整图层的“不透明度”为80%。添加图层蒙版，使用工具箱中的“渐变工具”进行渐变处理，如图2-213所示。最终瓶子倒影效果如图2-214所示。

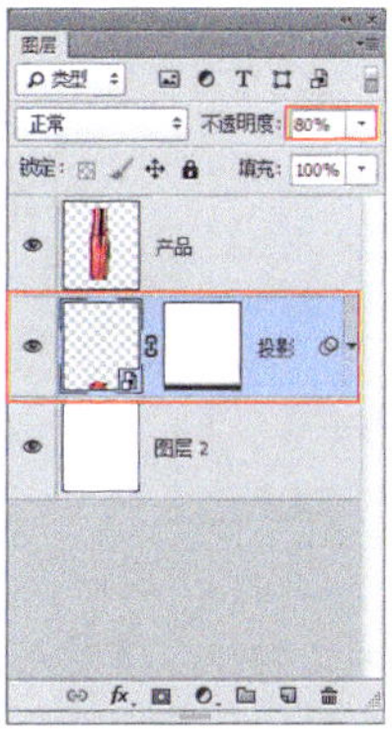

图2-213 渐变处理

图2-214 最终圆柱体类商品倒影效果

2.7.6 立方体类商品倒影

效果文件	效果>CH02>2.7.6效果图.jpg
素材文件	素材>CH02>2.7.6原图.png
视频文件	视频>CH02>2.7.6立方体类商品倒影.mp4

有些商品不是一个面，而是立方体类，如盒子等。那么，这类商品的每一个面都制作出它的倒影来。

图2-215和图2-216所示为添加立方体倒影的效果前后对比。

图2-215 立方体倒影效果添加前

图2-216 立方体倒影效果添加后

步骤01 打开素材图像，按Ctrl+J快捷键复制图层，然后按Ctrl+T快捷键执行自由变换命令，单击鼠标右键，在弹出的快捷菜单中选择“垂直旋转”命令，效果如图2-217所示。

步骤02 使用工具箱中的“矩形选框工具”选中图像的右侧边，进行剪切和粘贴操作，形成两个分开的图层，如图2-218和图2-219所示。

图2-217 复制图层和垂直旋转

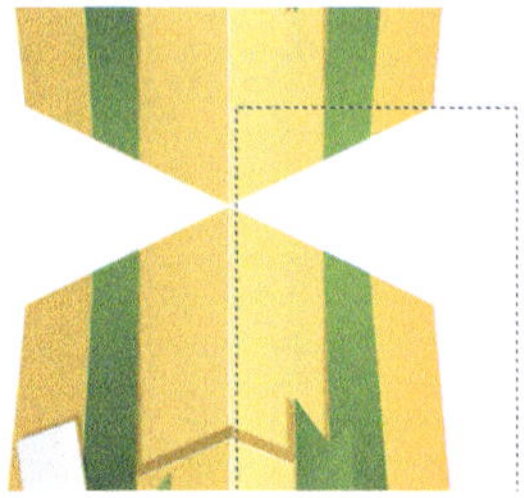

图2-218 创建选区执行剪切粘贴命令

图2-219 两个分开的图层

步骤03 把图层转换为智能对象，使用变换操作命令，按住Ctrl键进行右侧变形处理，如图2-220所示。

步骤04 用同样的方法，对左侧一面进行透视变换处理，如图2-221所示。

步骤05 给图像的左右两面添加图层蒙版，制作渐变效果，再修改图层的不透明度，最终效果如图2-222所示。

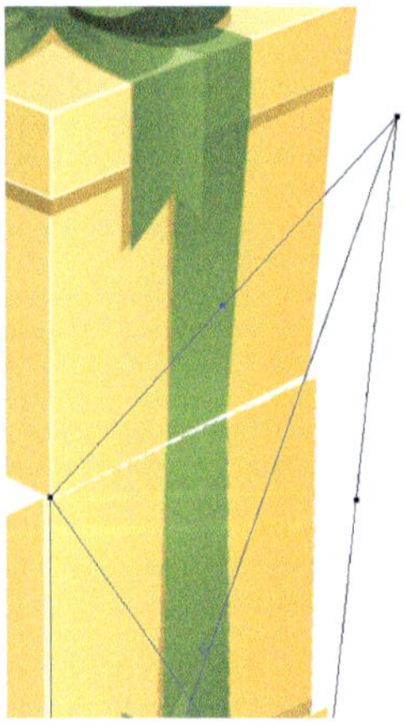

图2-220 变换右侧处理

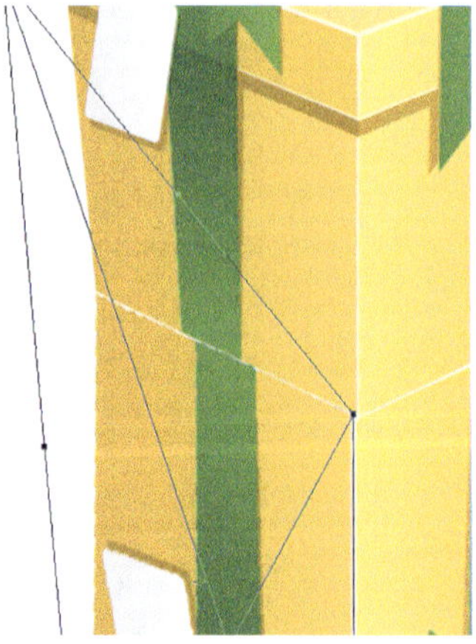

图2-221 左侧变换处理

图2-222 最终效果

2.7.7 课后习题

素材文件 | 素材>CH02>2.7.7习题素材1.png、2.7.7习题素材2.png、2.7.7习题素材3.jpg

通过以上内容讲解，相信大家都能理解和掌握抠图的方法和技巧。提供素材如图2-223至图2-225所示，供大家练习使用。只要多加练习，就能熟练掌握。

图2-223 习题素材1

图2-224 习题素材2

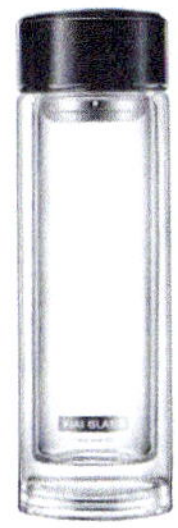

图2-225 习题素材3

2.8 醒目标识制作

网店装修中，标识是店铺中不可缺少的组成部分，通过海报中的标识可以向买家传递商品信息、促销信息等。因标识属于装饰点缀的范畴，种类非常多，本节重点讲解几种常用的标识制作方法。

2.8.1 对话框类标识

效果文件 ¦ 效果>CH02>2.8.1效果图.jpg、2.8.1源文件.psd

视频文件 ¦ 视频>CH02>2.8.1对话框类标识.mp4

对话框类标识是最常见的标识之一，表现形式和设计样式千变万化，类目繁多。图2-226所示为几种对话框类标识的表现手法和效果展示。

图2-226 常见的对话框类标识

步骤01 打开软件，新建图层并命名，设置“宽度”和“高度”都为500像素，“分辨率”为72像素/英寸，“颜色模式”为RGB颜色、8位，如图2-227所示。

步骤02 选择工具箱中的“椭圆工具”，在选项栏工具模式中选择“形状”，将填充颜色设置为（R:229，G:0，B:79），如图2-228所示。此时，在画布中创建一个圆形，如图2-229所示。

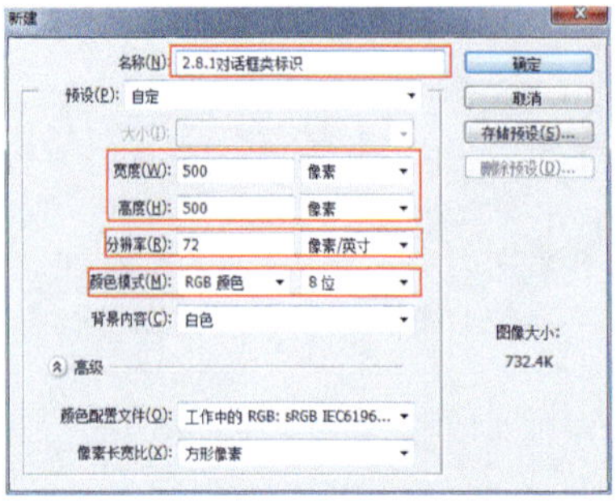

图2-227 新建文件

图2-228 设置椭圆工具填充颜色

图2-229 创建好的圆形

步骤03 使用工具箱中的“钢笔工具”对绘制的圆形添加锚点，然后按住Ctrl键，移动调整锚点，改变方向和位置，效果如图2-230所示。再次调整后的效果如图2-231所示。

图2-230 添加锚点调整圆形对象

图2-231 调整锚点后最最终效果

步骤04 使用“横排文字工具”添加文字“新品”。在“字符”面板中设置字体为黑体，大小为38点，颜色为白色，加粗处理，如图2-232所示。对话框类标识最终效果如图2-233所示。

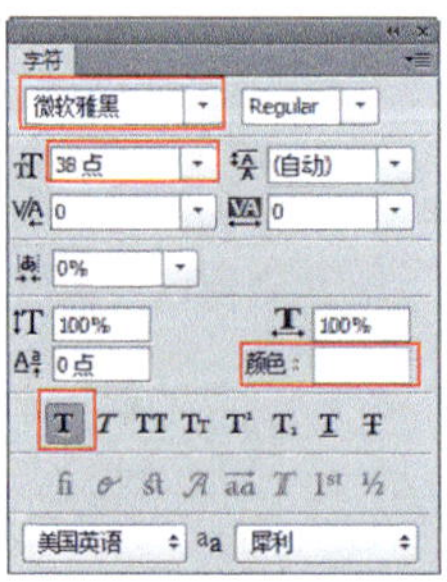

图2-232 字符面板设置字体属性

图2-233 对话框类标识最终效果

2.8.2 圆角矩形标识

效果文件	效果>CH02>2.8.2效果图.jpg、2.8.2源文件.psd
视频文件	视频>CH02>2.8.2圆角矩形标识.mp4

除了对话框类的醒目标识之外，圆角矩形类标识也是最常用的标识之一。圆角矩形类标识，有时是以纯色为背景或者描边加投影处理的方式，有时是多个相加在一起模拟立体感效果等。图2-234所示为几种常用的圆角矩形标识表现手法。

图2-234 圆角矩形标识表现手法

步骤 01 新建文件，尺寸可自定。选择工具箱中的“圆角矩形工具”，在选项栏中将半径参数设置为20像素，在画布中创建圆角矩形，如图2-235所示。

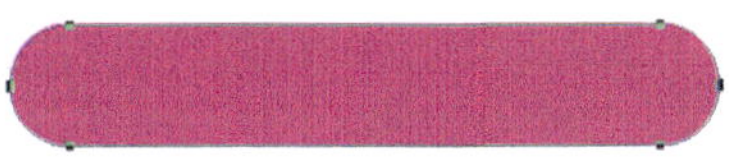

图2-235 创建圆角矩形对象

步骤 02 在图层样式中勾选“投影”复选框，再勾选“描边”复选框，参数设置如图2-236和图2-237所示。最终效果如图2-238所示。

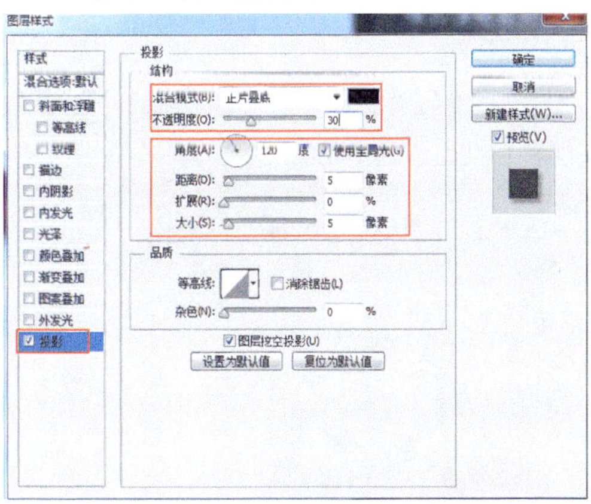

图2-236 设置图层样式投影参数

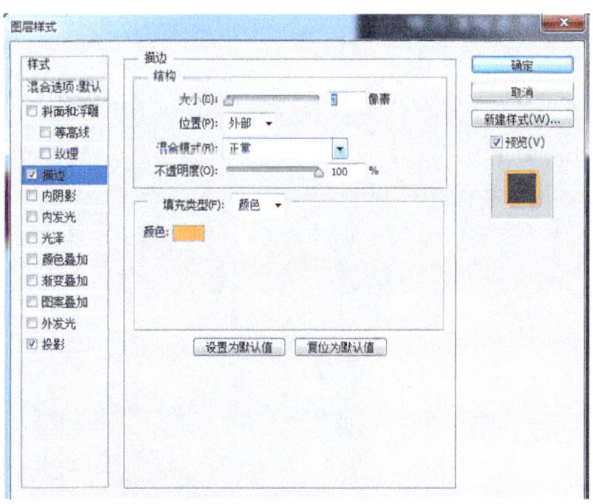

图2-237 设置图层样式描边参数

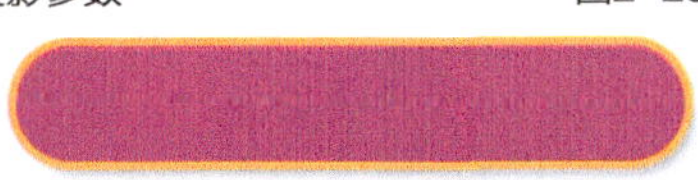

图2-238 图层样式最终效果

步骤03 使用“横排文字工具”添加文字，设置相应的参数，效果如图2-239所示。所有的内容都添加完之后，按Ctrl+T快捷键对其进行自由变换，旋转角度，如图2-240所示。

图2-239 添加文字

图2-240 圆角矩形标识最终效果

2.8.3 线型类标识

很多情况下，标识也会直接设计成线型，如直线、弧线、矩形线，以及各种创意形状类的线。图2-241所示是几种常见的以线型作为标识的表现手法。

图2-241 常见线型类标识

创建线型的主要工具是矩形工具和钢笔路径工具，然后通过描边处理来实现，这里就不再讲解制作步骤。

2.8.4 爆炸多边形标识

商场入口处的促销海报上，往往以“爆炸”形的图案居多，配合促销、低价、清仓处理等文案。这种效果在网店美工设计中也会经常用到，它的表现形式更多样化。图2-242所示为爆炸多边形标识效果图展示。

图2-242 常见爆炸多边形标识

2.8.5 复合式标识

有些时候，一张海报中有不同的卖点，会用不同的醒目标识来做衬托，那么这些称之为复合式标识。有对话框形式，也有圆形和圆角矩形等组成的标识，如图2-243所示。

图2-243 常见复合式标识（一）

还有爆炸形、矩形、长条形等组成的标识，如图2-244所示。

图2-244 常见复合式标识（二）

图2-245所示也是由多种标识组成的效果。

图2-245 常见复合式标识（三）

2.8.6 课后习题

素材文件 | 素材>CH02>2.8.6习题素材.jpg

通过以上内容讲解，相信大家都能理解和掌握醒目标识的设计和制作。提供素材图2-246，供大家练习使用。

图2-246 习题素材

2.9 字体与排版

所谓文字，就是记录信息的图像符号，而排版则是把字体和图像等信息进行合理的排列调整，使版面达到易于阅读、美观的视觉效果。文字自发明至今，随着时代的变迁，由于书写和艺术表达的需求，在书写方式和风格方面产生了不同的风格，称之为字体。

本节详细讲解网店美工设计中的字体与排版的应用知识。

2.9.1 字体的下载与安装

千里之行，始于足下，常用的Windows系统默认的只有宋体、仿宋体、黑体、楷体、魏碑等几种常规的中文字体，它远远满足不了设计师排版设计的需求。所以，第一步就要学习和掌握如何在购买正版字体之后，下载和安装到自己的电脑系统里。

如果是通过某字库商购买的字体，那么他们会发送相应的字体包。如果是通过网络免费下载的字库，可以通过指定字体网站或者搜索引擎搜索相应关键字，比如“字体下载”，那么就会有很多提供下载使用的网址，通过网址链接下载文件包。要记住一点，字体的文件格式是“.TTF”格式，3种艺术字体缩略图如图2-247所示。

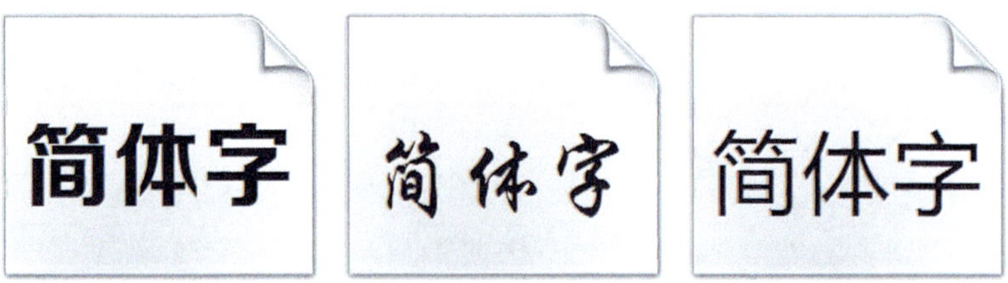

方正正粗黑简体　　华文行楷　　兰亭黑简

图2-247 3种艺术字体缩略图

购买或下载好字体包后，就要安装到自己电脑系统里，可以通过最常用的两种方法来进行字体安装操作。

第1种字体的安装方法

步骤01 选中文件夹中的字体，单击鼠标右键，在弹出的快捷菜单中选择“复制”命令，复制字体到“C盘”中，Windows系统文件夹中有一个名为Fonts的文件夹，文件夹中存放了系统的所有字体。还可以直接在电脑桌面上双击“计算机”图标，在地址栏直接输入C:\Windows\Fonts并按Enter键，打开Fonts文件夹，在文件夹空白地方单击鼠标右键，在弹出的快捷菜单中选择“粘贴”命令，如图2-248和图2-249所示。

图2-248 复制字体

图2-249 复制并粘贴字体到Fonts文件夹

步骤02 安装成功，系统会自动识别添加进来的字体。

第2种字体的安装方法

步骤01 选择下载好的字体，双击打开，如图2-250所示。

图2-250 打开字体对象

步骤02 单击"安装"按钮，这时会弹出对话框，显示安装进度，如图2-251所示。

图2-251 安装字体

步骤03 安装成功。

值得注意的是，第一种安装方法适合多个字体一次性直接安装操作；第二种安装方法适合一个字体的安装。

2.9.2 常见字体及应用

计算机中的字体有多少种呢？常用的字体有一百多种，足够完成80%以上的工作。但是对于艺术字体，每一个设计师都可以通过自己的创作来设计一套完整的字体，除了中文之外，还有英文字体。设计中文字体相对比较难，包括横竖撇捺、偏旁部首、结构处理等，而英文字体只有26个字母即可创作一套字体。所以，中英文加在一起，字体数量是非常庞大的。

常用中文字体有隶书、幼圆、行书、草书、行楷、篆体、繁体、黑体、广告宋体、楷体、魏碑、毛笔手写、彩云卡通、综艺书法、新魏、仿宋、大黑、娃娃、钢笔、琥珀、细黑、隶书、古印、空心、姚体、颜楷、海报、微软雅黑等。常用中文设计字体一览表如图2-252所示。

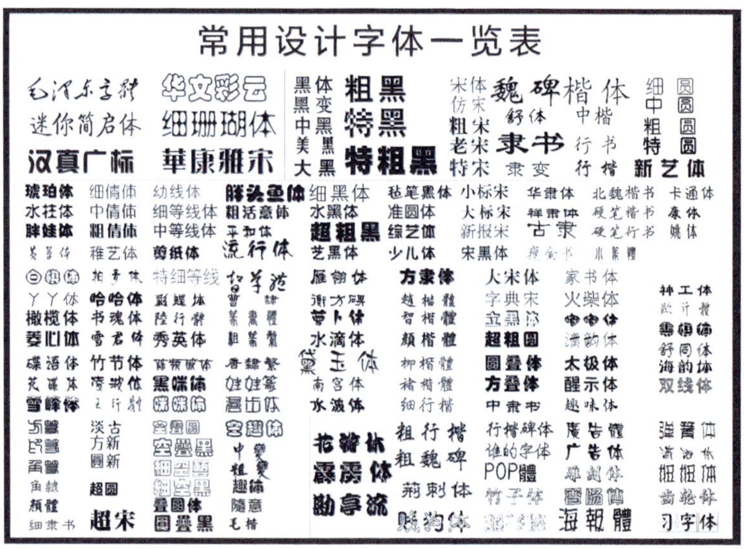

图2-252 常用中文字体一览表

每一种字体都有自己的风格，有的秀丽柔美，有的稳重挺拔，有的活泼有趣，有的苍劲古朴等。设计师在使用字体表达信息的时候，一定要根据内容来选择文字类型。

常见字体的风格特点和适用范围，如图2-253所示。

字体名称	字体特点	适用范围
宋体	典雅、工整、严肃、大方	正文、标题、小标题、说明文字
黑体	朴素大方、笔画单纯、结构严谨、引人注目	标题、大标题、小标题
楷体	规矩整齐，造型秀美，笔画流畅	正文、说明文字
隶书	蚕头雁尾，字体小巧，玲珑、清秀，庄重	标题、小标题
幼圆	笔画转角圆润，结构方正饱满，笔形柔和，结构平稳、秀气	正文、小标题、说明文字
汉仪小隶书	字体小巧，笔画纤细，玲珑、清秀；笔法挺劲 、秀美、庄重、活泼大方	小标题、说明文字
娃娃体	美术字体，字形活泼可爱，团团圆圆，充满童趣色彩	卡通、儿童信息

图2-253 常见字体风格特点和适用范围

2.9.3 艺术文字制作

本节讲解几种常见艺术字体的设计方法和技巧。渐变效果、金属效果及近年流行的书法字体效果等，都是在设计中比较常见的字体效果。

1. 渐变字

渐变效果多种多样，有简单的渐变效果，也有复杂的渐变效果。图2-254所示为促销海报中运用的文字处理渐变效果；图2-255所示为渐变样式所提供的渐变效果；图2-256所示为本节内容制作的渐变效果。

图2-254 文字处理渐变效果

图2-255 渐变样式所提供的渐变效果

图2-256 本节制作的渐变效果

效果文件 | 效果>CH02>2.9.3渐变字效果图.jpg、2.9.3渐变字源文件.psd

素材文件 | 素材>CH02>2.9.3渐变字背景图.jpg、2.9.3光效.jpg

视频文件 | 视频>CH02>2.9.3渐变字.mp4

步骤01 在软件中打开素材，输入文字“空气净化器”，在“字符”面板中选择相应的字体，调整颜色，如图2-257所示。

步骤02 执行“图层>图层样式”菜单命令，勾选“渐变叠加”复选框，修改渐变效果，参数如图2-258所示。勾选“投影”复选框，给字体添加一个投影效果，参数如图2-259所示。

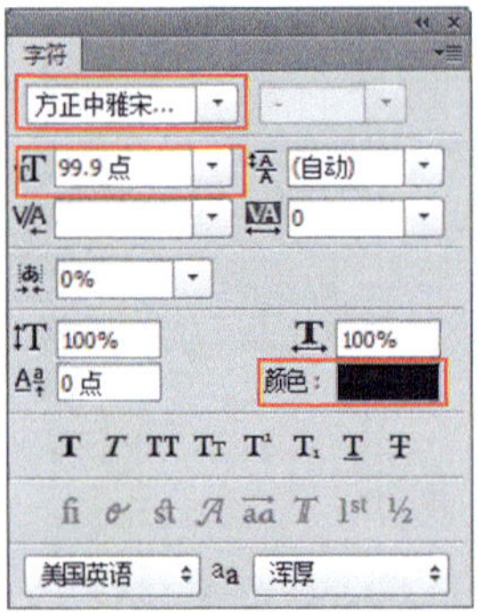

图2-257 字符面板设置字体格式

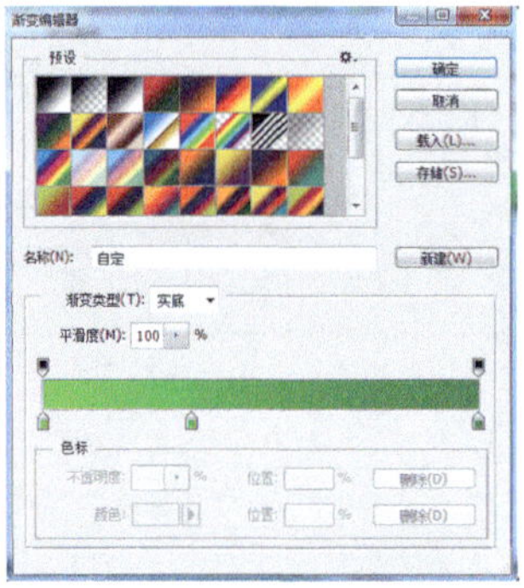

图2-258 图层样式渐变叠加

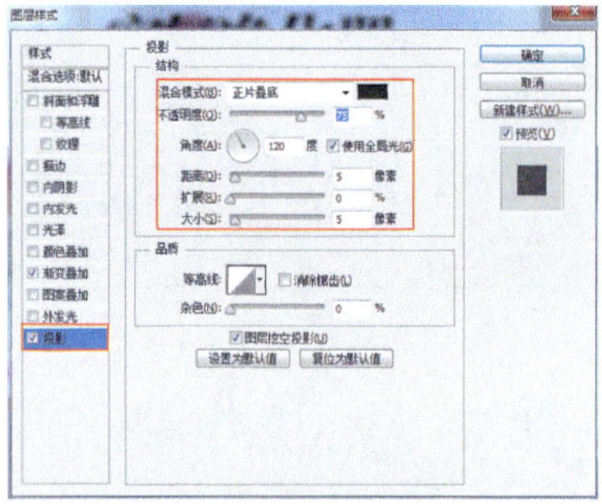

图2-259 图层样式添加投影

步骤03 导入提供的“光效素材”，在“图层面板”中设置图层的混合模式为“滤色”，如图2-261所示。软件提供了多种图层叠加模式，可以来回相互切换，效果如图2-262所示。

图2-260 提供的光效素材

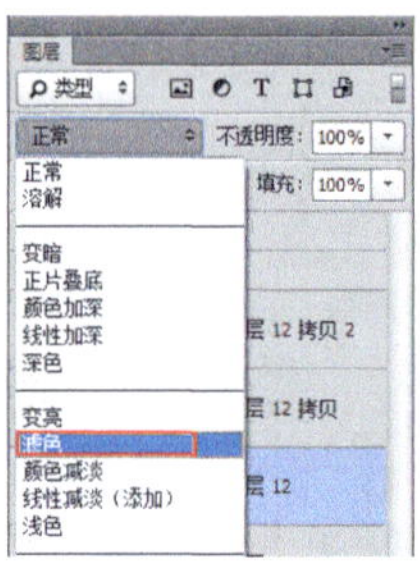

图2-261 图层混合模式改为滤色

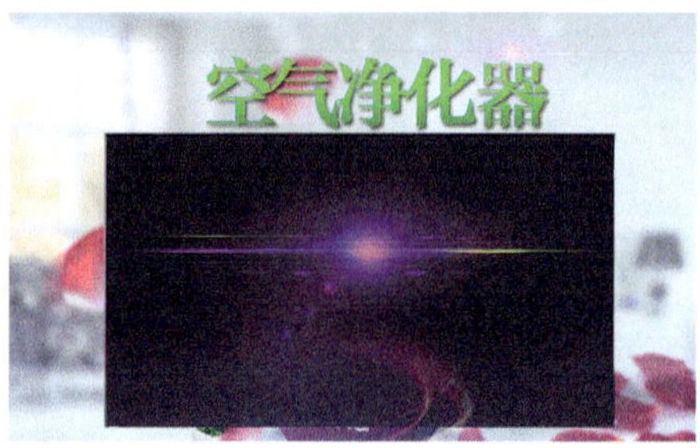

图2-262 多次切换图层叠加模式预览效果

步骤04 图层叠加模式为滤色的情况下，可以只显示光效，把黑色背景直接屏蔽掉，如图2-263所示。

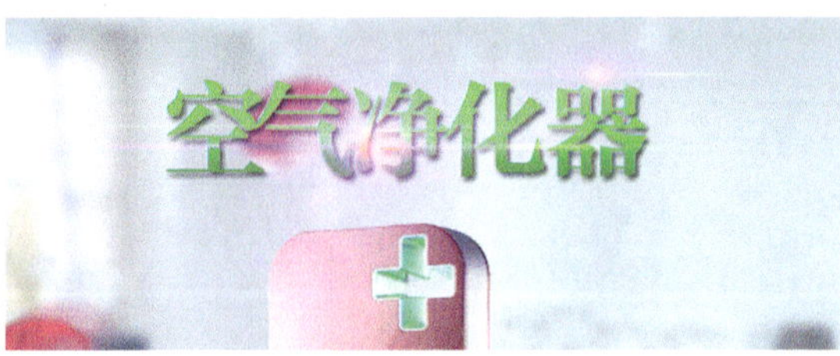

图2-263 图层叠加模式滤色

步骤05 可以用“色相/饱和度”命令对光效素材进行更改颜色，如图2-264所示。渐变文字最终效果如图2-265所示。

图2-264 可更改颜色

图2-265 渐变文字最终效果

2. 立体字

立体效果的字体在设计中经常用到，它的空间感和视觉冲击力极强。图2-266所示为海报设计中常用的立体字效果。

图2-266 几种常见的立体字效果

在Photoshop软件中，有两种经常制作立体字效果的方法。第一种方法是通过3D菜单命令下的“从所选图层新建3D模型”来制作立体效果；第二种方法是通过多个图层叠加来做出立体效果，图2-267所示为本节课制作的立体字效果。

图2-267 本节立体字制作效果

效果文件	效果>CH02>2.9.3立体字效果图.jpg、2.9.3立体字源文件.psd	
素材文件	素材>CH02>2.9.3立体字背景图.jpg	
视频文件	视频>CH02>2.9.3立体字.mp4	

步骤01 打开软件，新建文件，通过工具箱中的“横排文字工具”创建文字“周年庆”，如图2-268所示。

步骤02 复制一个文字图层，在“字符”面板中改变字体颜色，按Ctrl+T快捷键调整文字的位置，如图2-269所示。按Shift+Ctrl+Alt+T快捷键向下移动并复制出多个图层，如图2-270所示。合并复制出来的文字图层，如图2-271所示。调整图层的前后顺序，制作简单的立体效果，如图2-272所示。

图2-268 创建“周年庆”文字

图2-269 复制文字层调整位置

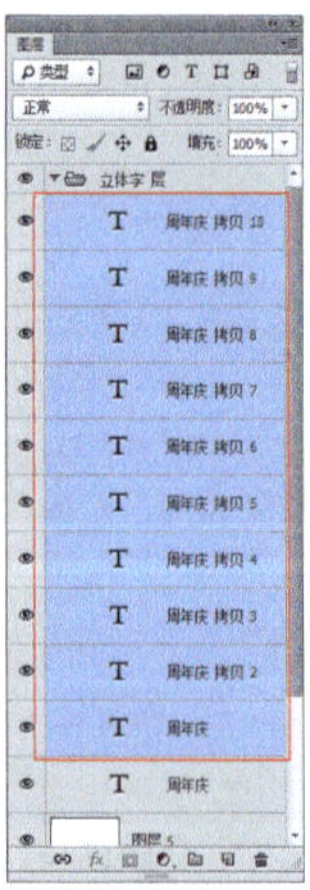
图2-270 向下移动并复制出多个文字层

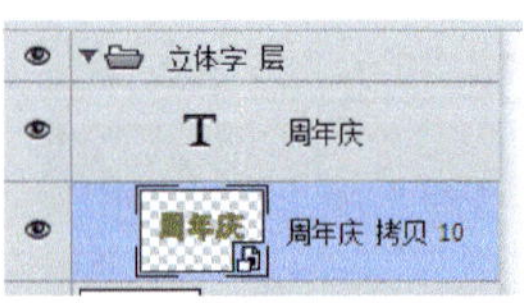

图2-271 合并复制出来的文字图层

图2-272 简单立体效果

步骤03 接下来对上层文字添加图层样式立体效果，添加图层样式渐变叠加效果，如图2-273所示。添加图层样式描边效果，如图2-274所示。添加图层样式斜面和浮雕效果，如图2-275所示。添加图层样式后的效果如图2-276所示。

步骤04 用同样的方法，把下层文字层效果添加上来，最终效果如图2-277所示。

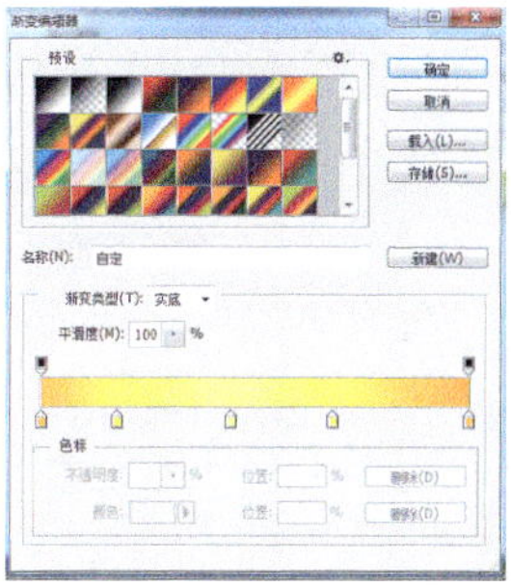

图2-273 添加图层样式渐变叠加效果

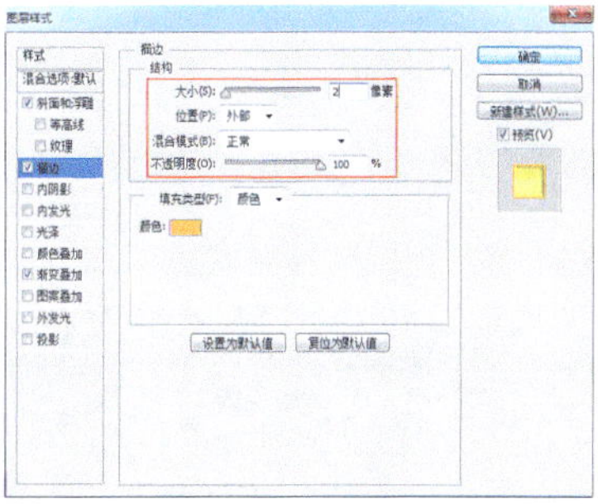

图2-274 添加图层样式描边效果

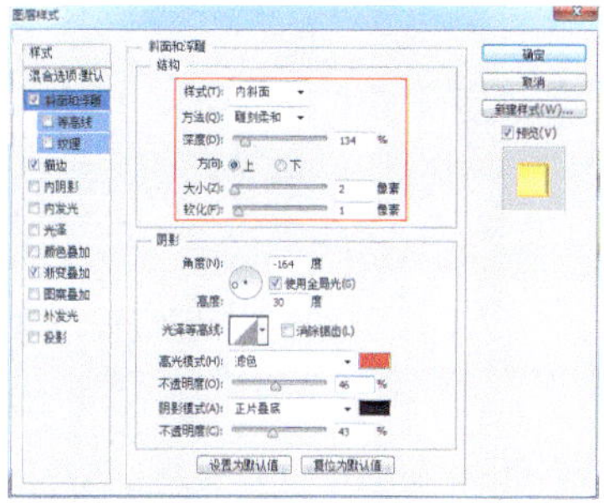

图2-275 添加图层样式斜面和浮雕效果

图2-276 上层文字添加图层样式效果

图2-277 下层文字添加立体效果

步骤05 把制作好的立体字放到环境中来，如图2-278所示。

图2-278 立体文字最终海报效果

3. 金属质感字体

金属质感字体在科技类产品经常使用到，常见的金属质感文字效果如图2-279所示。不同商品下的金属质感字体，视觉效果也不尽相同。本节讲解的金属字体制作效果如图2-280所示。

图2-279 常见的金属质感文字效果

图2-280 本节金属字体制作效果

效果文件	效果>CH02>2.9.3金属质感字体效果图.jpg、2.9.3金属质感字体源文件.psd
素材文件	素材>CH02>2.9.3金属质感字体背景图.jpg
视频文件	视频>CH02>2.9.3金属质感字体.mp4

步骤01 打开软件，使用“横排文字工具”创建文字“经典主机”，如图2-281所示。

图2-281 创建文字经典主机

步骤02 对文字添加图层样式，添加斜面和浮雕，同时把等高线和纹理选上，再添加光泽、图案叠加、投影、外发光、颜色叠加、内发光、内阴影、渐变叠加效果，参数如图2-282至图2-290所示。经过多次图层样式效果设置，最终金属质感文字效果如图2-291所示。

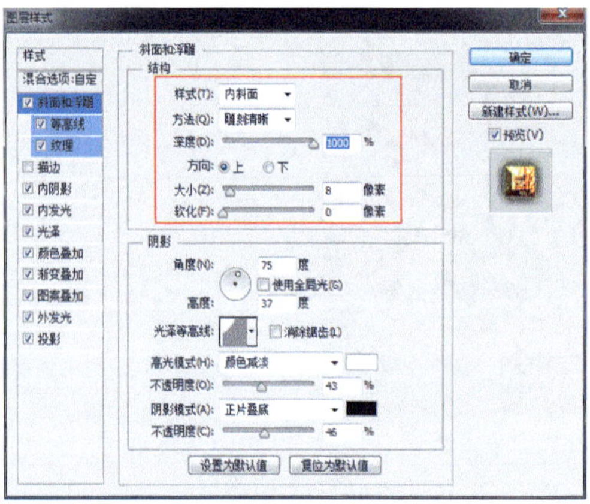

图2-282 添加图层样式斜面和浮雕

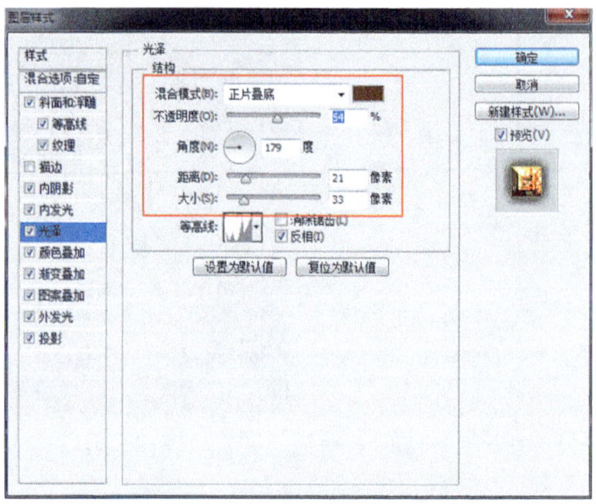

图2-283 添加图层样式光泽

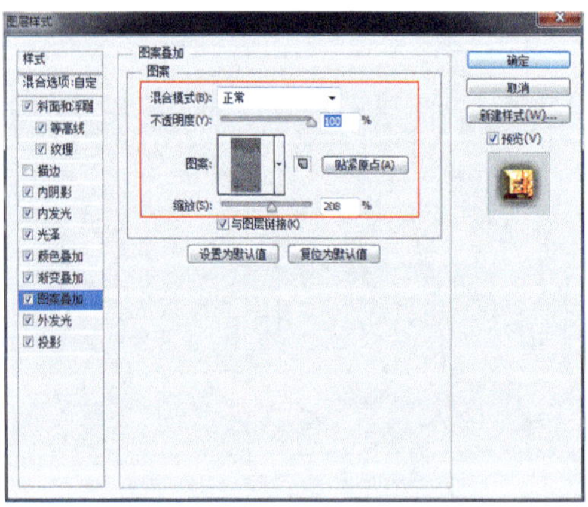

图2-284 添加图层样式图案叠加

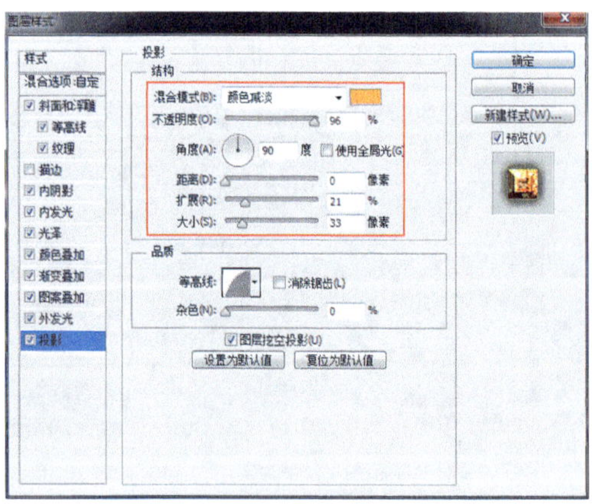

图2-285 添加图层样式投影

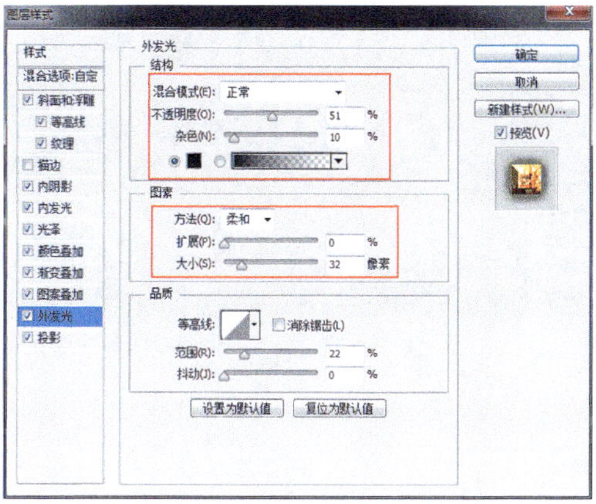
图2-286 添加图层样式外发光

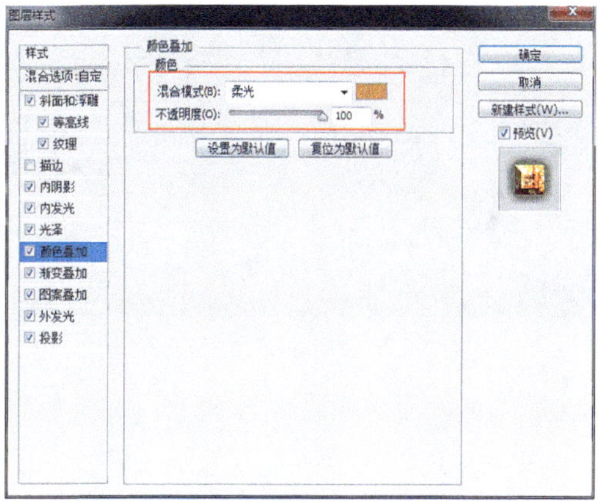
图2-287 添加图层样式颜色叠加

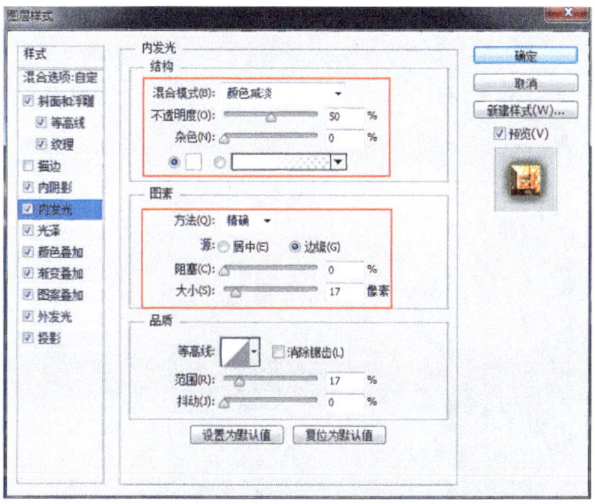
图2-288 添加图层样式内发光

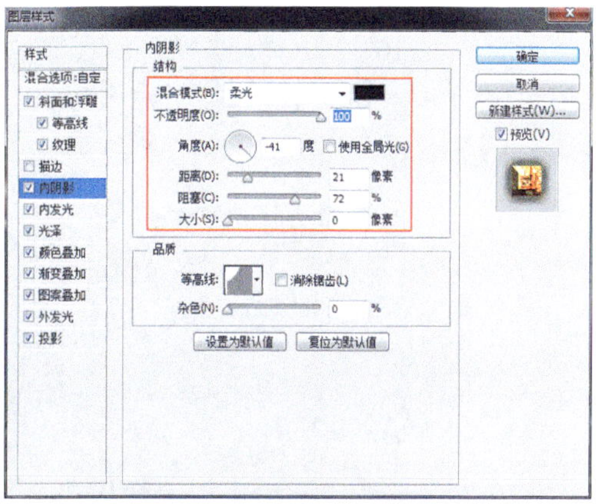
图2-289添加图层样式内阴影

图2-290 添加图层样式渐变叠加

图2-291 最终金属质感文字效果

步骤03 把制作好的金属质感文字添加到海报中，如图2-292所示。

步骤04 添加光效制作氛围烘托效果，最终效果如图2-293所示。

图2-292 金属质感文字应用到海报中

图2-293金属质感字体最终效果

4. 书法字体

书法字体在设计中经常会遇到，样式也多种多样，它的好处就是，每个设计师创作出来的书法字体都不是一样的。图2-294所示为书法字体运用在海报设计中的效果。

图2-294 书法字体海报

在网店美工设计过程中，关于书法字体的创作最常用的有两种方法。第一种方法是使用毛笔直接书写，在Photoshop中抠图处理制作相应的效果出来。第二种方法是拼接组合的处理，本节重点讲解此方法。

效果文件 | 效果>CH02>2.9.3书法字体效果图.jpg、2.9.3书法字体源文件.psd
素材文件 | 素材>CH02>2.9.3书法字体笔触.jpg
视频文件 | 视频>CH02>2.9.3书法字体.mp4

步骤01 每一个汉字都是由横竖撇捺组成的，在拼接一个书法字体时，最重要的就是笔触。图2-295所示为本节配套素材。有了这些笔触后，就可以不断调整，创作出书法字体。

图2-295 书法字体笔触

步骤02 打开软件，使用“横排文字工具”创建文字，选择一个书法字体，如图2-296所示。

步骤03 使用提供的书法笔触素材进行后期抠图处理，如图2-297所示。改变素材笔触的颜色，拼接到字体的相应位置，如图2-297所示。

图2-296 选择一款系统书法字体

图2-297 书法笔触素材抠图

图2-298 书法笔触拼接改变颜色后效果

步骤04 制作一个拼接的书法笔触文字，如图2-299所示。用同样的方法把笔触重新放到其他文字上面，如图2-300所示。

图2-299 拼接书法笔触文字

图2-300 添加笔触效果到其他文字

步骤05 最终拼接的书法字体效果如图2-301所示。

图2-301 书法字体最终效果

2.9.4 字体排版常用对比方法

本节着重讲解文字排版中经常遇到的几种对比方法，如大小、粗细、字体等。在实际应用中，往往会用到多种对比组合。如何让设计的海报协调统一、美观、易于阅读？应避免繁杂零乱，让人易认，易懂，切忌为了设计而设计，忘记了文字的根本目的是更有效地传达作者的意图，表达设计的主题和信息。图2-302所示已经提供了商品和文案信息，然后进行排版。

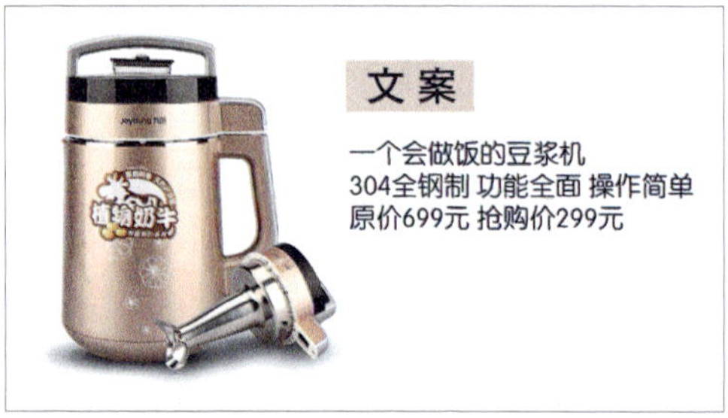

图2-302 商品和文案信息

1. 文字大小对比

拿到商品和文案后着手设计，既然是大小对比，文案内容肯定要突出卖点，吸引眼球，刺激消费者的痛点。将文字通过大与小的对比是文字排版中最基本的操作方法，多数情况下，主标题是强调放大的内容。

图2-303所示为设计制作好的海报，文案信息没有进行对比处理。图2-304所示为进行了文字大小对比排版后的效果。

图2-303 添加文字大小对比效果前

图2-304 添加文字大小对比效果后

2. 文字粗细对比

文字粗细对比和大小对比的效果差不多，要突出的文字部分一般较大、醒目、粗壮浑厚，而相对次要部分的字体较细、较小，这样一重一轻就形成了粗细对比。

如图2-305所示，主题文字粗，副标题内容较细，原价较细，抢购价进行了加粗、加大对比处理。

图2-305 文字粗细对比效果

3. 文字字体对比

不同的字体有不同的气质，在使用字体对比的时候尽量选用识别度明显的字体。字体对比就像是人的着装，不同的衣服穿在不同的场合，而字体运用恰当，有细节，才更能打动人心。

如图2-306所示，主标题和副标题用不同的字体表达信息内容，抢购价299则换了一种更加突出的字体效果。

图2-306 文字字体对比效果

4. 文字色彩对比

色彩对信息的传递也是非常重要的，把抢购价299更换成红色之后，会发现比原来更加突出，信息传递更清晰。

图2-307更换了原价和抢购价的颜色，同时突出数字299的红色效果。

图2-307 文字颜色对比效果

5. 文字方向对比

文字方向对比有倾斜、垂直、水平等方法。在不同的环境下，字体的方向也会呈现出不一样的视觉阅读效果。图2-308对副标题文字进行倾斜效果处理。图2-309调整了副标题的方向。

图2-308 文字方向对比效果

图2-309 调整副标题方向对比效果

6. 文字虚实对比

文字虚实对比及前后对比在字体排版中也经常用到。最简单的操作方法就是调整其透明度。图2-310将副标题的透明度设置为50%，将背景英文单词的明度设置为10%。

图2-310 文字虚实对比效果

7. 文字材质对比

材质也就是所谓的肌理效果，可以增强画面的表现力，生动逼真。在上节中也讲解了几种字体效果的制作，完全可以运用到此处。图2-311给主标题添加了一个金属材质效果，同时给价格也添加了一个背景效果。

图2-311 文字材质对比效果

以上粗略总结了几种文字排版对比方法，其实不仅仅只有这些方法，学习就是一个实践加总结的过程。值得注意的是，在文字排版过程中，往往会多种对比同时运用，而非单一的来使用。

2.9.5 文字排版需要遵守的几种法则

文字内容排版是设计师日常工作中经常用到的，看似简单，实际上也很有讲究。我们将通过这节内容详细讲解几种文字排版法则。设计过程中遵守这些规则，即使是设计小白也可以做出专业级的文字排版效果。

1. 了解字体的性格

每一种字体都有其性格特点，有的给人感觉纤细，有的潇洒，有的俊朗，有的科技，有的圆润，有的雅致，如图2-312所示。设计师在设计不同的内容时，要根据商品内容选择合适的字体。

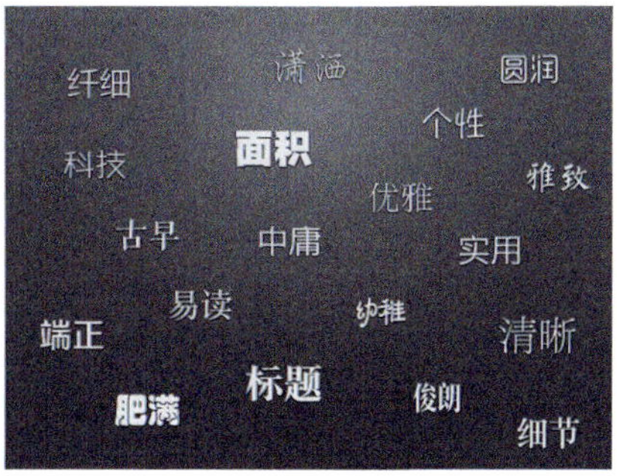

图2-312 字体的性格

2. 避免使用默认字体

前文讲解了如何下载和安装字体，系统默认中文字体只有宋体、黑体、楷体等。每一个字体都有性格，都可以表达不同信息，作为一个设计师，怎么能只用系统默认字体呢?

3. 不要使用太丑或过度使用的字体

有的字体很丑，用在哪里都不合适。作为设计师，要有一双发现美的眼睛，宁可保守一点，也不要去使用那些奇形怪状的字体。同时，有些字体在某个时期非常流行，很多设计师就盲目使用，在使用前一定要考虑适合自己的商品吗。遵循宁缺毋滥，中庸之道何尝不是一个很好的选择?

4. 不要超过3种字体

很多初学者会在一张海报中使用多种字体，结果造成画面脏乱差。“多则凌乱，少则单调”，建议使用2~3字体即可。

5. 注意字体大小

默认12号字体是最适合阅读的大小，标题和副标题着重点不同，字体大小也要有区分。大字体看起来比小字体更舒服，重要的信息自然要用大字体来表示。

6. 注意文字背景颜色

背景颜色是为了突出文字的，更易于阅读，所以，在选择背景颜色时，一定要注意明度不要高于文字，注意协调。不要在红色背景上配绿色文字，俗话说“红配绿，冒傻气”，这些都是要注意的。

7. 注意文字的可读性

可读性就是怎样让一大段文本容易阅读，字体大小、字体形状、字间距、行间距、每一行的长度都会影响阅读。

2.9.6 课后习题

通过以上内容讲解，相信大家都能理解和掌握字体制作与排版的方法和技巧。相信大家只要多加练习，就能熟练掌握。

本节课程习题：

（1）制作“销量遥遥领先”金属质感字体。

（2）制作“年终大促”书法字体。

（3）使用多种文字对比方法制作一张海报。

2.10 促销广告图制作

效果文件 | 效果>CH02>2.10效果图.jpg、2.10源文件.psd

素材文件 | 素材>CH02>2.10模特.jpg、2.10叶子1.png、2.10叶子2.png

视频文件 | 视频>CH02>2.10促销广告图制作.mp4

本节尝试制作一个促销广告海报图。提供了尺寸参数、商品素材、文案内容，还有一些背景设计装饰类素材等。

海报设计的前期是商品、素材和文案整理；然后是排版和设计制作，这也是最考验设计师水平的地方；再接着是修改和定稿及输出的工作内容。这3步是一张促销广告图制作的步骤，下面通过实操案例来详细讲解。先看最终效果，如图2-313所示。

图2-313 促销广告图设计制作

2.10.1 素材和文案搜集整理

促销广告图离不开商品图和文案内容，商品图一般都是摄影师拍好的图像，设计师拿到后进行修图或抠图处理。文案是运营提供的信息，也是商品的活动卖点。图2-314所示为提供的商品图，后期要进行抠图处理，只留下模特和包包。

文案信息比较简单，有图片尺寸、主题文字、副标题及促销活动等内容，如图2-315所示。

尺寸大小：750像素×400像素。文案信息：“经典与气质\时尚与流行\魅力女人\无与伦比设计师追求经典\NAOSDFOADSFOASAHNOF \满399送100元红包”。

图2-314 商品图

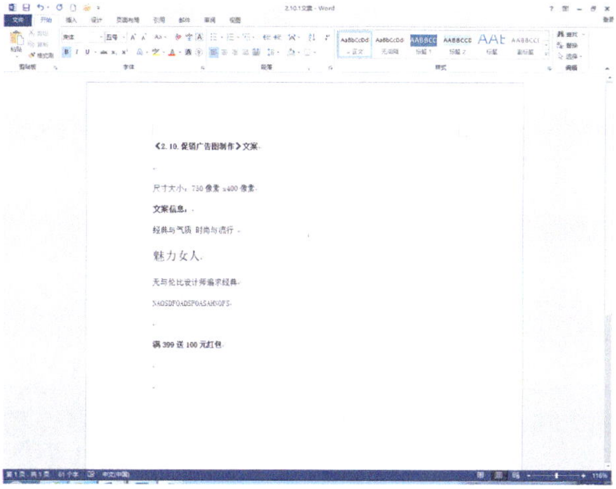

图2-315 文案信息

除了以上信息外，在海报设计过程中，常常会用到装饰素材。一种是直接在软件中创作，另一种是直接使用现有的素材信息。图2-316所示的色块素材是设计制作的。图2-317所示的叶子素材是从网上下载的PNG透明格式。

图2-316 色块素材

图2-317 叶子素材

2.10.2 背景的设计制作

背景有很多种，常见的有纯色、渐变色及经过后期处理的合成背景等。本节以一个渐变背景为例进行讲解。

步骤 01 执行“文件>新建”菜单命令，也可以按快捷键Ctrl+N，在弹出的对话框中将其命名为“2.10.促销广告图制作”，宽度为750像素，高度为400像素，分辨率为72像素/英寸，颜色模式为RGB、8位，背景为白色，如图2-318所示。执行“图层>新建>图层”菜单命令，新建一个空白图层，命名为“渐变背景”，如图2-319所示。

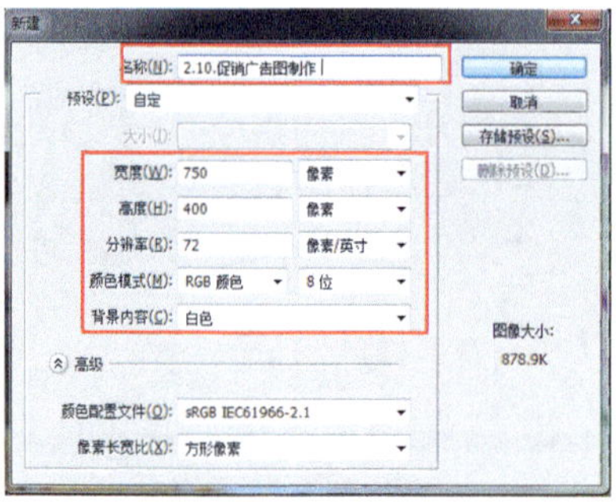

图2-318 新建文件

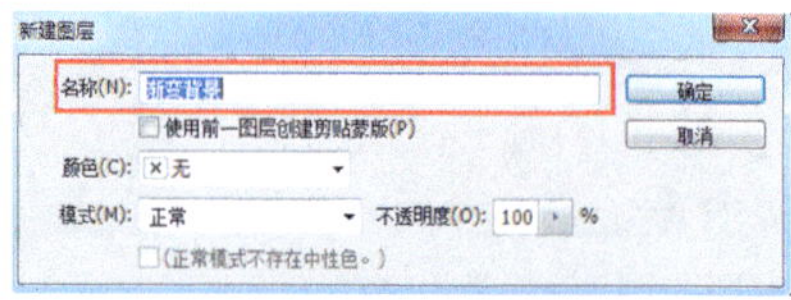

图2-319 新建渐变背景图层

步骤 02 选择工具箱中的“渐变工具”，在选项栏中单击“可编辑渐变”按钮，在弹出的对话框中将颜色参数设置为（R:255，G:213，B:85），另一端设置成白色，如图2-320和图2-321所示。

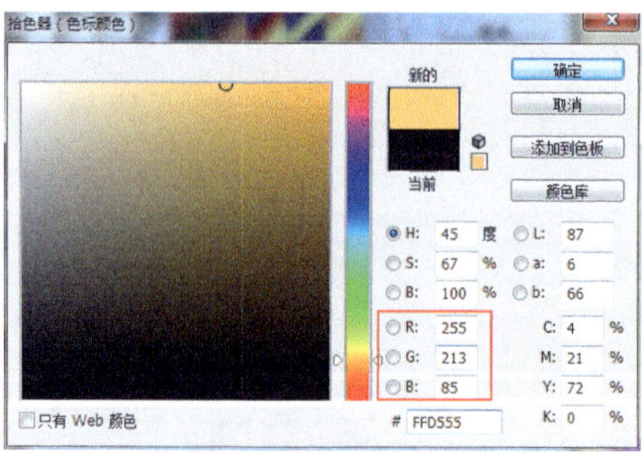

图2-320 设置颜色值

图2-321 渐变的另一端设置为白色

步骤 03 在选项栏中选择“径向渐变工具”，然后在图层上进行渐变拖动，如图2-322所示。至此，渐变背景制作完成。

图2-322 制作渐变背景

步骤 04 接下来开始制作装饰点缀的色块信息。使用“圆角矩形工具”绘制形状并填充颜色，如图2-323所示。使用变换中的旋转命令调整角度，然后添加图层蒙版，制作透明渐变效果，如图2-324所示。

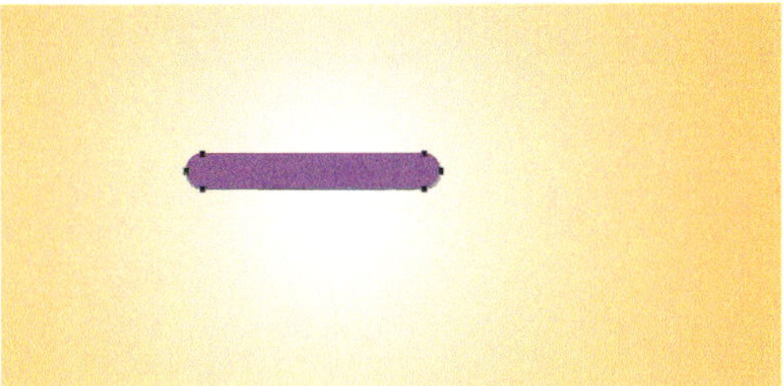

图2-323 绘制圆角矩形

图2-324透明渐变效果

步骤 05 使用“多边形套索工具”绘制不规则三角形，如图2-325所示。将三角形填充为黄色（R:255，G:144，B:35），如图2-326所示。

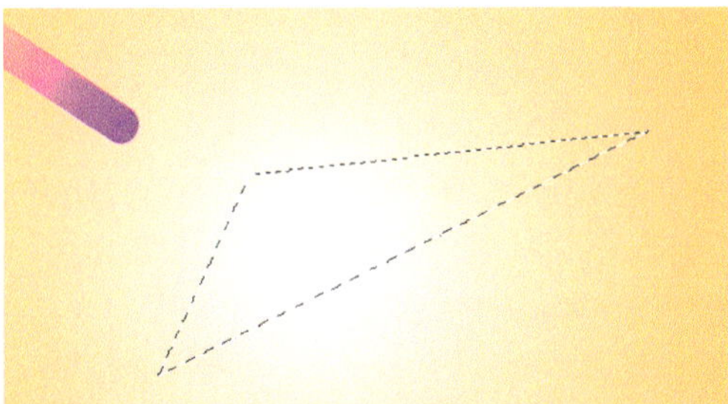

图2-325 不规则三角形

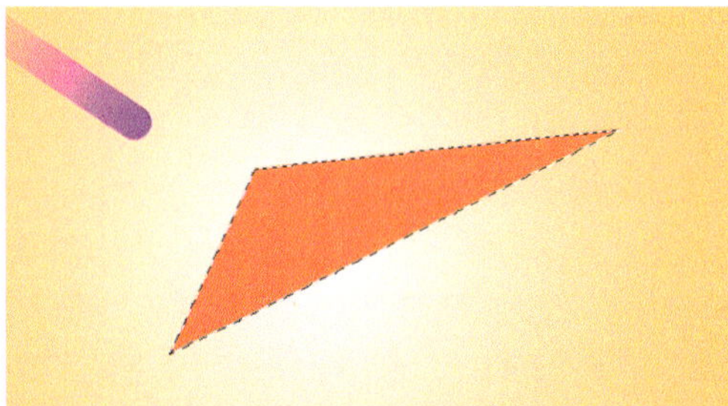

图2-326 填充黄色

步骤 06 使用“多边形套索工具”选中三角形的一个角，如图2-327所示。按Ctrl+L快捷键调整色阶，如图3-328所示。调整后的效果如图2-329所示。

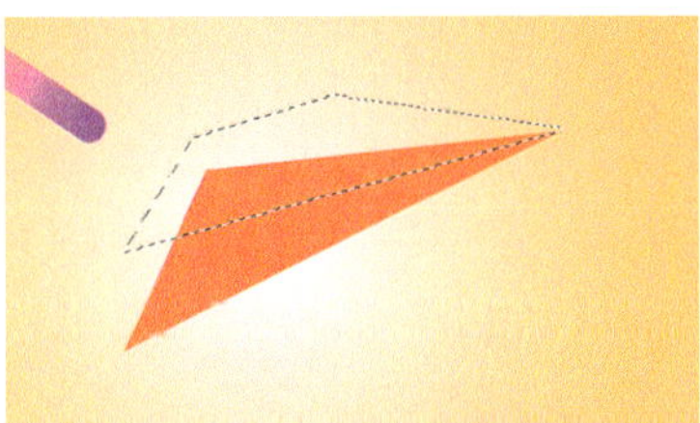

图2-327 选中一个角

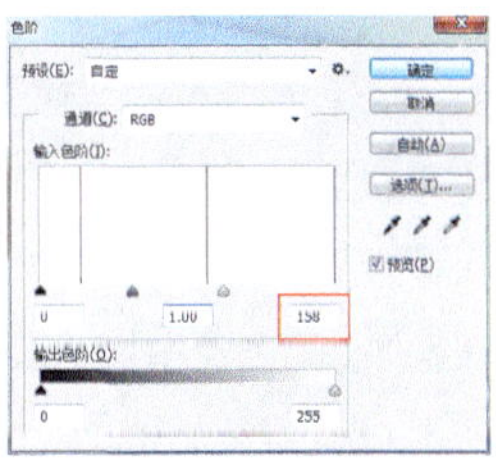

图2-328 调整色阶

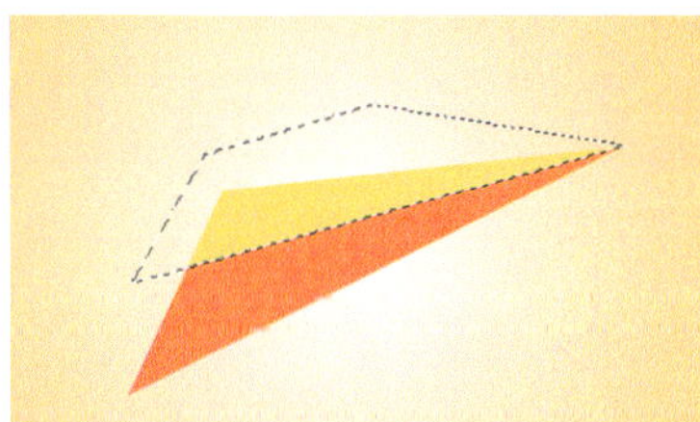

图2-329 调整后的效果

步骤 07 执行“滤镜>模糊>动感模糊”菜单命令，设置参数和角度，如图2-330和图3-331所示。重复步骤（4）和步骤（5）的制作方法，也可以直接复制步骤（4）和步骤（5）的制作的效果，做出多个装饰内容。最终制作效果如图2-332所示。

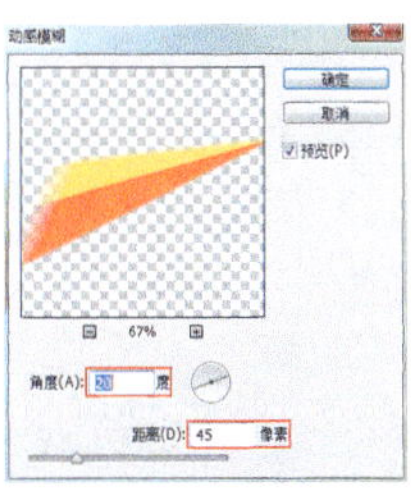

图2-330 动感模糊效果

图2-331 动感模糊后效果

图2-332 充值制作多个效果

步骤08 除了自己制作这些背景装饰效果之外，还可以直接在网上下载，叶子素材如图2-333所示。

步骤09 把叶子素材直接添加进来，然后进行编辑处理，最终背景效果如图2-334所示。

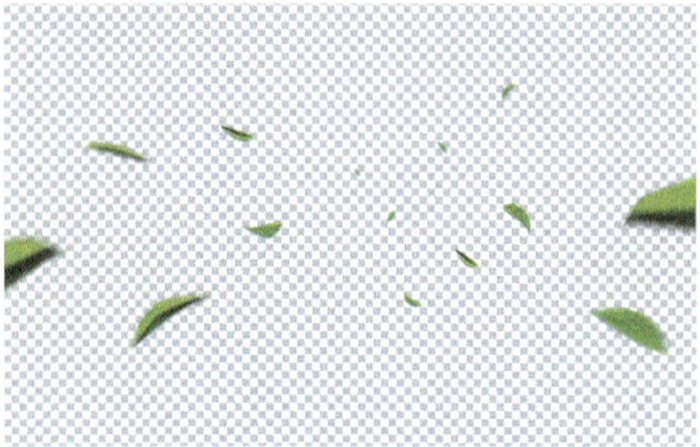

图2-333 叶子素材

图2-334 背景的设计制作最终效果

2.10.3 商品内容添加

背景制作完毕之后，可以整理商品素材。有时商品图会拍摄很多，那么就要通过设计师后期的筛选，具体用哪一张或者用哪几张。值得注意的是，设计过程中对图片进行调整也是正常的，不一定第一次选的商品图就能用到最后。下面以实例为主讲解具体的用法。

步骤01 打开素材图，使用“快速选择工具”或“钢笔工具”将路径转换选区，选择人物整体部分，如图2-335所示。

步骤02 在选取的状态下，单击选项栏中的“调整选区边缘”按钮，在“调整边缘”面板中设置智能半径和平滑边缘，输出到新的图层，如图2-336所示。将扣出的商品图复制并粘贴到这个文件中来，同时到“图层面板”中创建新组，命名为“商品模特”，如图2-337所示。

图2-335 选择人物

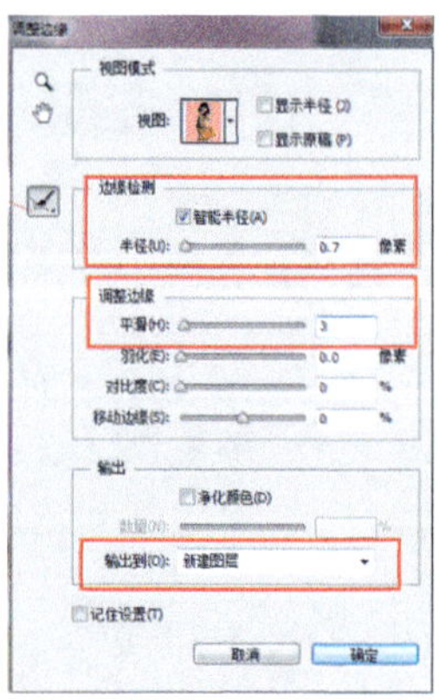

图2-336 调整边缘

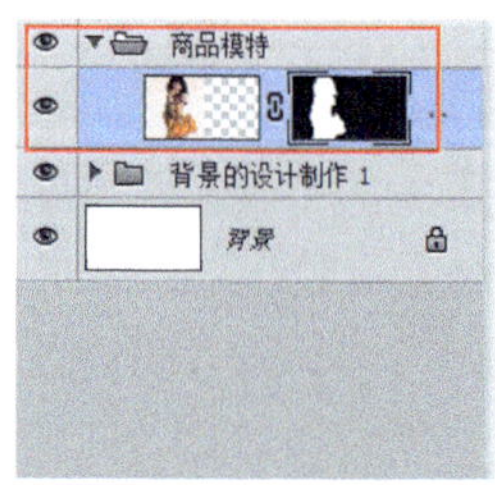

图2-337 创建商品模特文件组

步骤03 模特图显得非常黯淡，要进行修图美化处理。执行“图像>调整>曲线”菜单命令，在“曲线”对话框中进行设置，对模特再添加一个投影效果，执行“图层>图层样式>投影”菜单命令，也可以直接单击“图层”面板下方的“添加图层样式”按钮，设置图层样式中投影的参数到合适为止，如图2-338和图2-339所示。背景制作和商品添加已经设计完毕，效果如图2-340所示。

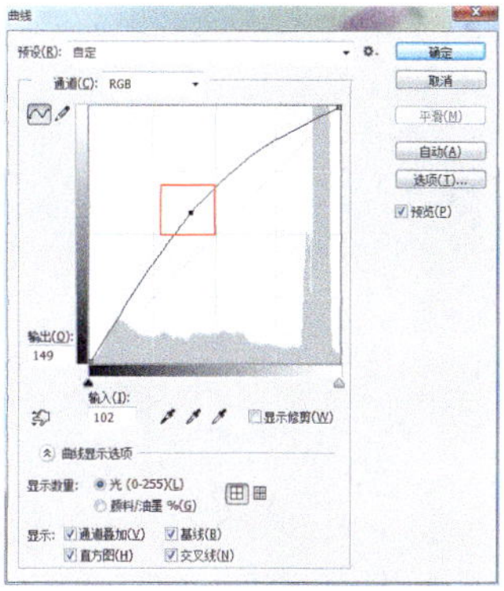

图2-338 调整曲线

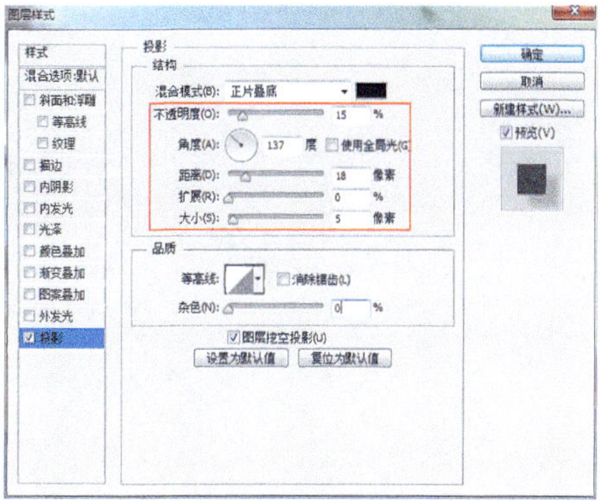

图2-339 图层样式

图2-340 添加商品内容模特最终效果

2.10.4 文字设计与排版

现在处理文字部分。主标题和副标题，在设计排版的时候要重点突出。

步骤01 选择工具箱中的“横排文字工具”，快捷键是T键，在工作区中输入“魅力女人”，如图2-341所示。执行“窗口>字符”菜单命令，在弹出的“字符”面板中将字体设置为“方正粗黑简体”，修改大小和颜色，如图2-342和图2-343所示。

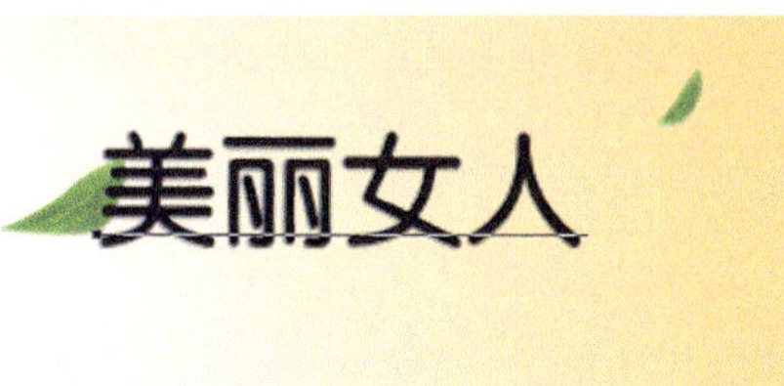

图2-341 创建字体

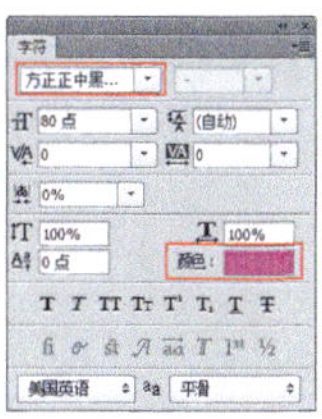

图2-342 在字符面板中设置参数

图2-343 文字创建后效果

步骤02 输入文字“经典与气质 时尚与流行”，将字体修改为“汉仪细圆简体”，将大小设置为20，改变颜色，如图2-344所示。

步骤03 把剩下的文字也输入进来，在“字符”面板中设置相应的字体和颜色，最终如图2-345所示。

图2-344 创建字体（一）

图2-345 创建字体（二）

步骤 04 为了让字体显得不太单调，可以使用工具箱中的“钢笔工具”创建2个线条，放在文字“无与伦比设计师追求经典”上面和下面，如图2-346所示。

步骤 05 对于主题文字的效果处理，可以添加图层样式进行渐变叠加处理和一些其他特效处理，让文字看起来更大气、漂亮一些。也可以使用“钢笔工具”绘制一个形状，然后填充白色，如图2-347所示。

图2-346 创建字体

图2-347 绘制形状

步骤 06 在“图层”面板中，将图层“不透明度”改成40%，如图2-348所示。

步骤 07 执行“图层>创建剪贴图层蒙版”菜单命令，或按Alt+Ctrl+G快捷键，把图形嵌入到“魅力女人”4个文字中来，效果如图2-349所示。

图2-348 设置图层不透明度

图2-349 剪贴图层蒙版

步骤 08 文字创建处理后的最终效果如图2-350所示。

图2-350 添加文字后最终效果

2.10.5 促销标签添加

促销标签种类非常多，在前面的内容中也有详细讲解。下面制作一个最常见的立体效果的圆角矩形标签。

步骤 01 使用工具箱中的“圆角矩形工具”绘制形状，在选项栏中，填充颜色为红色（R:230，G:0，B:80），半径设置为30像素，最终效果如图2-351所示。

步骤 02 按Ctrl+J快捷键，将矩形复制一份，执行“图层>栅格化>形状”菜单命令，栅格化图层，使用“色阶”命令将其调整为深色效果，如图2-352所示。

图2-351 圆角矩形

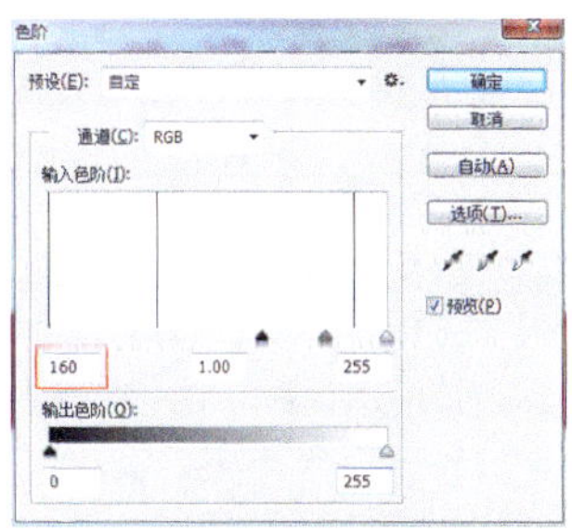

图2-352 复制出新层

步骤 03 多复制几个图层，然后往下移动，做出一个厚度，如图2-353和图2-354所示。

图2-353 复制两个图层

图2-354 立体效果

步骤 04 使用工具箱中的“椭圆选框工具”绘制一个椭圆，填充黄色，然后栅格化图层，如图2-355所示。

图2-355 绘制椭圆矩形

步骤 05 执行“滤镜>模糊>高斯模糊”菜单命令，设置“半径”为6像素，如图2-356所示。按Ctrl+T快捷键，执行自由变换命令，调整椭圆的大小，改变形状，变换后如图2-357所示。

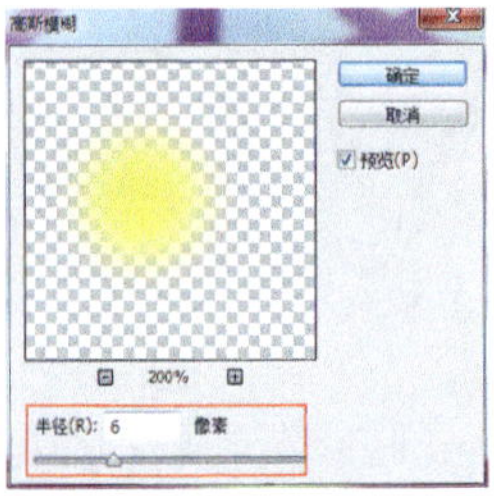

图2-356 高斯模糊处理

图2-357 改变大小

步骤 06 在处理光效的时候，往往要多复制几层，然后调整不透明度，改变大小，显得会更加逼真和通透，如图2-358所示。

步骤 07 使用工具箱中的“横排文字工具”添加文字“满399送100元红包”，如图2-359所示。

图2-358 光效制作

图2-359 添加文字

步骤 08 在一行文字中，如果要改变其中某个文字的颜色或大小，需要将这个文字选中，然后使用“字符”面板进行操作处理。选中399，在“字符”面板中将颜色修改为白色，其他参数如图2-360所示。把100也修改为白色，如图2-361和图2-362所示。

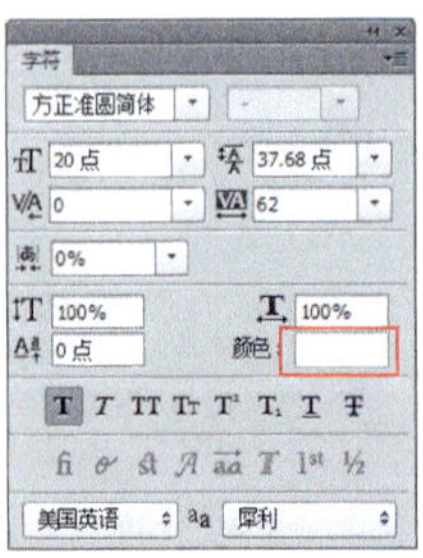

图2-360 字符面板

图2-361 修改文字颜色

图2-362修改文字颜色

步骤 09 接下来给创建好的文字添加图层样式，设置一个投影效果，参数如图2-363所示。整体效果如图2-364所示。

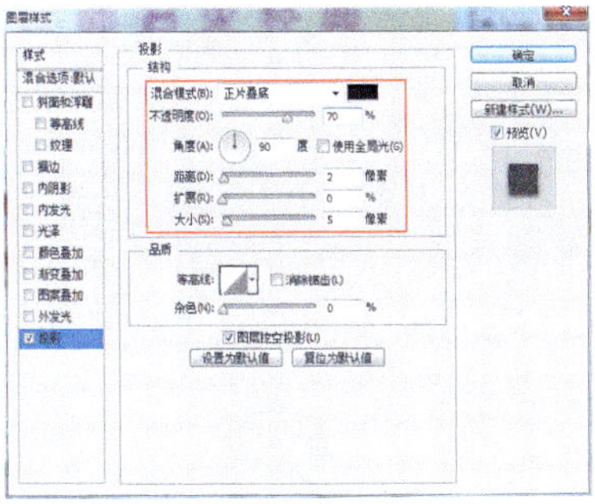

图2-363 图层样式

图2-364 整体效果

2.10.6 锐化和统一调色处理

整个促销海报设计制作完之后，输出图片之前，建议大家进行统一的锐化处理和进一步调色处理。

步骤 01 按Ctrl+ Alt + Shift + E快捷键盖印图层，盖印图层会把图层中做的所有显示的效果合并到一个新建的图层中。后期锐化调色处理中只调整盖印图层，其他图层将不受影响，盖印图层在“图层面板”中的显示，如图2-365所示。可以把盖印图层下面所有的操作图层关闭图层可见性，效果依然不受影响，如图2-366所示。

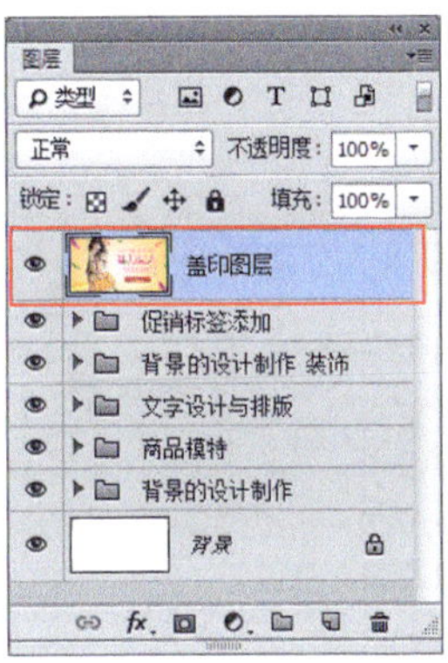

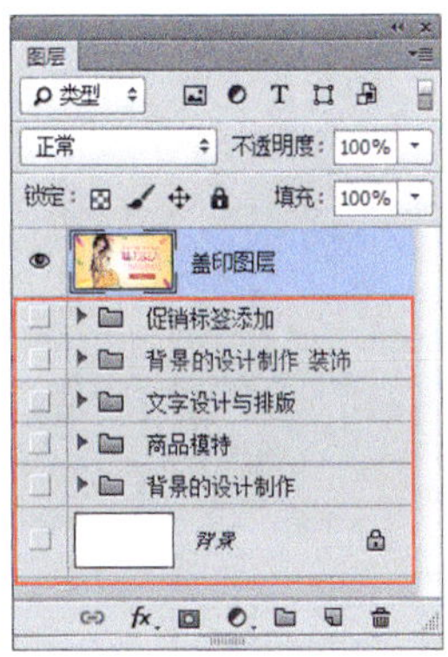

图2-365 盖印可见图层操作　图2-366 关闭其他可见图层显示效果

步骤 02 执行“滤镜>锐化>USM锐化”菜单命令，设置相应的参数，如图2-367所示。

步骤 03 执行“图层>新建调整图层>色相/饱和度”菜单命令，统一调整画面，参数设置如图2-368所示。最终效果如图2-369所示。此外，还可以加上一些运用的效果，如图2-370所示。

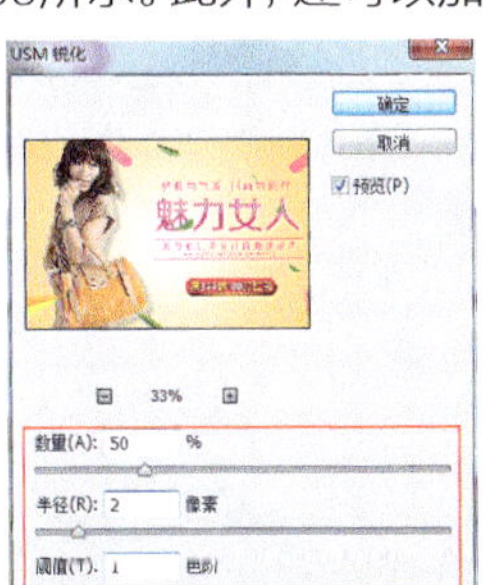

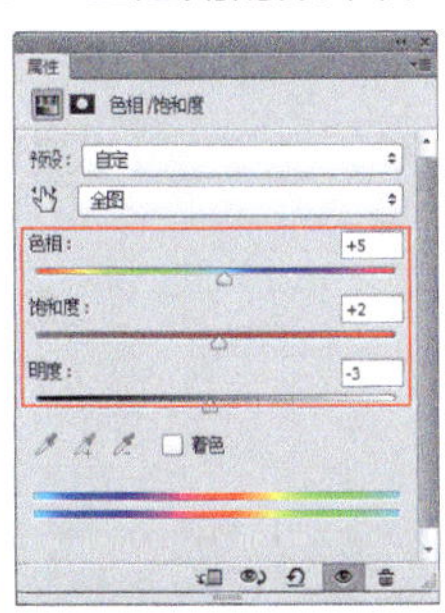

图2-367 锐化处理　图2-368 统一调整颜色

图2-369 效果图

图2-370 运用效果

2.10.7 课后习题

通过以上内容的讲解，相信大家都能理解和掌握促销广告图的设计流程和顺序，希望大家多加练习几遍，尝试用不同的排版样式，设计方法，做出不同的海报形式。

促销广告图的制作文案和商品图是固定的，但是设计师的创意是无限的，每个人都有不同的想法，那么把你的想法通过设计制作来表现出来吧！相信大家都能做出一张满意的促销广告图。

第3章

店铺Logo设计

Logo是Logotype的缩写，其中文意思是徽标或商标，通过形象的Logo可以让消费者记住公司主体和品牌文化。比如，一个红色背景笑眯眯的白胡子老头，就能一眼认出是“肯德基”，又如，一个黄色的英文单词M，就能一眼认出是“麦当劳”，再者，一个被咬了一口的“苹果”标识，一眼就能认出是美国苹果公司旗下的电子产品。

本章会详细全面地讲解一个Logo从无到有的设计流程。希望大家认真学习，通过本章内容，能制作出一个完整、专业的店铺Logo。

3.1 Logo设计意义

Logo无处不在，我们穿着的衣服，使用的手机，厨房的电器，盥洗台的日用品，上班路上的车辆，琳琅满目的商店，以及工作中各种办公用品等。几种生活中常见的Logo如图3-1所示。

图3-1 生活中常见的各种Logo

生活中，无论大人还是小孩，只要看到某个标志就会联想到它是什么产品，做什么的。当人们看到摇篮，就会想到可爱的婴儿。标志以一种简洁的图形形象展现其企业的文化内涵和经营理念，能让消费者在第一时间更快、更清晰地了解其企业的信息。Logo是任何其他视觉语言或文字都无法替代的，在消费者心目当中极为重要。

Logo对于淘宝店铺来说，就相当于店铺的形象标识。在店铺和商品上出现Logo可以加深顾客对店铺和产品的印象。它一般会出现在店铺的店招、海报、产品图和包装袋上等。如图3-2所示，Logo出现在店招上；如图3-3所示，Logo出现在各种海报上；如图3-4所示，Logo出现在产品上。

图3-2 Logo出现在店招上

图3-3 Logo出现在海报上

图3-4 Logo出现在产品上

一个好的Logo设计不仅能够准确地建立与营造良好的品牌形象，而且能够表达企业、产品或品牌的理念及精神，保证信誉，便于交流。

3.2 Logo设计指南

通过3.1节的学习，我们知道Logo是无处不在的，它能够起到品牌宣传、获取消费者认知的作用。而它的核心意义是通过简明扼要的品牌形象设计，勾勒出品牌的核心精神，让用户将Logo与企业完美地联系到一起，Logo和品牌的关系是相辅相成的，好的Logo能够有效地支持产品和企业形象，而好的企业形象能让Logo更加深入人心。

如何设计一个好的Logo是设计师在创作之前需要考虑的因素，本节将详细讲解设计一个Logo之前所要准备的几项工作内容。

3.2.1 Logo的3种组成方法

1. 图形Logo

图形Logo是指由点、线、面几种不规则的图形组成，创造出新的图形，如图3-5所示。

图3-5 图形Logo

2. 字体Logo

字体Logo是指使用中文、英文、阿拉伯数字经过艺术设计美化后形成的图形，如图3-6所示。

图3-6 字体Logo

3. 图像Logo

图像Logo是指使用动物、人物、植物、几何图形组成的图像，而且这组图像有提示性地说明某物某事，如图3-7所示。

图3-7 图像Logo

除了单一的组成之外，现实生活中更多情况是一个Logo往往由图形和文字组合而成，如图3-8所示。

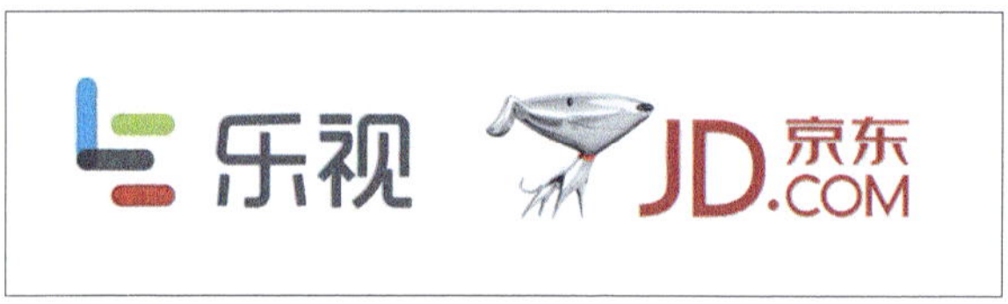

图3-8 多种组合而成Logo

3.2.2 Logo的设计规范

设计Logo时，要规范Logo的标准色，考虑设计可能被应用到不同场景下的效果，也要考虑Logo横排和竖排的效果，考虑Logo作为背景时的排列方式等，如图3-9所示。

图3-9 Logo设计规范

网店Logo设计不能只考虑在屏幕上的显示效果，应该从整体考虑其在应用于各种媒体时也能发挥充分的视觉效果。例如，在印刷、包装及纸媒广告等纸介质上的单色效果、反白效果，在织物上的纺织效果，在车体上的油漆效果等。大多数网站Logo目前有4种规格尺寸，如图3-10所示。

	Logo规格	备注
1	88像素×31像素	互联网上最普遍的Logo规格
2	120像素×60像素	用于一般大小的Logo规格
3	120像素×90像素	用于大型的Logo规格
4	200像素×70像素	这种规格Logo也已经出现

图3-10 网站4种规格尺寸

3.2.3 Logo的设计原则

（1）简单：Logo简单更好认，应用场合更广，也更容易被人记住。

（2）可记忆：Logo能让人记住。

（3）永恒：Logo能够经受时间的考验。

（4）通用：Logo能在各种媒介和应用上适用。用矢量格式来设计，能以单色使用。

（5）合适：Logo根据预期目的有合适的定位。

3.2.4 Logo的设计技巧

（1）保持视觉平衡，讲究线条的流畅，使整体形状美观。

（2）用反差、对比或边框等强调主题。

（3）选择恰当的字体。

（4）注意留白，给人想象空间。

（5）运用色彩，人们对色彩的反映比对形状的反映更为敏锐和直接，更能激发情感。

3.2.5 Logo的设计流程

（1）Logo设计概要。

（2）研究并自由讨论。

（3）画出Logo草图。

（4）设计Logo原型、构思。

（5）送至客户检阅。

（6）Logo修订、润色。

（7）向客户提交Logo文件并提供客户服务。

3.2.6 Logo的制作软件

除了Photoshop软件之外，还可以使用Illustrator设计软件及CorelDRAW矢量图绘图软件。

值得注意的是，在制作一个Logo之前，设计师首先画Logo草图，然后在计算机中通过后期软件制作Logo，这样根据草图在软件中进行制作就会更加方便。

3.3 Logo设计流程

前面已经对Logo进行了系统讲解，本节将通过Photoshop后期创作一个女装店铺类的文字Logo，从前期搜集信息、店铺定位，到绘制草图、制作润色和实际应用逐一讲解。

3.3.1 绘制草图

设计师在创作一个网店Logo之前，需要做大量的前期考察和调研工作，同时也要结合商品属性制作一个有创意、美观、简洁的店铺标识。图3-11所示为整理搜集的一些女装类店铺Logo，从中不难发现一个规律——全部以字体Logo为主。图3-12所示为珠宝类的文字为主设计的Logo，其特点是简洁、大方、漂亮。

图3-11 女装类Logo

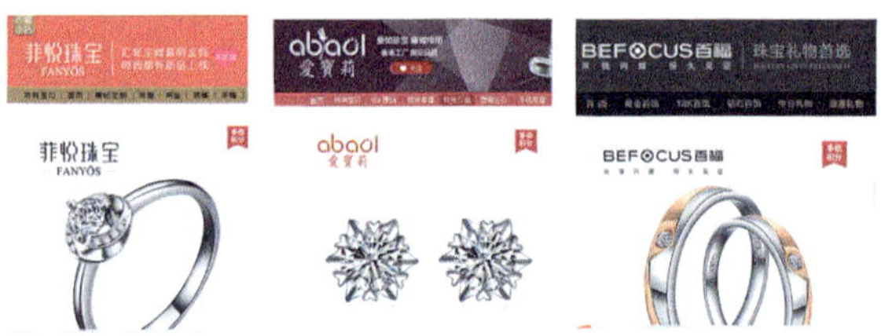

图3-12 珠宝类Logo

著名诗人郭小川在《春暖花开》中写道："春天来了，处处有春意"。女装店铺名称"春意"也是极有品质和内涵的，其英文名称是SPRING。那么在草图绘制Logo时，就可以考虑将中英文进行组合创作。文字Logo草图绘制如图3-13~图3-15所示。

图3-13 手绘草图（一）

图3-14 手绘草图（二）

图3-15 手绘草图（三）

在一张白纸上用铅笔绘制出大致的Logo草图，灵感大多都是在不停地勾画和修改中迸发出来的。如果感觉第一遍草稿不合适，可以多次绘制，直到自己满意为止。

3.3.2 制作电子版

效果文件	效果>CH03>3.3.2效果图1.jpg、效果图2.jpg、效果图3.jpg、3.3.2源文件.psd
素材文件	素材>CH03>3.3.2草稿图.jpg
视频文件	视频>CH03>3.3.2制作电子版.mp4

本节详细讲解如何通过Photoshop软件把草稿转换成电子版的Logo制作。

步骤01 执行“文件>新建”菜单命令，在弹出的“新建”对话中设置名称、宽度和高度，建议将文件的参数设置得大一些，Photoshop是一款位图处理软件，当图像放大时会造成失真，不像Illustrator、CorelDRAW等矢量绘图软件中的对象可以任意放大处理，如图3-16所示。

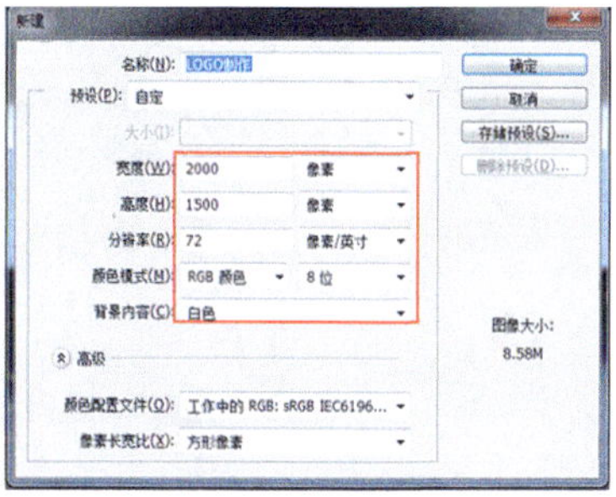

图3-16 新建文件

步骤02 好的草图拍摄或扫描处理转换成电子版图片格式，执行“文件>置入”菜单命令，将绘制的草图置入后，直接调整其大小，如图3-17所示。

步骤03 在创作文字时，凭空想象是比较难的，特别是字体空间结构。那么，可以先以一个字体作为参考，然后创作每一个笔画，构成一个创意字体。如图3-18所示，输入一个黑体的“春”字，然后调整图层透明为50%。

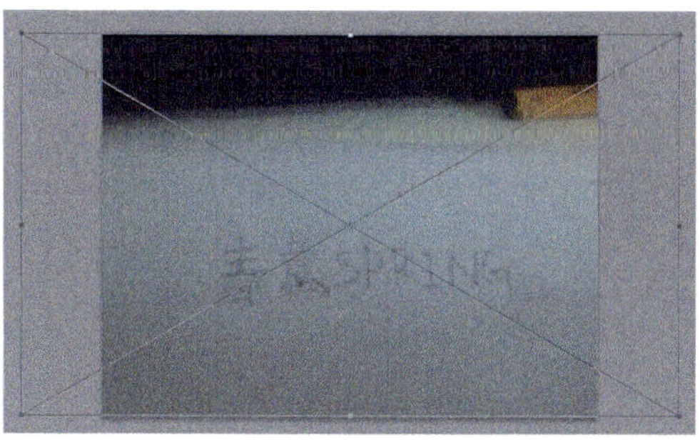

图3-17 置入绘制好的Logo草图

图3-18 创建一个参考字体

步骤04 使用工具箱中的“矩形工具”创建矩形，调整到字体相应笔画的位置，就形成了第一个笔画，如图3-19所示。

步骤05 复制出另一个笔画，然后调整至相应的位置，进行旋转处理。创建出的“春”字上半部分如图3-20所示。

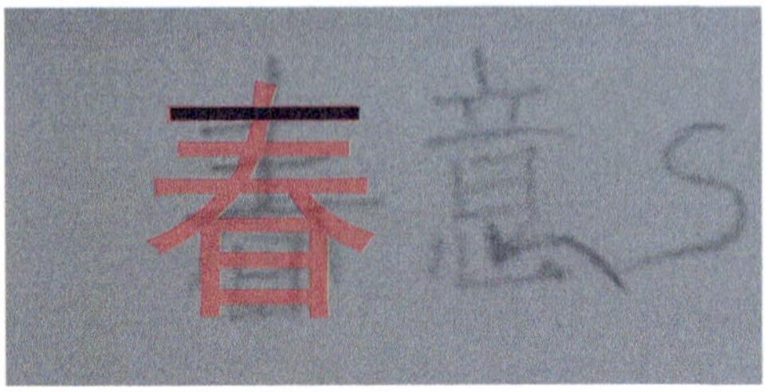

图3-19 创建矩形作为一个笔画

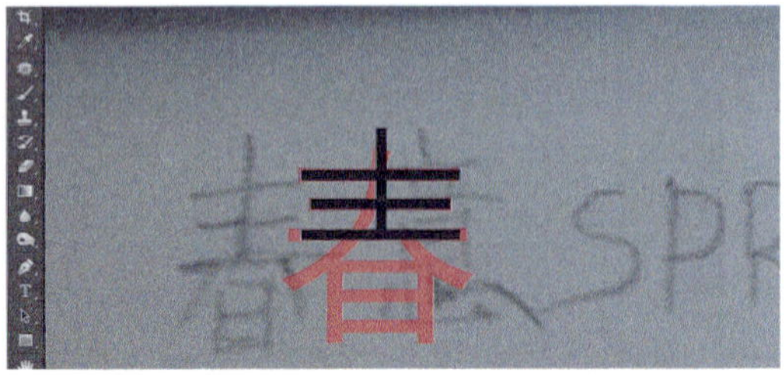

图3-20 复制调整出多个笔画

步骤06 遇到有撇捺的笔画时，可以直接旋转相应角度，如图3-21所示。

步骤07 可以使用直接拼接的字体“日”字作为“春”字底部的内容，如图3-22所示。但是，会发现“春”字的笔画粗细不太一样，那么就要选择图层，把文字图层转换为形状，使用“钢笔工具”进行细节调整处理。调整后的效果如图3-23所示。

步骤08 用同样的方法，借助参考线创建“意”字上半部分，如图3-24所示。

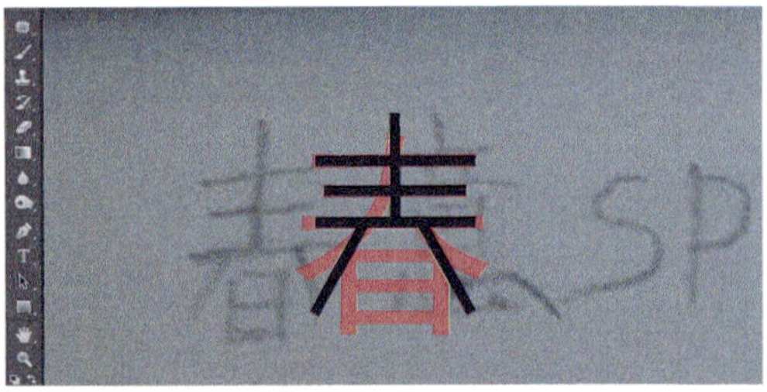

图3-21 创建撇捺笔画

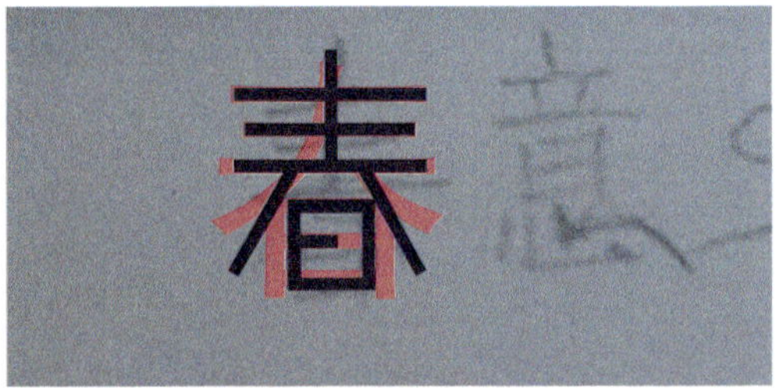

图3-22 直接拼接字体

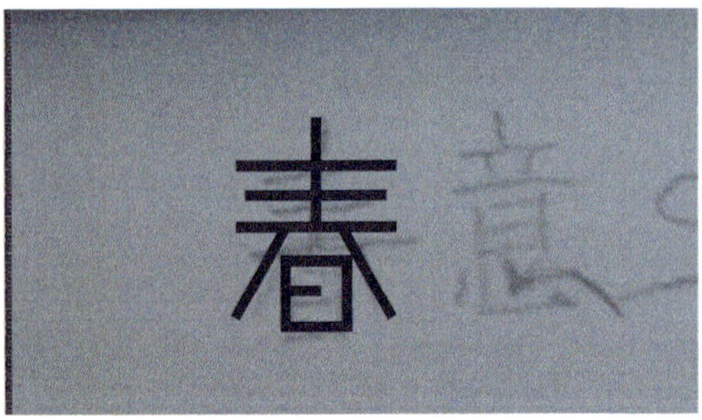

图3-23 调整笔画细节

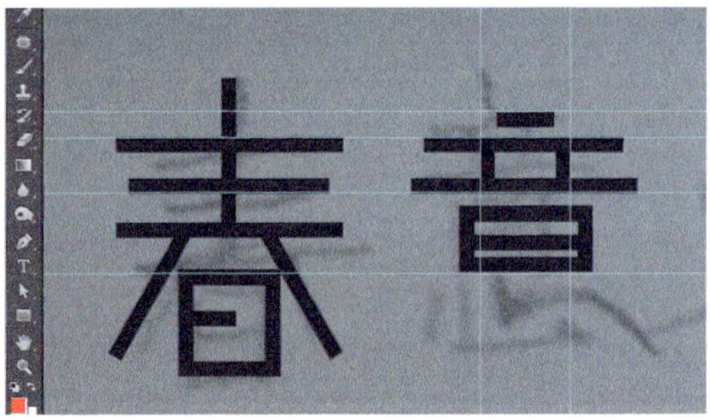

图3-24 创作“意”字上半部分

步骤09 使用“钢笔工具”绘制“意”字的“心”字部分，如图3-25~图3-27所示。

步骤10 创作完笔画之后，进行统一调整，最终“春意”效果如图3-28所示。

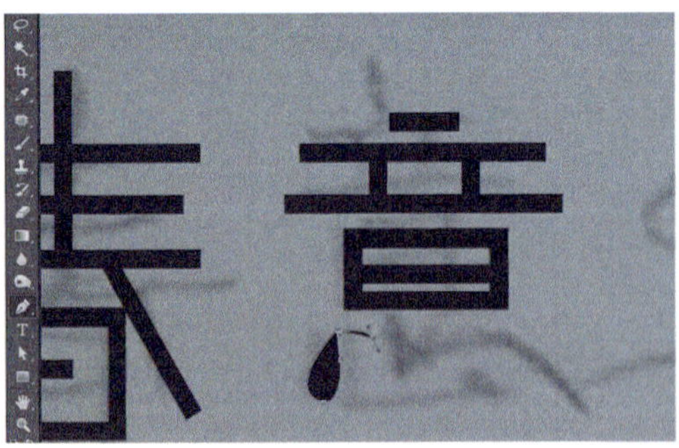

图3-25 钢笔工具绘制“心”字（一）

图3-26 钢笔工具绘制“心”字（二）

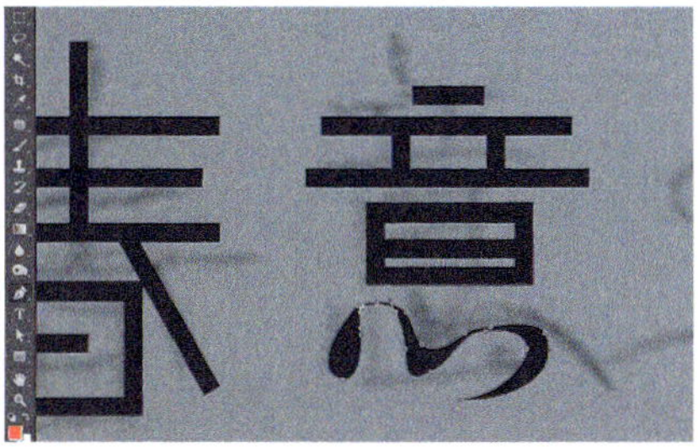

图3-27 钢笔工具绘制“心”字（三）

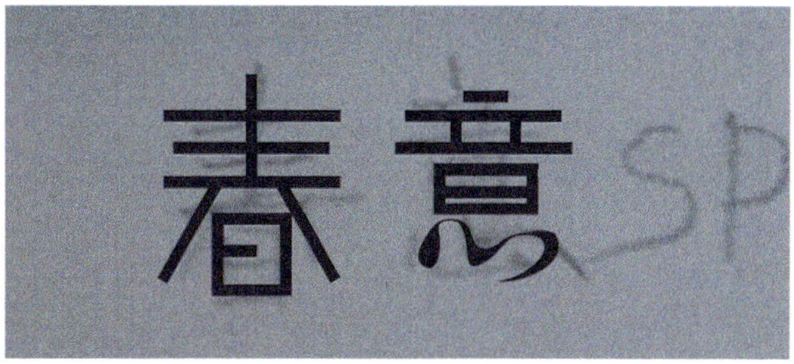

图3-28 统一调整字体效果

步骤 11 制作剩下的英文SPRING，如图3-29所示。英文字体相对比较单一、简单，也容易出效果，如图3-30所示。

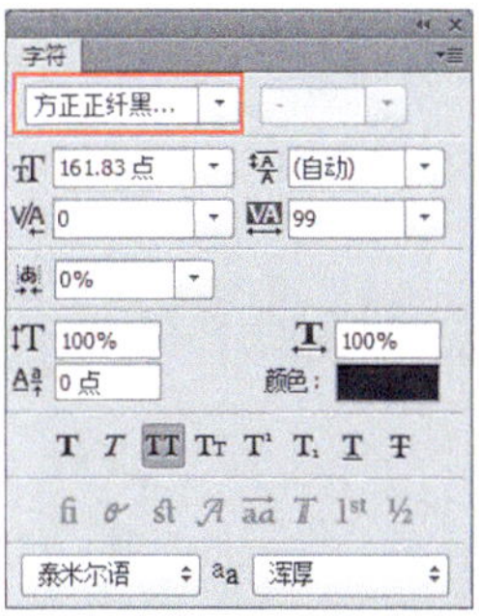

图3-29 SPRING字体字符面板

图3-30 英文春意SPRING制作

3.3.3 优化完整

把草稿Logo创建好之后，转换成单色的电子版，然后就可以进行优化润色处理，转成PNG透明格式的水印，这样以后就方便直接添加使用了。

步骤 01 当创建好文字Logo之后，会有很多图层，优化的第一步就是把这些图层进行合并和调整处理。图层合并优化后的样子如图3-31所示。此时，文字效果如图3-32所示。

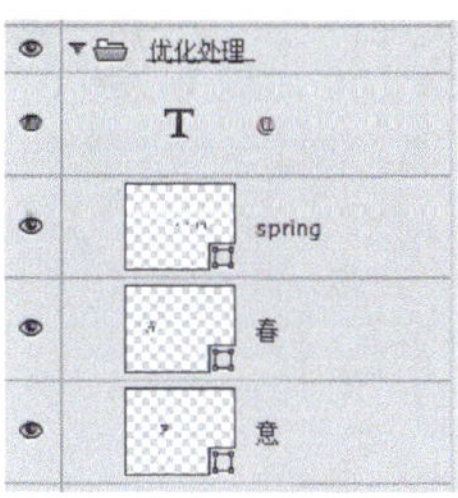

图3-31 图层合并优化后

图3-32 文字Logo效果

步骤 02 在软件中改变文字Logo的颜色，效果如图3-33所示。

图3-33 改变颜色效果

步骤 03 输出PNG透明格式作为水印，如图3-34所示。

图3-34 转换成透明格式水印

3.4 Logo在网店中的应用

制作好了Logo之后，就可以在店铺装修和网店设计中应用，例如，在主图海报和店招上，以及产品外包装等地方。

Logo在店铺中装修中，店招上的应用效果如图3-35所示。

Logo在网店美工中，主图海报上的应用效果如图3-36所示。

也可以应用到图中作为防盗水印效果，如图3-37所示。

图3-35 Logo在淘宝店铺店招中的应用

图3-36 Logo在主图海报中的应用

图3-37 Logo防盗水印效果

应用到商品中，作为衣服标识效果，如图3-38所示。

应用到出售商品的外包装上，如图3-39所示。

图3-38 Logo在衣服标识上的效果

图3-39 Logo在外包装上的效果

除了上述列举出的这些应用之外，还有很多地方需要用到Logo，需要在实际工作中不断地总结和运用。

3.5 Logo设计的忌讳

作为设计师，在设计Logo时，常考虑的因素可能是美感与创意，但设计师不是纯粹的艺术家，归根结底还是要解决很多问题的。Logo设计和其他任何工作都是一样的，有很多禁忌元素，设计师必须知道。

3.5.1 元素禁忌

元素禁忌，其实是文化（宗教）禁忌。由于各国文化差异不同，每个国家与地区都有某些特定禁忌，如日本忌荷花，忌数字9和4，韩国忌数字4，美国忌数字13，加拿大和英国忌白百合。龙在东、西方文化中的理解大相径庭，东方认为是吉祥神圣之物，在西方却被理解成邪恶。这也是为何在东方举办的国际类赛事中，很少出现以龙为吉祥物的原因。

3.5.2 传播禁忌

网店设计一个Logo之后，其目的就是更好地传播，让更多的人看到。传播要解决3大问题：易于识别、易于应用、易于复制。

在设计Logo时，一定要充分了解Logo将会出现在什么样的媒介上。衣服的布料、汽车的合金、饮料的铝罐、铅笔的木材、通信器材的塑胶等，这些媒介都是不一样的。

当媒介面积较小时，不宜出现复杂化的Logo。如图3-41所示，adidas标识也可以用三叶草来代替，很好地解决了这个问题。

图3-40 adidas标识对比

3.5.3 图形的禁忌

图形是组成Logo的主要元素之一，在表现形式上又可分为两类：抽象型（反映行业或品牌价值内涵）和具象型（反映行业或品牌特性），如铁路、银行等Logo的类型。

值得注意的是，无论是抽象型图形还是具象型图形，都需在图形样式上多做考虑，以免产生歧义联想。

3.5.4 字体样式的禁忌

设计字体Logo有一条最基本的准则必须牢记，就是在追求字体变化的同时更要容易识别。因为字体经过艺术化设计以后，形象发生很大的改变，所以，一定要能被人识别才有意义。

字体变形的手法有代替、共用、叠加、尖角、断指、错落连接、方正、横细竖粗、字体连接、随意手写、曲线、图形、拉伸等。

3.5.5 色彩选择的禁忌

一个Logo最好不要使用多种颜色或渐变色。

色彩是一种区隔品牌的强有力方式，一种色彩可以成为品牌的一部分，但请注意，不要选择竞争对手的色彩来设计自己的Logo。

不同配色，会产生不同的心理感受。常规来说，食品类忌冷色调，儿童类忌冷色调等。

3.6 Logo设计的要素

本节内容从7个方面来讲解Logo在设计中的注意事项和重点要素。

3.6.1 选择一款好字体

字体是Logo设计中一个非常关键的因素之一，如果Logo上连公司的名字都没有，怎么知道它代表的是什么呢？字体会直截了当地告诉人们这个商标到底是趋向于哪方面的，如图3-41所示。

图3-41 选择一款好字体

3.6.2 选择合适的图案

加上图案能让Logo给人留下深刻的印象。它可以是一个吉祥物，代表公司或网站的相关图案，甚至在没有公司名字的情况下图案本身就能代表公司形象，如图3-42所示。

图3-42 选择合适的图案

3.6.3 选择合适的配色

颜色是吸引人们注意力的一个重要因素之一。想象一下如果没有颜色，一片漆黑，生活会多么无聊。同理，没有颜色的Logo设计也是呆板无趣的。尝试用一些吸引人眼球的颜色，但要避免使用太多的颜色，尽量不超过3种，如图3-43所示。不过，也有例外，像谷歌这样的巨型公司，如图3-44所示。

图3-43 选择合适的配色

图3-44 谷歌的配色

3.6.4 简洁

一个简洁的Logo更容易被辨识，它不需要很多装饰，否则就会看起来太喧闹和复杂。尽量保持元素的有序，图案能少则少，如图3-45所示。

图3-45 简洁的Logo

3.6.5 富有创意

当然，创意是最重要的，而且是老生常谈的一个话题。如果不发挥创意，就不能做出更好的Logo。可以对Logo上的字体或图案进行新的尝试。只要做的时候方法合适，创意就不会枯竭，但千万不能跑题。

3.6.6 为Logo讲一个故事

每个优秀的Logo设计必有其自己的故事。并不只是简简单单的草图绘制后就可定型。优秀的Logo蕴意深刻，明喻和暗喻均有。例如，苹果的Logo将“咬”（byte=咬=字节）发扬光大，Twitter的那种翱翔天空的姿态，如图3-46所示。

图3-46 为Logo讲一个故事

3.6.7 从高分辨率开始

建议大家在开始做Logo的时候，将文档设置为高分辨率的，无论用的是Photoshop软件还是Illustrator软件，都可以设置为2000像素×2000像素，分辨率高于300dpi。切记这一点：大图变小容易，小图变大图难。

3.7 课后习题

通过以上内容讲解，相信大家都能理解和掌握店铺Logo设计的流程和设计方法。

本节课程习题：

（1）手绘创意草图Logo内容。

（2）制作一个电子版店铺Logo设计。

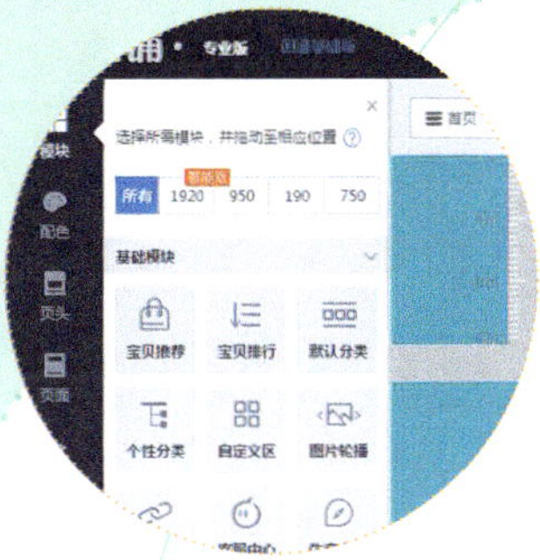

第 4 章

店铺首页装修与设计

在日常生活中，买卖东西时，商品的造型和质感很重要；而在淘宝网上，只能通过图片或视频对商品进行了解。所以，电商环境中是绝对不能够忽视网店装修的，它能给消费者带来最直观的视觉体验。正所谓三分长相七分打扮，网店的页面就像是附着了店主灵魂的销售员，网店的美化如同实体店的装修一样，让买家从视觉上和心理上感觉到店主对店铺的用心，并且能够最大限度地提升店铺的形象，有利于网店品牌的形成，提高浏览量，增加顾客在网店停留时间，提升转化率。

一言以蔽之，首页装修决定了店铺的整体形象，也是引导买家、提高转化的重要手段，同时也是一个店铺风格重要的展现之一。

4.1 了解掌握淘宝旺铺

本节将详细讲解淘宝旺铺专业版和旺铺智能版的有关内容，以及如何订购旺铺和如何使用旺铺等。因为很多功能在订购旺铺后才可以使用。

4.1.1 了解淘宝旺铺

视频文件 | 视频>CH04>4.1.1了解淘宝旺铺.mp4

旺铺是什么？

旺铺是淘宝的一套专业店铺系统，能管理和装修展示店铺和产品。它可以让店铺更加专业，提供更佳的用户体验和更多店铺功能，为你打造最佳的虚拟商店，随时随地满足一切开店所需。

为什么要用旺铺？

营造良好的购物环境，吸引顾客关注店铺及产品，为塑造店铺形象及品牌建立基础。

旺铺能做什么？

（1）管理店铺及产品。可以更加便捷地管理店铺和产品，组织促销与活动，让店铺管理更加高效。

（2）更好地装修店铺。通过对应的旺铺版本，你便可拥有相关店铺装修资格。通过对模块的自主设计和搭配，个性化展示店铺宝贝。

（3）购买装修模板。通过装修市场，你可以选购适合自己的旺铺整体装修风格，一键完成各种复杂装修。

（4）扩展店铺功能。通过旺铺应用市场，你可以选择各种多样的店铺应用，扩展更多不同功能，让旺铺充满无穷想象力。

如何查看旺铺版本？

第一种方法：打开店铺首页，拉到页面最下方，看到版本信息，图4-1所示为基础版，图4-2所示为专业版，图4-3所示为智能版。

图4-1 旺铺基础版

图4-2 旺铺专业版

图4-3 旺铺智能版

第二种方法：从淘宝网首页进入卖家中心，如图4-4所示。找到店铺装修，如图4-5所示。也可以从千牛客户端直接找到店铺装修，如图4-6所示。在店铺装修后台左上角有版本信息，如图4-7所示。

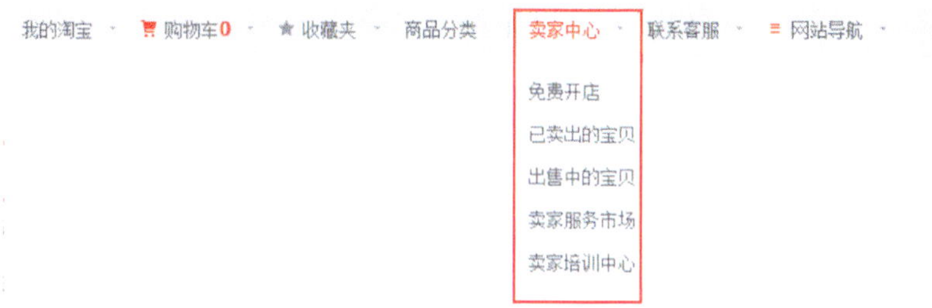

图4-4 淘宝网首页卖家中心

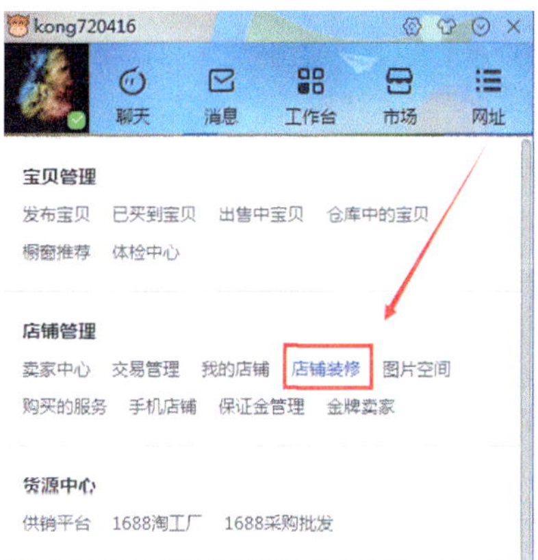

图4-5 卖家中心进入店铺装修

图4-6 千牛客户端进入店铺装修

图4-7 旺铺专业版信息

4.1.2 订购旺铺智能版

视频文件 | 视频>CH04>4.1.2订购旺铺智能版.mp4

本节主要讲解如何订购旺铺智能版，同时，旺铺专业版订购方法也是一样的。旺铺智能版费用为每月99元，旺铺专业版费用为每月50元。

步骤01 通过淘宝网首页进入“卖家中心>店铺管理>店铺装修”页面，单击“订购专业版”按钮，如图4-8所示。

步骤02 进入淘宝卖家服务中心，淘宝旺铺页面显示价格、服务版本和周期，选择“旺铺智能版”，周期为一个月，单击“立即订购”按钮，如图4-9所示。

图4-8 订购旺铺专业版

图4-9 淘宝旺铺订购

步骤03 单击“同意协议并付款”按钮，如图4-10所示。通过支付宝支付成功后，提示如图4-11所示。

步骤04 在店铺装修页面中，按F5键刷新页面，这个时候，已经成功升级到淘宝旺铺智能版，如图4-12所示。

图4-10 同意协议并付款

图4-11 支付成功

图4-12 淘宝旺铺智能版

提示 Tips 值得注意的是，旺铺订购付款后是不能退费的，如果到期，可以续费，也可以自动续费。

4.1.3 旺铺智能版功能介绍

旺铺智能版在PC专业版的基础上提供了更丰富的无线装修功能和营销玩法。提升装修效率和数据化运营能力，打造最优的用户体验，迅速拉近买卖关系。图4-13所示为旺铺专业版和旺铺智能版功能对比介绍。

图4-13 专业版和旺铺智能版功能对比

旺铺智能版对电脑端和手机端装修后台进行了整体的升级整合，提升装修效能，使装修更方便快捷，如图4-14所示。

图4-14 电脑、手机端装修整合

旺铺智能版电脑端支持高端的1920像素全屏通栏装修，如图4-15所示。

图4-15 旺铺智能版支持宽屏装修

旺铺智能版台主要分为3个区域：菜单区、左侧工具栏、右侧编辑区。

步骤 01 菜单区：包括页面装修、页面管理、装修模板、装修分析、宝贝分类、微海报和营销工具。另外就是电脑页面装修和手机页面装修之间的切换功能，如图4-16所示。

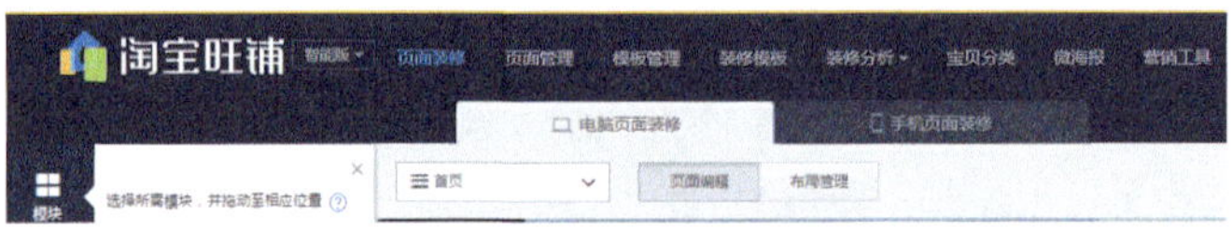

图4-16 旺铺装修后台菜单区

步骤 02 左侧工具栏：包括模块、配色、页头、页面和CSS等，如图4-17所示。

图4-17 旺铺装修后台左侧工具栏

步骤 03 装修编辑区：图4-18所示为电脑页面装修编辑区，图4-19所示为手机页面装修编辑区域。

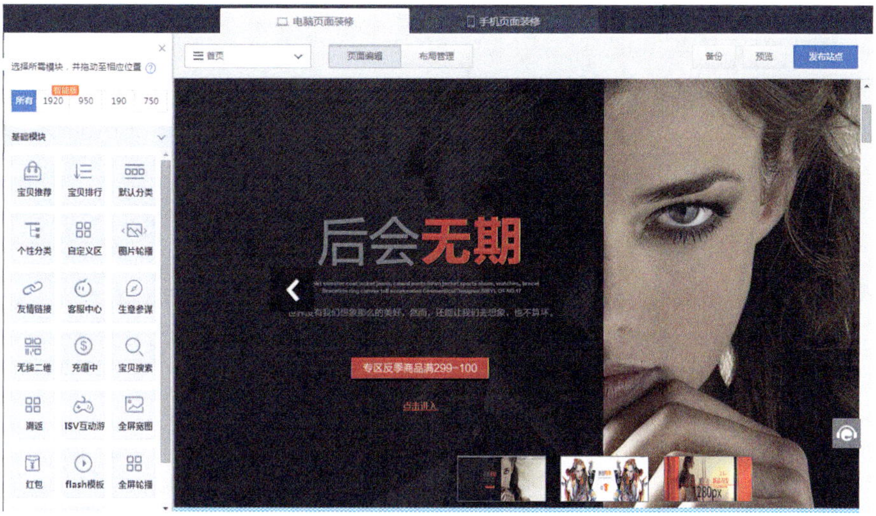

图4-18 电脑页面装修编辑区

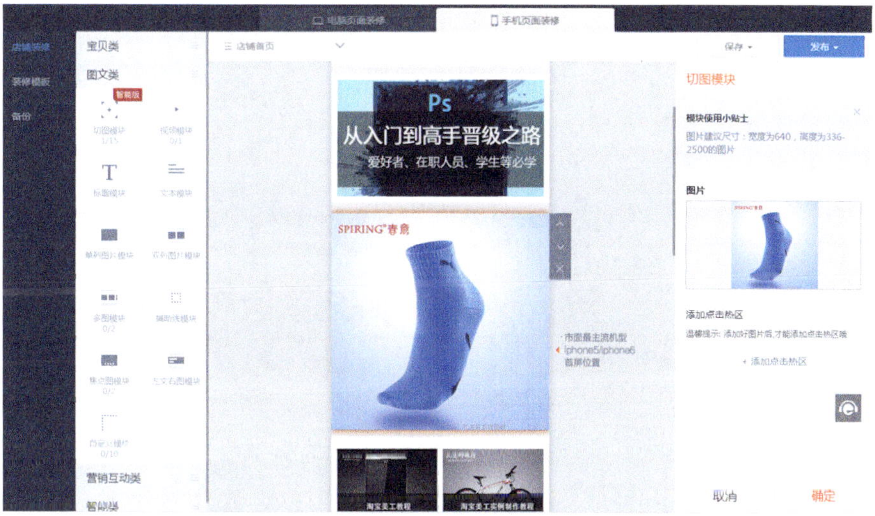

图4-19 手机页面装修编辑区

装修编辑好了之后，记得单击右上角的“保存”或“发布”按钮，发布还可以设置定时发布。

4.2 首页的布局框架

本节将详细讲解网店装修制作前是如何布局和规划的。首页布局不是简单地把效果堆积到店铺中，而是要通过科学、合理地选择组合排列进行展示。合理的布局不但可以增加店铺黏性，提升新老客户的忠诚度，还可以达到更好的用户体验效果。

4.2.1 首页布局介绍

首先要明确首页装修的目的，第一让顾客记住店铺，包括店铺名、风格、商品品类、商品价位等基本信息。二是让客户按照我们提供的路线目标在首页上有目的性地点击，提高二跳率。那么，就要合理布局和规划展示的商品信息和内容。一个正常营业的店铺首页主要由店招、导航、海报、产品分类、客服旺旺、产品展示、店铺页尾、店铺背景等组成，如图4-20所示。

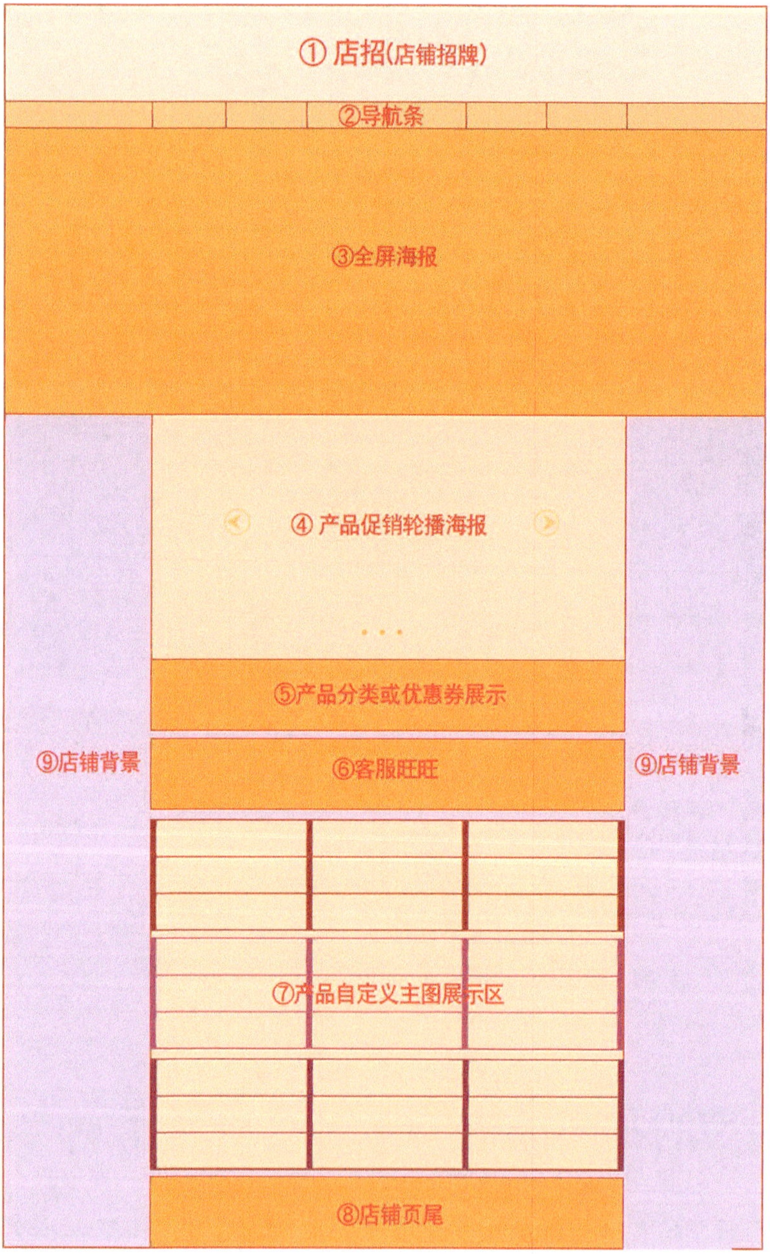

图4-20 首页布局展示内容

而在实际的店铺中，商品内容往往会高达9~18屏，如图4-21和图4-22所示。

2件包邮
2016春夏流行趋势发布
韩都衣舍 明星家族
한국패션
#여름신상
#여름신상
한국패션
여름신상
아름답다
다양하게
아름답다

图4-21 某网店首页（一）

图4-22 某网店首页（二）

通过上述内容可以发现，一个完整的店铺首页离不开以下10大模块内容。

（1）店招。一般展示的内容是店铺的名称、Logo 、口号、优惠券和收藏店铺的图标等。店招是店铺上唯一各个页面都能展示出现的模块，一些重点推广信息可以设计在店招上。

（2）导航条。导航条可分为淘宝系统自带和自定义导航条设计，主要功能是可以快速链接到相应的指定页面。

（3）全屏海报。主要用于店铺的折扣优惠、主打产品推荐，让客户一进入首页就能看到该店铺的重点内容。

（4）产品促销轮播海报。主要用于推广产品的促销内容，可以做成促销海报吸引买家。

（5）产品分类。方便买家根据自己的需求能在该店铺上快速找到想要的产品。分类主要可按价格分类、产品功能分类、产品属性分类等。

（6）客服旺旺。用于买家与店家沟通的软件，设计在首页上可方便买家联系商家。

（7）店铺音乐。顾客一打开该店铺就能听到美妙有格调的音乐。

（8）店铺公告。主要可以做一些店铺声明、紧急信息公告等内容。

（9）店铺页尾。主要展示的内容如关于快递、包装物流，关于售后等信息。

（10）店铺背景。一个店铺的风格确立，店铺的背景占据了大部分内容。

一个店铺的首页组成，无外乎以上这些内容，明白其各模块的展示内容使用，就能很好地设计出自己心仪的店铺了。

4.2.2 首页布局制作流程

视频文件 | 视频>CH04>4.2.2首页布局制作流程.mp4

本节以实例操作来详细讲解网店首页布局的流程，只要简单几步就可以对一个首页进行布局。

1. 确定网店风格

店铺风格一般受品牌文化、产品信息、顾客群、市场环境和季节等因素影响。网店的风格多种多样，如清新脱俗、简单大方，以及俏皮可爱、欧美风格等。一个网店风格的确定是布局的前提，如果是新手卖家，也可以借鉴参考同类网店，避免风格和商品不伦不类，背道而驰。

2. 确定首页模板

步骤 01 登录淘宝网首页，单击“卖家中心”，登录账号，单击右侧栏“店铺装修”，还可以直接从千牛客户端进入店铺装修页面，如图4-23所示。

步骤 02 进入淘宝旺铺后台，选择顶部菜单栏的“模板管理”，如图4-24所示。

图4-23 店铺装修登录页面

图4-24 选框模块管理

步骤03 在打开的页面中显示的有3个可用的模板，单击之后，会弹出“模板详情”，如图4-25所示。

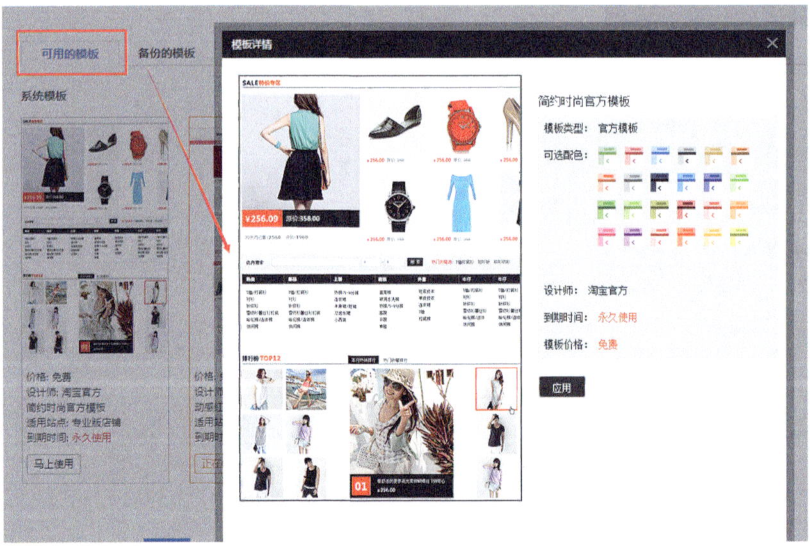

图4-25 模板详情

步骤04 执行“应用>直接应用”命令，也可以单击模板中的“马上使用”按钮，操作成功后，店铺首页模块就发生了改变，如图4-26所示。

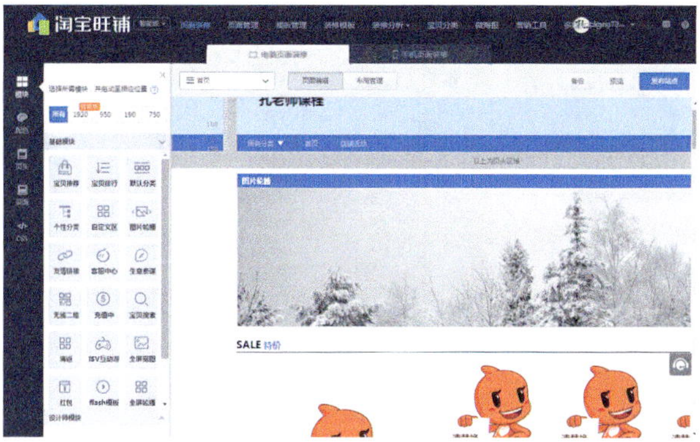

图4-26 应用模板后效果

3. 搭建首页框架

店铺首页包含多种元素，如店招、导航、首焦轮播、优惠券、旺旺咨询、活动促销、分类列表、公告信息、海报、新品展示、页中导航、短袖、衬衫、裤子、导航、店尾等信息。图4-27所示为首页框架规划图。也可以通过旺铺装后台的“布局管理”来搭架首页框架布局。

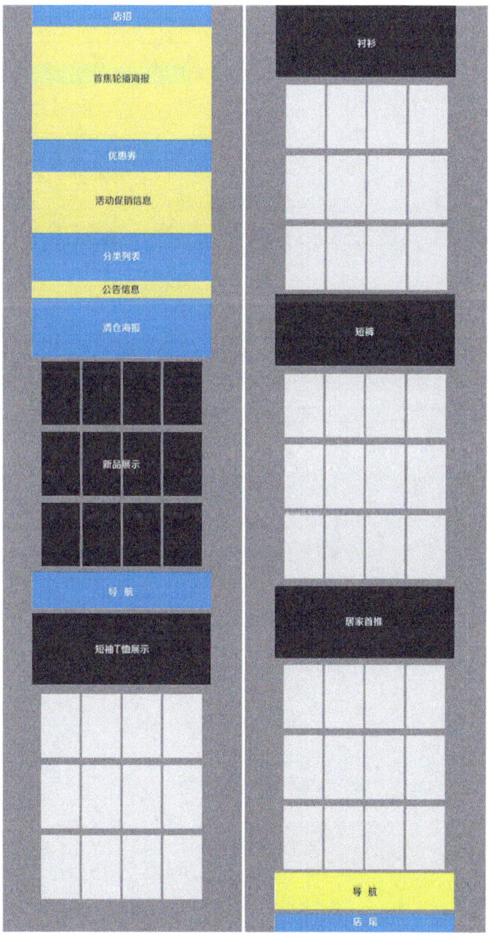

图4-27 店铺首页框架图

步骤01 进入淘宝旺铺装修后台，看到“电脑页面装修”和“页面编辑”选项，如图4-28所示。

图4-28 电脑端页面编辑

步骤02 选择“布局管理”选项，进入首页模块布局页面，如图4-29所示。

图4-29 布局管理模块

步骤03 选择栏目模块，上下拖动可以改变模块的显示位置，单击模块右侧的删除图标，可以删除当前所选模块，如图4-30所示。

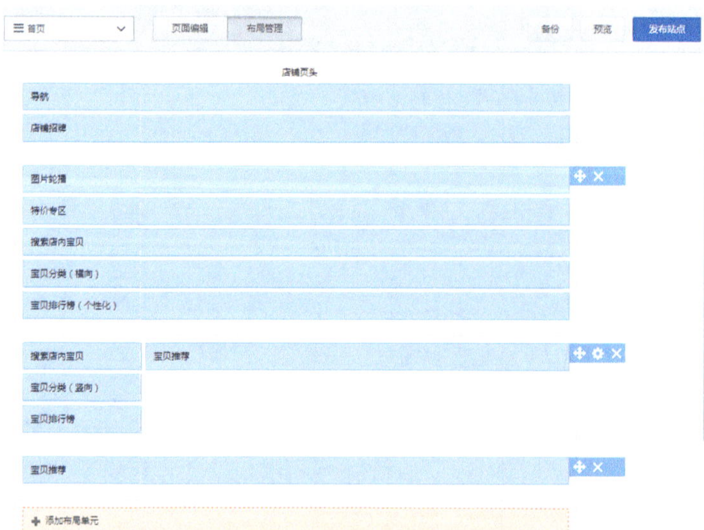

图4-30 模块调整显示

步骤04 单击“添加布局单元”链接，弹出“布局管理”对话框，如图4-31所示。可以根据需求，选择通栏，或者是左右两栏单元。

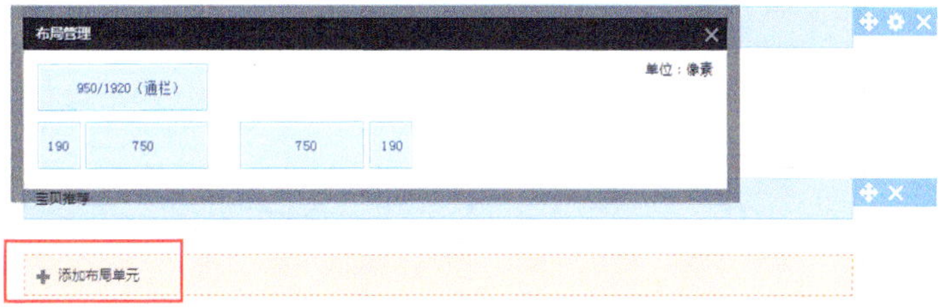

图4-31 添加布局管理

步骤 05 在左侧选择需要添加的模块，拖入到右侧单元中，也可以创建添加新的模块。如图4-32所示，拖入后释放鼠标即可，最后把所需要的模块逐一进行添加。

图4-32 添加模块

4. 排版设计制作

需要通过Photoshop软件来进行首页的排版设计制作，一般一个首页设计需要3~5天时间。前期要规划素材，后期要排版设计制作、领导确认定稿等工作。

5. 上传店铺首页

店铺首页设计好之后，需要进行切图处理并上传图片，然后使用Dreamweaver添加链接。这些内容会在之后的章节进行详细讲解。

4.3 店招的设计

所谓店招，指的就是店铺招牌，线下店铺对于店招非常重视。一个好的店招不光是店铺坐落地的标志，更是起到户外广告的作用。

网店上所指的店招同样是品牌信息展示窗口，它在店铺首页是最特殊的一个模块。店招不需要做任何设置，就能在所有的页面中显示，不管是专题页、宝贝详情页，还是分类页面等。图4-33所示为某女裤店铺的展示。本节将详细讲解一个店招的制作流程和装修上传的方法。

图4-33 女裤店铺各个页面显示效果

4.3.1 如何设计店招

从内容上来讲，店招上可以有店铺名、Logo、广告语、促销产品、收藏和关注按钮、优惠券、搜索框、店铺公告等一系列信息。换句话说，如果可以的话，几乎所有能想到的内容都能在店招上进行展现。除了店铺名必然会出现外，其他内容都可以按照卖家具体情况进行安排。

店铺的设计应该从以下几个方面着重考虑。

（1）品牌宣传

制作这类店招时，首先要考虑的内容是店铺名、Logo、广告语，因为这是品牌宣传最基本的内容，其次是关注按钮、关注人数、收藏按钮，可以侧面反映店铺实力；然后是搜索框、第二导航条等方便用户体验的内容。图4-34所示为品牌宣传类的店招设计效果。

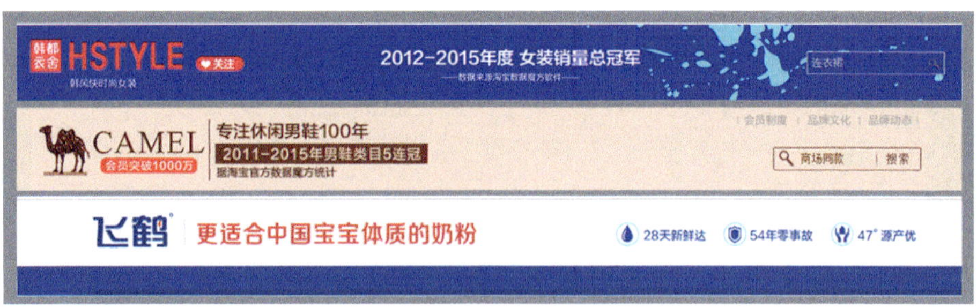

图4-34 以品牌宣传为主的店招展示

（2）活动促销

制作这类店招时，首先要考虑的因素是活动信息、优惠券、促销产品等活动或者促销信息；

其次是搜索框、旺旺、第二导航条等方便用户体验的内容；最后是店铺名、Logo、广告语等品牌宣传为主的内容。不管是氛围设计还是内容展现，都要让活动信息占据更大的篇幅，否则顾客对店铺的信息关注会降低。图4-35所示为优惠券和活动促销展示内容。

图4-35 以活动促销为主的店招展示

（3）产品推广

这类店招的特点是有主推产品或者是想要主推一款或几款产品。在店招上，这类店铺要主打促销产品、促销信息、优惠券、活动信息等促销信息；其次是店铺名、Logo、广告语等品牌宣传为主的内容；最后是搜索框、第二导航条等方便用户体验的内容。图4-36所示为电器类热推某几款产品。

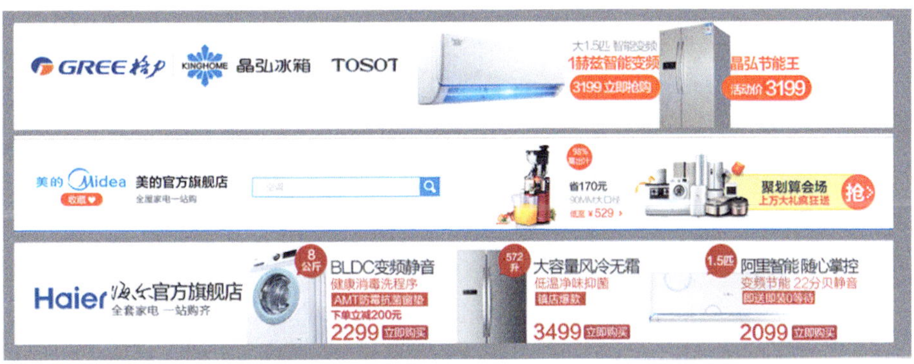

图4-36 以产品推广为主的店招展示

店招的设计各式各样，展示的内容也会随着时间的推移而改变，但是不管如何设计店招，有些信息是店招必不可少的，如店铺名称、Logo和广告语等基础信息。图4-37所示为耐克的旗舰店，简洁的只有Logo和名字，以及售后保障信息。图4-38所示为圣大保罗箱包旗舰店的店招，仅有名称和搜索框信息。

图4-37 耐克店招

图4-38 圣大保罗

4.3.2 店招的制作流程

◎ ¦ **效果文件** ¦ 效果>CH04>4.3.2效果图.jpg、4.3.2源文件.psd
◎ ¦ **视频文件** ¦ 视频>CH04>4.3.2店招的制作流程.mp4

本节将详细讲解一个店招的制作流程。默认店招的模块尺寸宽是950像素，高是120像素。店招下面的导航条宽度和店招一样，高度则是30像素（在设计的时候需要注意）。下面利用Photoshop软件来制作一个店招，最终效果如图4-39所示。

图4-39 店招效果

步骤01 打开Photoshop软件，执行“文件>新建”菜单命令，在弹出的“新建”对话框中进行相关参数设置，如图4-40所示。

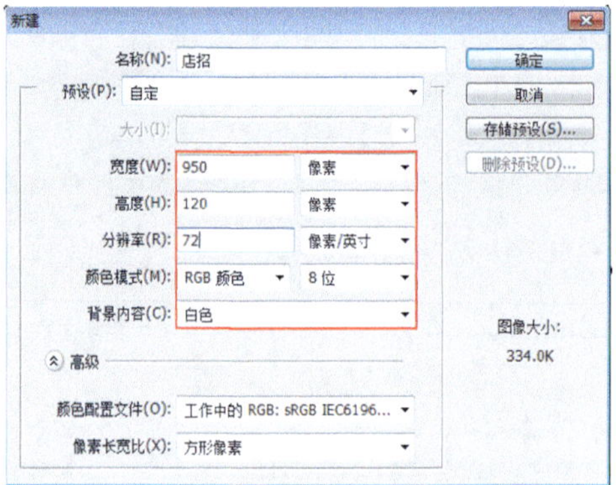

图4-40 新建店招文件大小

步骤02 按Ctrl+R快捷键在画布两端创建参考线，创建后的效果如图4-41所示。淘宝店铺全屏店招的尺寸是1920像素，上一步创建的尺寸是950像素，接下来就要增加970像素。执行“图像>画布大小”菜单命令，在弹出的对话框中修改宽度为1920像素，如图4-42所示。单击“确定”按钮之后，就是一个1920像素×120像素的店招了。

图4-41 创建参考线

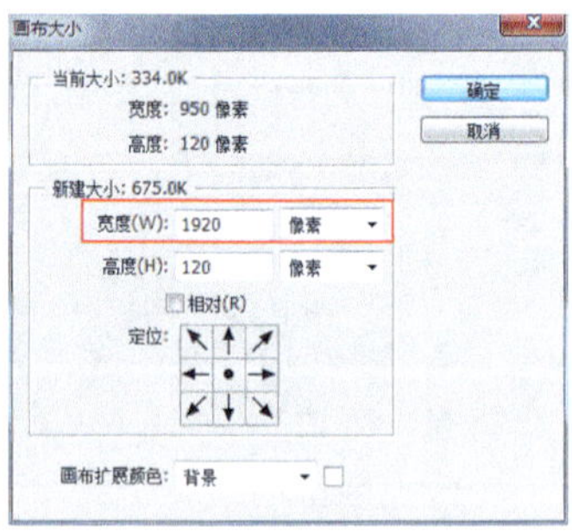

图4-42 修改文件背景大小

步骤03 纯白色的背景过于单调，可以修改为银灰色，与白色背景有所区别即可。把之前设计制作的Logo拖入进来，调整大小后放到相应的位置，如图4-43所示。

图4-43 放入店铺Logo素材

步骤 04 把宣传口号“专注女装，穿出四季如春”也输入进来，统一修改Logo的颜色和文字的颜色，如图4-44所示。

图4-44 创建宣传口号

步骤 05 接下来开始制作“关注我们”按钮。使用“圆角矩形工具”创建一个半径为20像素的圆角矩形，填充为红色，如图4-45所示。

图4-45 绘制圆角矩形

步骤 06 在工具箱中选择“自定义形状工具”，选择心形的形状，绘制一个心形，颜色为白色，输入文字“关注我们”，如图4-46所示。

图4-46 创建心形和关注我们文字

步骤07 接下来就可以开始创建优惠券。使用工具箱中的“矩形工具”创建一个矩形，填充颜色为（R:250，G:230，B:200），优惠券背景矩形形状如图4-47所示。

图4-47 创建优惠券背景矩形

步骤08 使用“横排文字工具”输入优惠券促销活动文字信息，修改文字颜色为红色，最终效果如图4-48所示。

图4-48 创建优惠券促销文字

步骤09 输入文字“立即领取”，创建红色矩形填充背景，最终效果如图4-49所示。

图4-49 创建优惠券立即领取文字

步骤10 把一个优惠券制作好之后，可以复制出多个，只需要把文字信息修改一下即可，如图4-50所示。复制出另外两个优惠券，修改文字内容并调整到合适的位置。

图4-50 创建复制多个优惠券效果

步骤 11 制作收藏按钮效果。创建一个灰色的背景矩形，然后创建倾斜的线段，旋转后放到合适的位置。一个收藏按钮背景形状制作效果如图4-51所示。

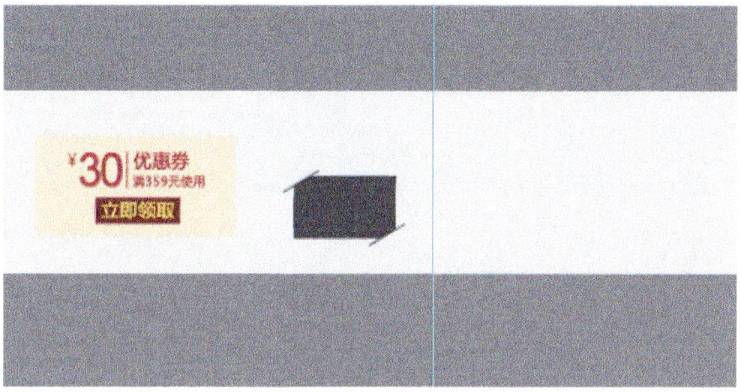

图4-51 制作收藏按钮背景形状效果

步骤 12 输入文字“收藏本店”和相应的英文内容，字体为黑体即可，如图4-52所示。

图4-52 创建收藏本店文字内容

步骤 13 店招的最终效制作效果如图4-53所示。制作完成后，存储为相应的图片格式即可。

图4-53 店招最终制作效果

4.3.3 店招的装修上传

素材文件 ┆ 素材>CH04>4.3.3页头背景.jpg

视频文件 ┆ 视频>CH04>4.3.3店招的装修上传.mp4

前期设计好的店招，后期要上传到网店当中，其中有很多技巧，本节主要详细讲解如何把设计制作好的店铺装修到网店中来。

步骤01 把制作好的店招图存储成JPEG或PNG格式上传到淘宝图片空间。通过卖家中心或千牛客户端进入图片空间，如图4-54所示。

步骤02 进入图片空间后，可以查看图片空间使用情况及流量分析等信息。选择“图片管理”选项，如图4-55所示。

图4-54 管理图片空间入口

图4-55 图片管理

步骤03 在上传图片之前，最好新建一个文件夹，养成对图片归类整理的好习惯，单击“新建文件夹”按钮，如图4-56所示。

图4-56 新建文件夹操作

步骤04 在“输入文件夹名称”文本框中输入文件夹名称，这个名称便于自己识别就可以，单击“确定”按钮即可，如图4-57所示。

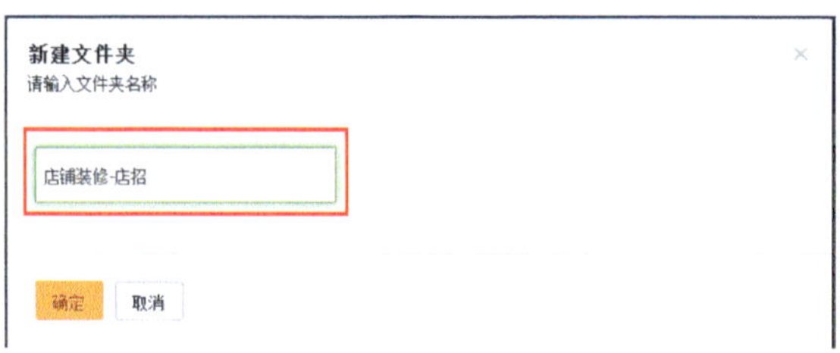

图4-57 输入文件夹名称

步骤05 创建好文件夹之后，单击“上传图片”按钮，如图4-58所示。

图4-58 上传图片操作

步骤 06 在弹出的“上传图片”对话框中提供了两种上传模式：高速上传支持文件夹上传，另一种就是普通上传，如图4-59所示。值得注意的是，图片单张大小支持3MB以下，如果超过3MB系统会自动压缩，自动压缩和宽度调整可能会使图片失真，支持的图片格式有JPG、JPEG、PNG和GIF等格式，同时还可以自动添加水印，调整图片宽度。

图4-59 上传图片选择模式

步骤 07 找到图片所在的位置（编者演示过程中，店招素材放在电脑桌面），勾选对应的图片，然后单击“选好了”按钮，如图4-60所示。

图4-60 选择图片所在位置

步骤08 选择好图片之后，单击“立即上传”按钮。值得注意的是，不要勾选左下角的“自动压缩以节省空间”和“压缩至淘宝推荐画质”复选框，如图4-61所示。

步骤09 最后单击“确定”按钮即可，如图4-62所示。至此，素材图片上传至淘宝图片空间方法步骤讲解完毕。

图4-61 立即上传

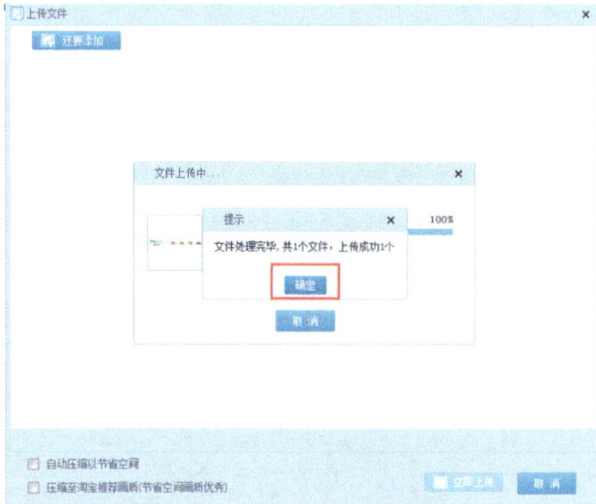

图4-62 图片上传完成

步骤10 把素材上传到淘宝图片空间之后，就要应用到网店中了。进入淘宝旺铺装修后台，在“电脑页面装修”中选择店招模块，鼠标放在上面，单击右上角的“编辑”按钮，如图4-63所示。

图4-63 旺铺装修后台编辑店招

步骤11 在弹出的“店铺招牌”对话框中，招牌类型选择“默认招牌”，取消勾选“是否显示店铺名称”复选框，然后单击“选择文件”按钮，如图4-64所示。

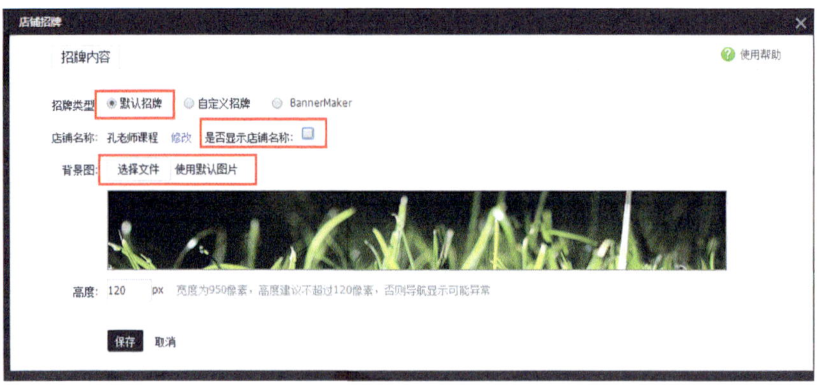

图4-64 店铺招牌设置弹出选择文件

步骤 12 选择“从淘盘选择”选项，找到“店招图片”所在的文件夹，然后选择“图片素材”，如图4-65所示。因为之前已经把素材图片上传到了“图片空间”，而“图片空间”中的图片也都存在“淘盘”中，也就是淘宝云盘中。

步骤 13 单击“保存”按钮，选择高度为120像素，如果高于120像素会影响导航栏效果，如图4-66所示。

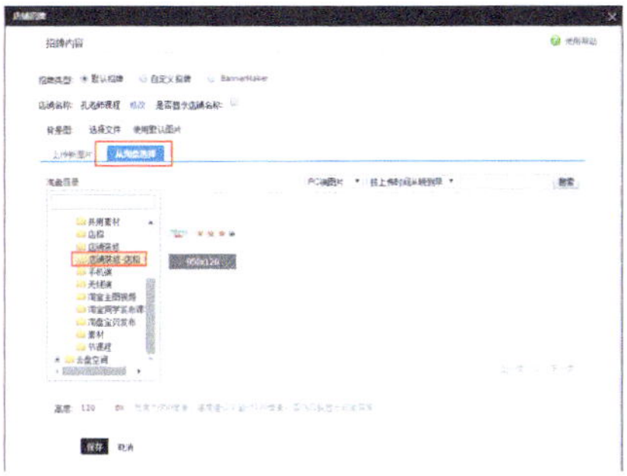

图4-65 选择图片空间图片

图4-66 保存店招

步骤 14 这时会发现950像素的店招两边显示得不完整，有空白的地方，如图4-67所示。

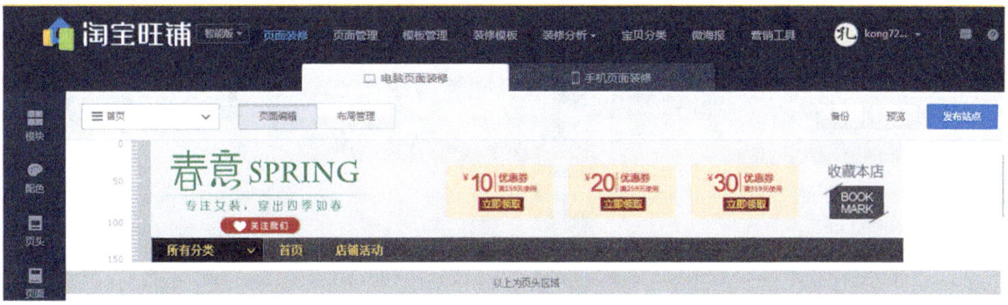

图4-67 店招两边有空白

步骤 15 设置通栏店铺背景时要重新做一个背景图，然后在旺铺装修后台更换页头背景图。打开Photoshop软件，执行“文件>新建”菜单命令，设置宽度为50像素，高度为120像素，如图4-68所示。宽度不用设置得太宽。在文件最底部创建一条参考线，然后执行“图像>画布大小”菜单命令，设置高度为150像素，定位设置向下，如图4-69所示。

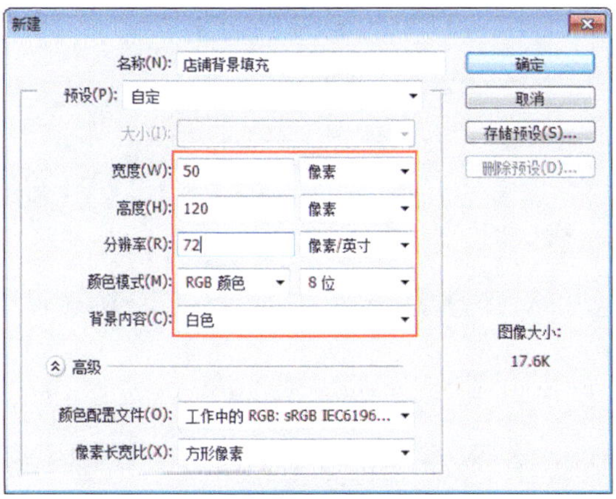

图4-68 新建文件设置尺寸

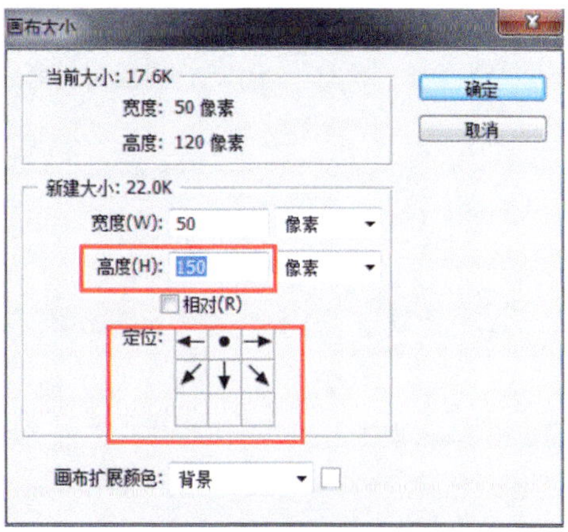

图4-69 修改画布大小

步骤 16 回到淘宝旺铺，吸取A部位店招背景颜色数值和B部位导航背景颜色数值，回到文件中，把吸取的颜色填充到参考线上面的背景中，如图4-70和图4-71所示。将页头存储成JPEG格式。

图4-70吸取颜色数值

图4-71 页头背景制作

步骤 17 进入淘宝旺铺装修后台，选择“页头”，显示“页头背景色”，在“页头背景图”选项组中单击“更换图片”按钮，如图4-72所示。

步骤 18 选择页头背景图片所在的位置，单击“打开”，设置“背景显示”平铺类型，设置“背景对齐”方式，如图4-73所示。

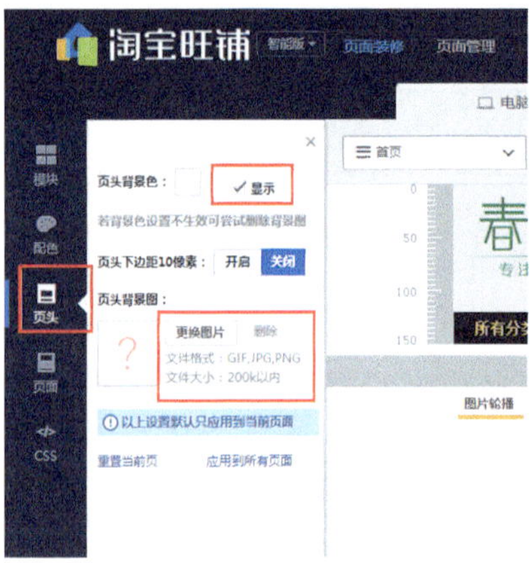

图4-72 页头背景更换图片

图4-73 设置而背景显示类型

步骤 19 单击“预览”按钮，已经设置成通栏店招效果，最终效果如图4-74所示。

图4-74 通栏店招效果

步骤 20 制作好通栏店招后，会发现店招图片上的“关注我们”“优惠券领取”，“收藏本店”需要添加相应的链接才可以使用。打开Dreamweaver软件，切换到“拆分视图”，将选中的代码信息全部删掉，如图4-75所示。

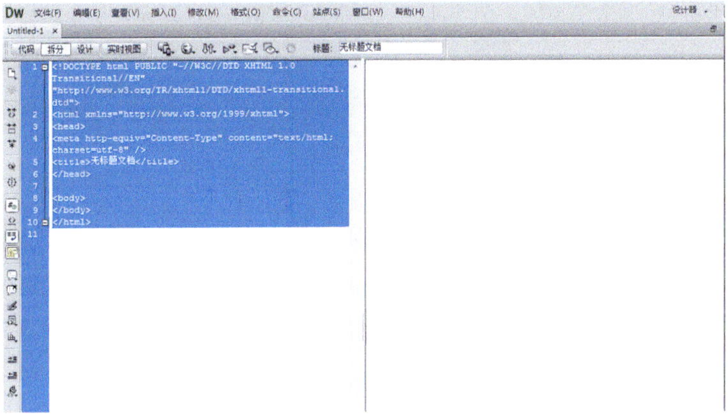

图4-75 拆分视图删除代码

步骤21 到淘宝图片空间选中店招图片，单击“复制代码”按钮，如图4-76所示。

图4-76 复制店招图片代码

步骤22 把复制的店招图片代码粘贴到Dreamweaver拆分视图中的代码编辑视图，左边是代码，右边是店招图片效果，如图4-77所示。

图4-77 复制店招图片代码到Dreamweaver代码区

步骤23 Dreamweaver软件最底部，有添加热链接工具，如图4-78所示。

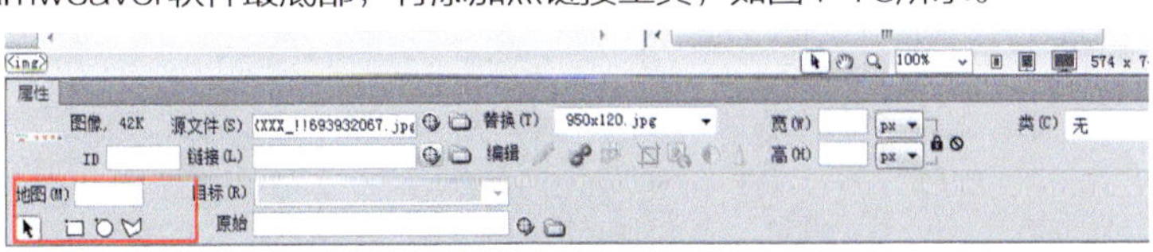

图4-78 热链接添加

步骤24 在店招图片上添加热链接，把要指定的位置在底部链接上粘贴代码，目标打开方式选择_blank,如图4-79所示。

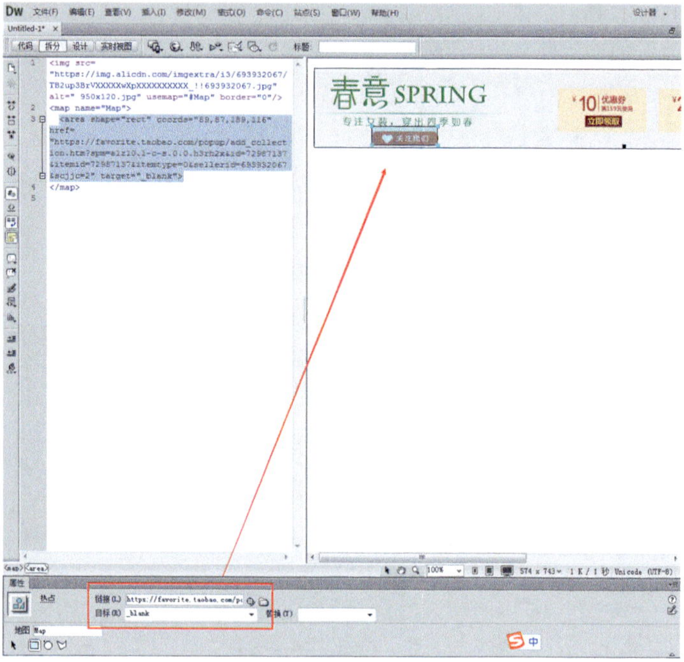

图4-79 添加关注我们

步骤25 用同样的方法把指定“优惠券领取”“收藏店铺”的代码逐一添加上去，如图4-80所示。

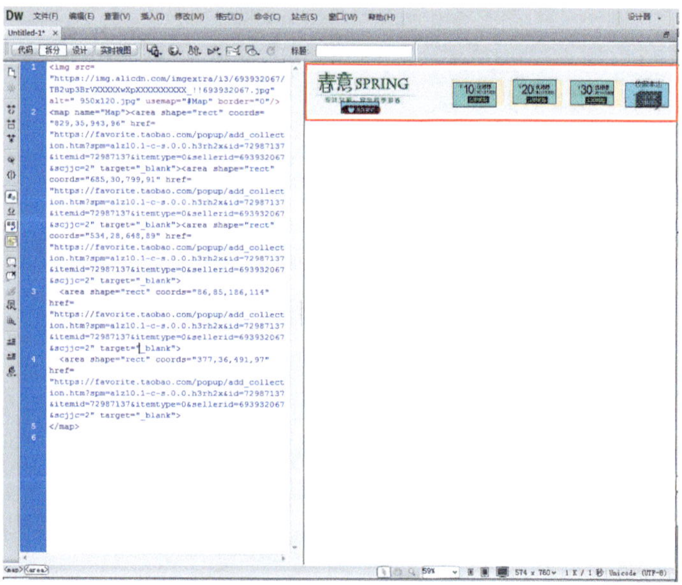

图4-80 添加所有需要的链接

步骤26 在旺铺装修后台中，将店铺招牌的类型设置为“自定义招牌”，如图4-81所示。

图4-81 选择自定义店招

步骤 27 在“自定义招牌”对话框中选择“源码”，把Dreamweaver软件中给店招添加的链接代码复制过来，然后单击“确定”按钮，如图4-82所示。

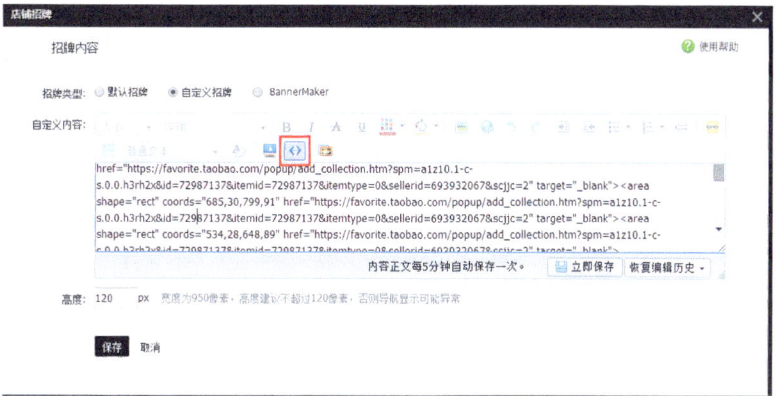

图4-82 自定义招牌添加源码

步骤 28 预览设置的内容或者“发布站点”，店招图上添加的链接已成功，最终效果如图4-83所示。

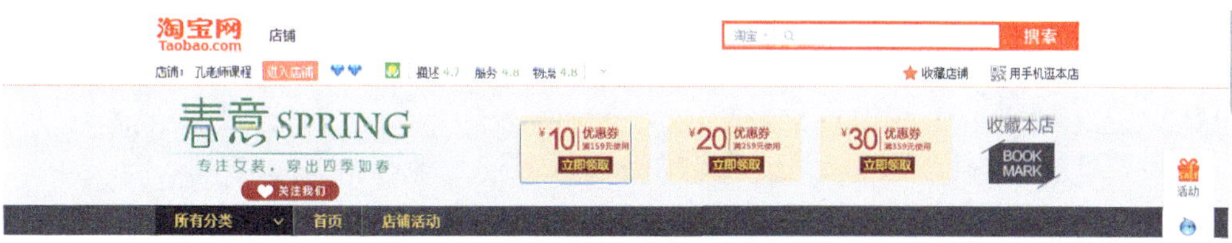

图4-83 通栏店招添加链接后最终效果

4.3.4 课后习题

通过本节的讲解，相信大家都能理解和掌握店招的设计和制作。

本节课程习题：

（1）结合前面章节制作的店铺Logo，给店铺首页做一个全屏店招。

（2）学会正确添加店招上的链接方法。

4.4 导航的设计

导航在店铺首页中起到非常重要的作用，它能快速引导消费者找到自己需要的商品，如同现实生活中商场楼层悬挂罗列的指示牌、分类牌一样，指引消费者快速找到所需商品。

本节将详细讲解网店首页设计中几种导航的制作方法，希望大家通过本节内容的学习，掌握首页导航的内容设计制作。

4.4.1 导航的作用

淘宝店铺导航是买家访问店铺的快速通道，可以快速地从一个页面跳转到另一个页面，查看店铺的各类商品及信息。提供清晰的导航能保证更多店铺页面访问，使更多的商品及活动被发现。尤其买家从宝贝详情页到其他页面，若缺乏导航条的引导，将极地大影响转化率。

在网店首页设计中，通常有4类导航显示：一是店招导航；二是页中分类导航；三是左侧分类导航；四是页尾导航。

（1）店招导航

店招导航的位置在网店首页，在店招下面，如图4-84所示。店招导航列出了店铺的分类信息，单击不同的分类可进入相应的分类页面或进入相应的二级菜单中，如每周上新，可以选择最近几周罗列进来。店招导航是淘宝店铺中默认存在且不可删除的，它会在店铺的每一个页面都进行展示——首页、详情页、专题页等。

图4-84 店招导航

（2）页中分类导航

页中分类导航一般出现在店铺首页，其目的是更好地引导买家在浏览店铺时及时找到所需商品，如图4-85所示。页中店招的设计形式多种多样，可以是图文显示或者文字直接引导。

图4-85 页中分类导航

（3）左侧分类导航

左侧分类导航一般出现在两个位置：第一个位置是店铺首页，随着页面的下拉而变动；第二个位置是宝贝描述页面，通常作为宝贝分类出现，如图4-86所示。

图4-86 左侧分类导航

（4）页尾导航

页尾导航在店铺首页中的作用是能让买家浏览到底部，直接选择刚才看过的某一个商品类目信息。页尾导航有时也会出现在详情页最底部，目的也是引导买家再次浏览店铺商品，提升店铺的访问深度，如图4-87所示。

图4-87 页尾导航

4.4.2 店招导航

◎ | **视频文件** | 视频>CH02>4.4.2店招导航.mp4

店招导航非常重要，如果客户是通过搜索商品或者其他推广活动信息内容进店，对店铺出售的商品比较感兴趣，想再进行深度了解，就可以通过店招导航内容寻找自己感兴趣的商品。同时，店招导航一般会放置店铺最紧要的信息，如热销商品、上新产品，以及商品分类、活动专题页、品牌故事等内容。

店招导航设计有两种方法：一种方法是在淘宝旺铺后台编辑店招导航；另一种方法是把店招和导航设计在一起，然后对导航信息逐一添加指定链接即可，如图4-88所示。

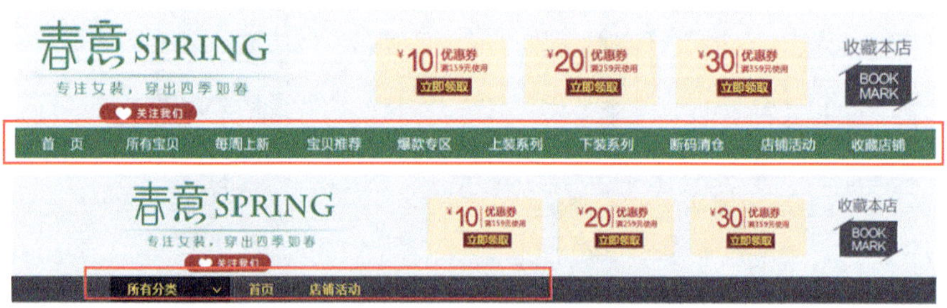

图4-88 店招导航两种类型

既然店招导航那么重要，那么如何才能编辑旺铺智能版导航呢？

步骤01 通过淘宝首页进入卖家中心，选择店铺管理中的店铺装修，鼠标停留在导航模板上，在右上角处有“编辑”按钮，如图4-89所示。

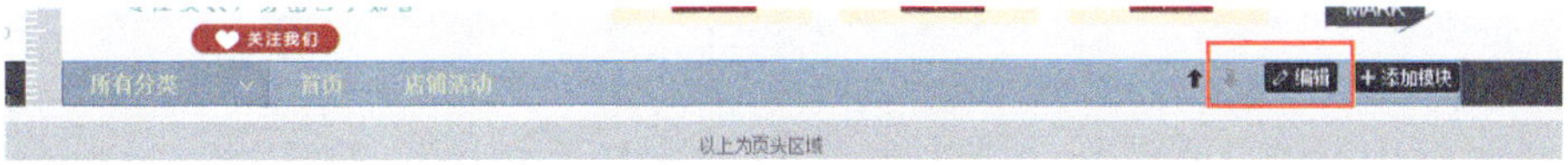

图4-89 导航编辑按钮

步骤02 导航栏右下角的“添加”按钮如图4-90所示。

步骤03 单击“宝贝分类”按钮，可以选择需要添加的分类，勾选需要显示的导航，如图4-91所示。单击“确定”按钮后，就可以在导航上显示，如图4-92所示。

图4-90 导航设置的“添加”按钮

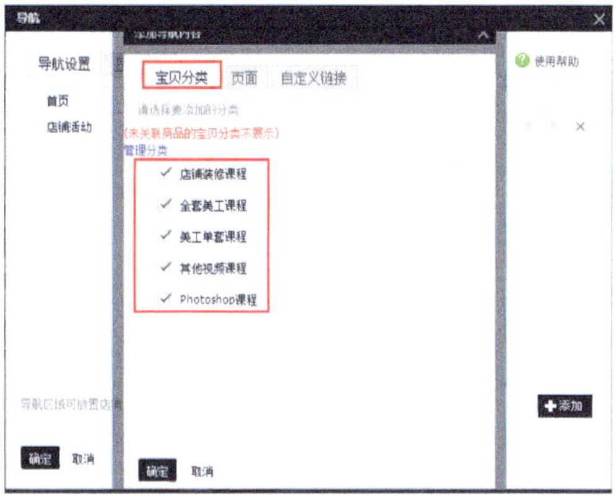

图4-91 添加导航内容

图4-92 导航显示效果

步骤04 如果还没有设置分类，可以单击宝贝分类下面的“管理分类”命令，跳转到淘宝旺铺“分类管理”页面，如图4-93所示。

图4-93 “分类管理”页面

步骤05 单击“添加手工分类”按钮，添加“每周上新”分类，然后再添加“子分类”的每周内容，单击右上角的“保存更改”按钮，如图4-94所示。

图4-94 添加手工分类

步骤06 选择“页面”选项卡，可以选择要添加的页面，如“基础页面”和“自定义页面”等，如图4-95所示。也可以单击右上角的“添加自定义页面”按钮，自定义页面提供了个性化装修的功能，使用场景丰富多样，可以添加无线端页面，还可以选择页面类型，如图4-96所示。

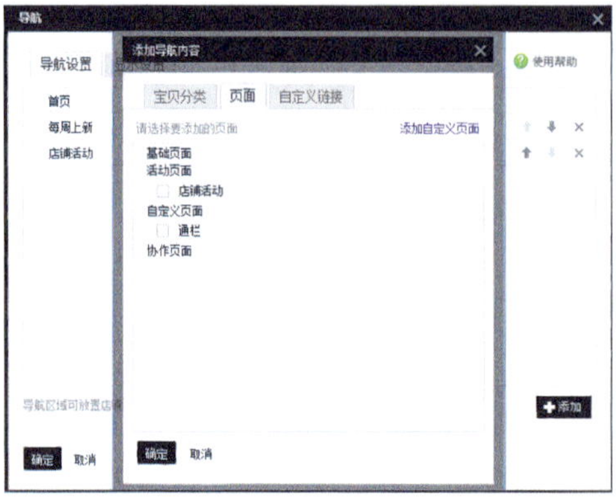

图4-95 自定义页面

图4-96 新建自定义页面

步骤07 选择“自定义链接”选项卡，可以添加自定链接内容。值得注意的是，只能添加淘宝网内部链接，如图4-97所示。

步骤08 值得注意的是，当添加完所有内容后，可以对导航调整前后位置和删除处理，如图4-98所示。调整后单击“确定”按钮，设置好内容之后，最终导航显示效果如图4-99所示。导航最多可添加12项一级内容，建议不超过7项，具体可以根据店铺需要而定。

图4-97 自定义链接

图4-98 调整导航顺序

图4-99 导航最终显示效果

步骤09 旺铺智能版导航还可以更换颜色和式样，只需要使用CSS代码即可，选择“显示设置”选项卡，若需要改变，把编辑好的代码粘贴到对话框中，如图4-100所示。最后单击“确定”按钮即可。

图4-100 显示设置添加CSS代码

CSS又称层叠样式表单，是用于（增强）控制网页样式并允许将样式信息与网页内容分离的一种标记性语言。店铺导航开放CSS设定，就是说让卖家通过CSS来让导航展现得更加丰富自定义，交给卖家控制。

```
/*导航条背景色*/
.skin-box-bd .menu-list{background: none repeat scroll 0 0 #00ad08; }
/*首页/店铺动态背景色*/
.skin-box-bd .menu-list .link{background: none repeat scroll 0 0 #00ad08; }
/*首页/店铺动态右边线*/
.skin-box-bd .menu-list .menu{border-right:1px #006205 solid; }
/*首页/店铺动态文字颜色*/
.skin-box-bd .menu-list .menu .title{color:#ff0000; }
/*所有分类背景色*/
.all-cats .link{background: none repeat scroll 0 0 #00ad08; }
/*所有分类右边线*/
.all-cats .link{border-right:1px #006205 solid; }
/*所有分类文字颜色*/
.skin-box-bd .all-cats .title{color:#ff0000; }
```

步骤 10 除了直接编辑CSS代码之外，还可以使用搜索引擎，如“淘宝店铺导航CSS代码在线制作生成器”之类的软件或者是平台，提供有傻瓜式操作编辑，修改后直接复制CSS代码即可使用，图4-101所示为某在线网址提供的代码在线制作生成器，图4-102所示为修改后的效果。

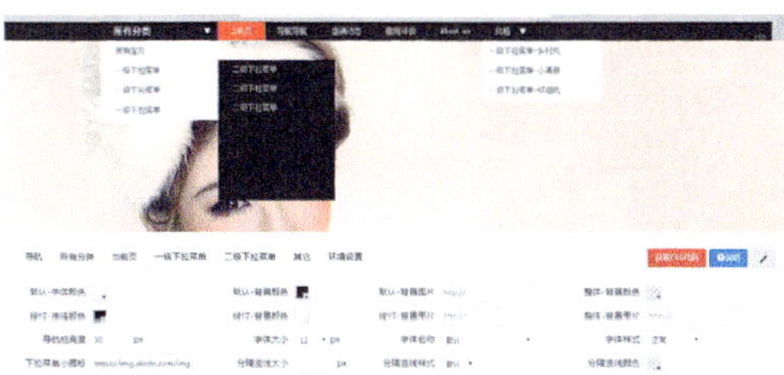

图4-101 代码在线制作生成器

图4-102 最终显示效果

步骤 11 如果想把店招导航进行个性化设置，可以通过“自定义店招”把导航和店招设计在150像素高度的店招中，然后通过Dreamweaver添加链接的方法编辑上传，其操作方法和“4.3.3店招的装修上传”中的步骤一样，最终效果如图4-103所示。

图4-103 个性化导航效果

4.4.3 页中分类导航

效果文件 效果>CH04>4.4.3效果图.jpg、4.4.3源文件.psd

视频文件 视频>CH04>4.4.3页中分类导航.mp4

页中分类导航比店招导航对分类的展现更精准，它由设计师根据店铺出售商品情况而定，没有固定官方要求，它一般以图文并茂形式和文字表格形式出现。图文并茂形式出现的页中分类导航效果如图4-104所示。运动户外类服饰的页中分类导航中，很形象地使用商品类型配合文字说明，一眼就能找到自己所要购买的商品分类信息。

图4-104 页中分类导航图文并茂形式

文字表格形式出现的页中分类导航效果如图4-105所示。这是最常见的一种页中分类，它可以和“图文并茂形式”并存出现。在设计的时候一定要充分考虑商品属性和受众的浏览习惯，而新品或特价分类尽量靠前，不要出现没有链接的宝贝分类，清晰明了是页中分类的基础要求。

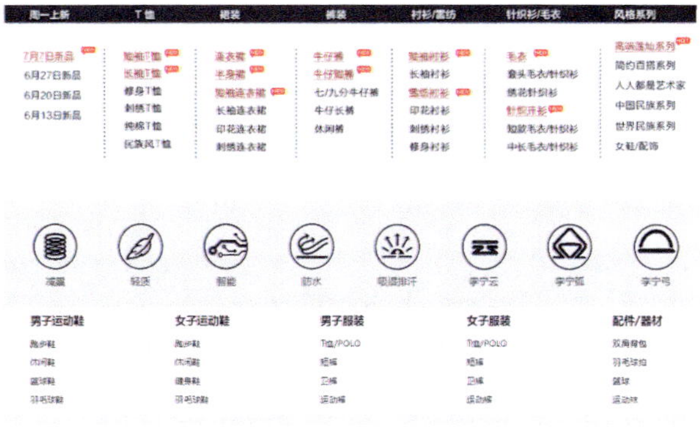

图4-105 页中分类导航文字表格形式

通过Photoshop软件制作页中分类导航，效果如图4-106所示。

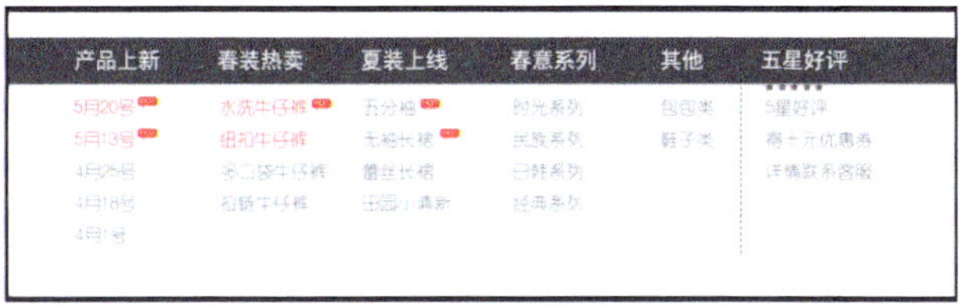

图4-106 页中分类导航效果

步骤01 执行“文件>新建”菜单命令，在弹出对话中设置相应参数。设置名称，宽度设置为950像素，高度设置为280像素，值得注意的是，高度不固定，可以根据所需模块高度自定义，具体参数如图4-107所示。

步骤02 因为演示的页中分类导航主要是文字表格形式的设置，这里创建完所有文字之后，要借助Photoshop参考线功能，把所有的文字进行整齐地排列和分布处理，最终效果如图4-108所示。

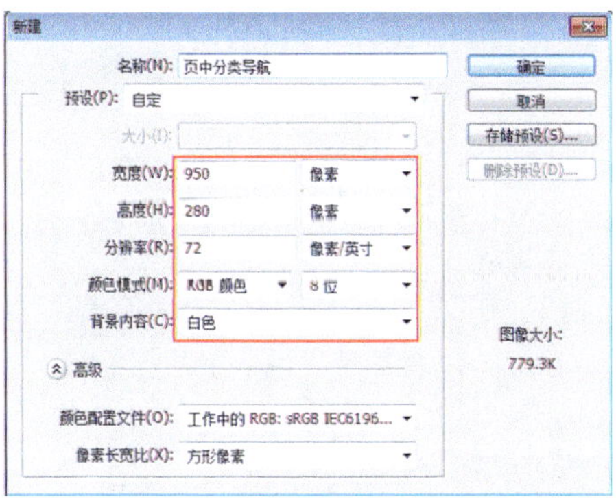

图4-107 页中分类导航尺寸设置

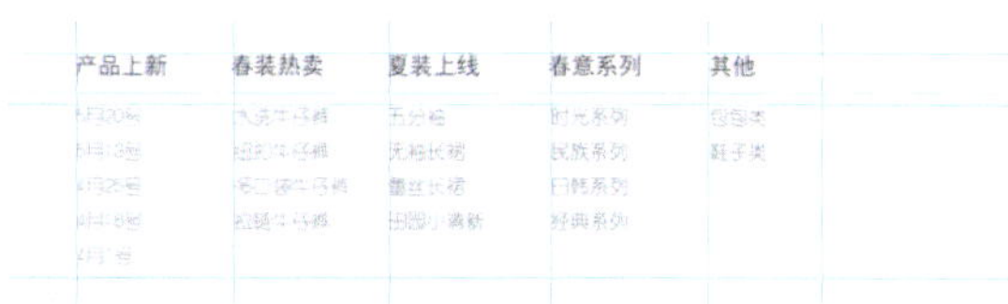

图4-108 创建页中分类文字内容

步骤03 把“五星好评”文字和星星也创建制作进来，最终效果如图4-109所示。

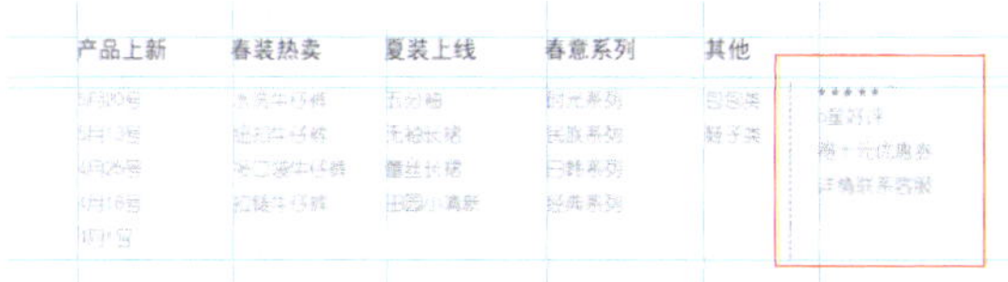

图4-109 创建五星好评

步骤04 把上方的主分类文字做一个背景效果，其目的是突出显示，如图4-110所示。

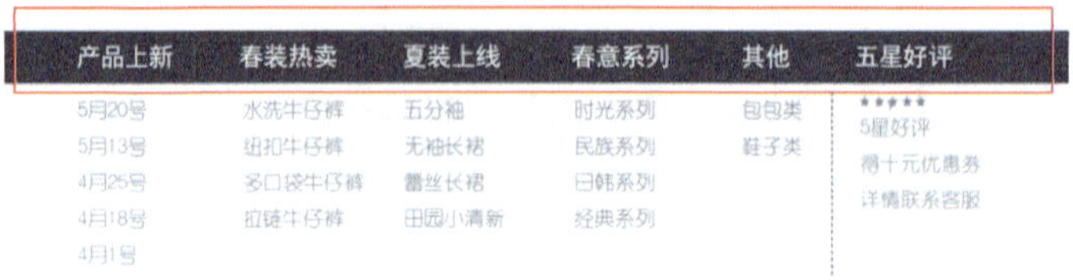

图4-110 主分类文字处理

步骤05 创建一个红色背景白色文字的HOT，显得更加醒目，如图4-111所示。

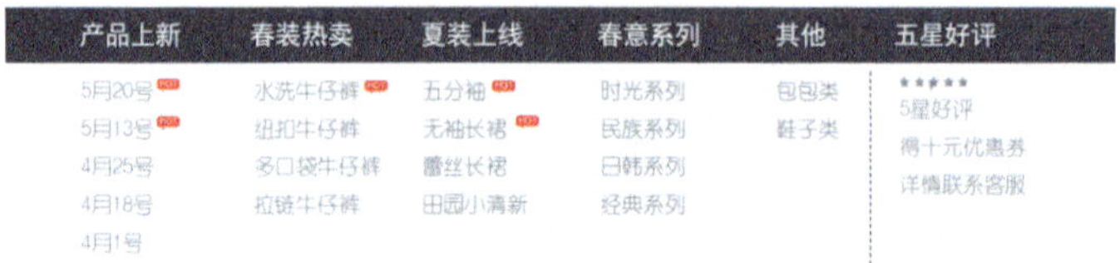

图4-111 创建醒目标识效果

步骤06 把重点突出的分类文字修改成红色，效果如图4-112所示。

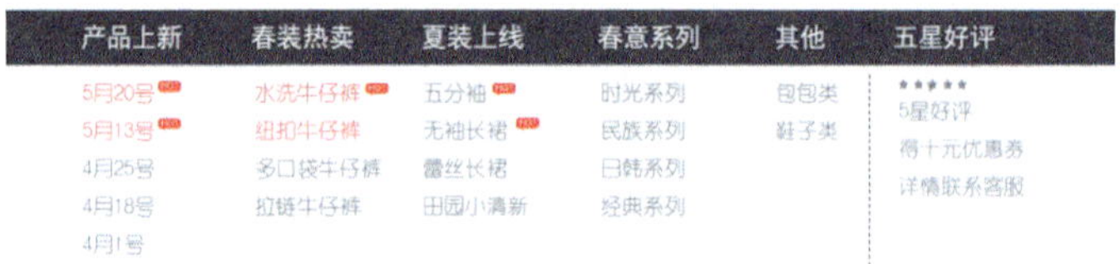

图4-112 修改文字颜色

步骤07 最终调整后的页中分类导航文字表格形式类效果如图4-113所示。

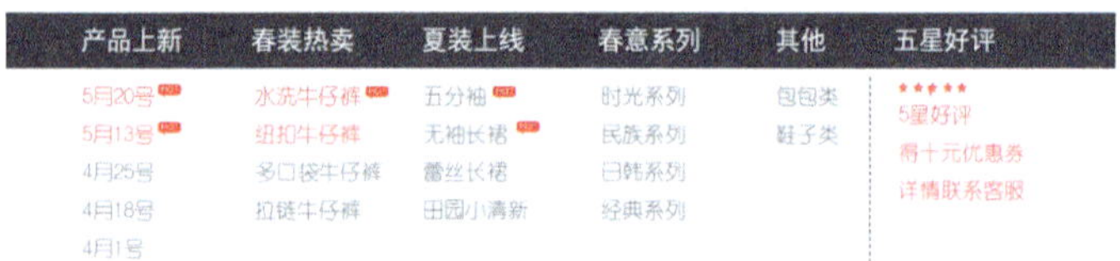

图4-113 页中分类导航设计最终效果

步骤08 设计好页中分类导航之后，就可以输出为图片格式，在Dreamweaver软件中给图片上的文字添加相应的地址热链接，然后生成代码，再到旺铺装修后台自定义模块中添加处理，如图4-114所示。

图4-114 页中分类导航应用到店铺中

4.4.4 左侧分类导航

视频文件 ┊ 视频>CH04>4.4.4左侧分类导航.mp4

左侧分类导航一般指的是所有分类导航中最详细的一个模块，它的内容和文字表格形式的页中分类导航是一致的，甚至比页中分类导航更详细。左侧分类导航一般会在店铺的左下角显示，而且基本在店内所有页面都可以显示，最常见的在宝贝详情描述中左侧，它的内容是由“宝贝分类”决定的。图4-115所示为某女装店铺系统自带左侧分类导航模块；图4-115所示为某运动装经过设计后的左侧分类导航样式。

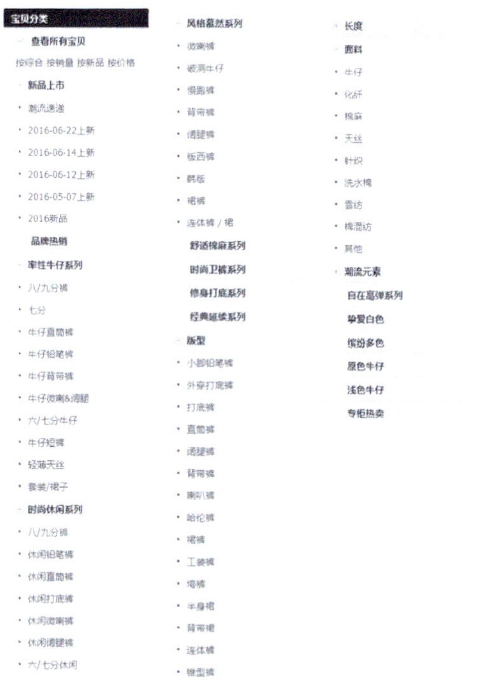

图4-115 系统自带左侧分类导航

图4-116 设计后的左侧分类导航

除此之外，还有一种左侧分类导航经常出现在商城首页中，左侧固定为一个高度，不会因为消费者下拉浏览网页而改变位置，如图4-117所示。

图4-117首页固定左侧分类导航

还有一种首页左侧分类导航属于网站类型，商城网站如淘宝、京东、苏宁、当当等。图4-118所示为某坚果店铺首页左侧首屏分类导航；图4-119所示为商城网站的首页左侧首屏分类导航。

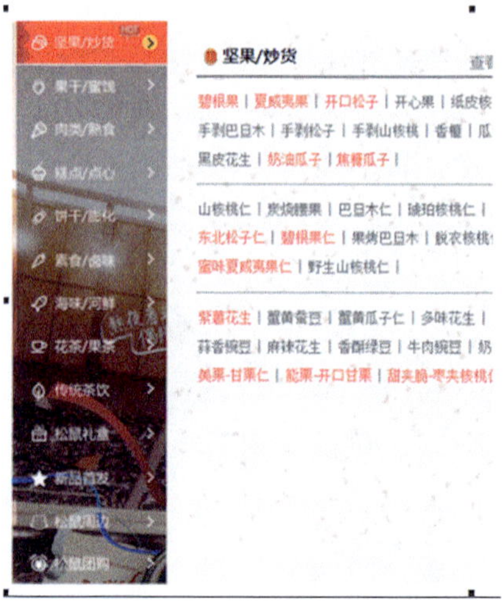

图4-118 坚果店铺首页

图4-119 商城网站

对于左侧分类导航的设计制作，在这里就不再进行讲解演示，可以根据自己的店铺在Photoshop中进行设计制作，输出图片之后，正确上传到店铺中，添加相应的链接即可。

4.4.5 页尾导航

页尾导航在店铺的最底端位置，最大的目的是拉回即将跳出店铺的顾客。例如，某一个顾客进入首页以后，从上到下浏览了一遍都没找到自己想要的东西，假设没有页尾导航形成访问闭环的话，客户很容易跳失。如果及时出现页尾导航，顾客很有可能再重新寻找一遍。图4-120所示为某男装页尾导航展示信息。

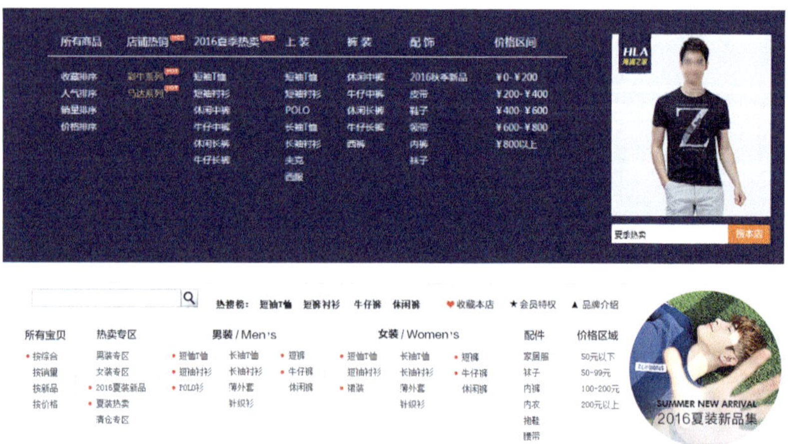

图4-120 男装页尾导航

页尾导航和店招导航一样，会放一些主推宝贝分类、热卖热销、商品搜藏，以及一些品牌信息内容等。页尾导航可以是图文并茂形式，也可以是文字表格形式。

4.4.6 课后习题

通过以上内容讲解，相信大家都能理解和掌握店铺首页常用的4种导航设计。

本节课程习题：

（1）制作店铺首页店招导航。

（2）制作店铺首页页中分类导航。

（3）制作店铺左侧导航。

（4）制作店铺页尾导航。

4.5 首页海报制作

位于店铺首页店招导航下方的位置称为首页海报，又称为“首焦轮播图”，通常设置成1920像素全屏尺寸展示。首页海报处于黄金位置，占有较大的面积，是顾客进入店铺首页中看到的最醒目区域，是第一视觉关注点。利用好首页海报轮播图，不仅可以加大店铺活动、产品的宣传力度，还可以提升店铺形象。首页海报一般会放促销广告图、新品宣传图等，可以用来进行品牌展示、新品展示、活动展示，同时还可以轮播形式循环播放。

首页海报占据首屏的四分之三，展示的是单品宣传信息内容，如图4-121所示。

图4-122展示的是活动促销信息内容。

图4-121 单品宣传信息内容

图4-122 活动促销信息内容

4.5.1 首页海报设计要点

一个店铺首页的海报设计好了，基本上就成功了一大半。如何设计一张好的海报，应该是所有设计师最头痛的问题。本节将从主题、风格、构图、配色、背景、商品、文案、修饰这8个方面逐一讲述首页海报设计的要点。

1. 主题

每一张海报的制作都需要有一个主题，要明白中心思想和主要内容是什么，目的是让消费者一眼就能知道核心表达什么内容，是优惠活动，还是宣传商品。只有主题选定好之后才能围绕这个方向确定海报的文案和信息等。

主题一般放在整个海报页面的第一视觉中心，而且主题文字的提炼要简洁、高效，一目了然，让消费者一眼就能知道所表达的信息。图4-123所示为促销性海报主题的表现；图4-124所示为节日类主题表现；图4-125所示为主推某一件商品主题。

图4-123 促销性海报主题

图4-124 节日类海报主题

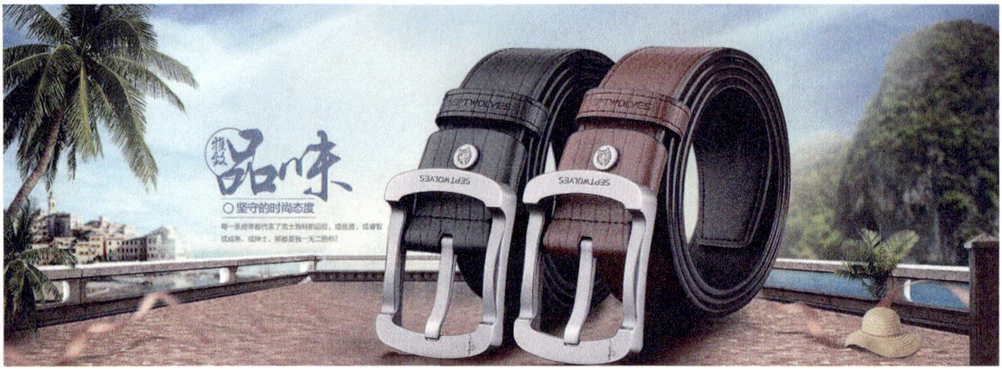

图4-125 商品类海报主题

2. 风格

风格是指具有独特于其他人的表现，如打扮、行事作风等行为和观念。在海报设计中，所谓的风格就是页面传递给人的某种感觉，如古典、可爱、小清新或者简约时尚。当我们搜索某一个商品时，系统会推荐其风格类型，如图4-126所示。可以根据所需要的风格，来寻找相应的商品。

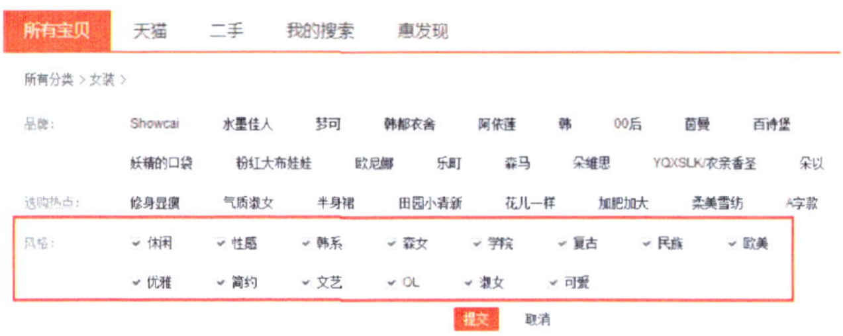

图4-126 风格类型

同时，海报的风格要和店铺出售的商品相吻合，也可以根据季节、活动、节日等因素来定。很多淘品牌从成立那天起，就有自己的风格路线。图4-127所示为某知名女装的海报，以文艺都市潮流为主；图4-128所示为某坚果类品牌的海报，以生动可爱漫画风格展示。

图4-127 文艺都市潮流

图4-128 生动可爱漫画

图4-129所示为小清新风格的海报表现，图4-130所示为古典风格的海报表现。

图4-129 小清新风格

图4-130 古典风格

3. 构图

我们知道，一个成功的摄影作品，首先是构图的成功。只有成功的构图才能使作品内容顺理成章，主次分明，主题突出，赏心悦目。而海报设计同样也要遵循构图的原理。一言以蔽之，海报设计的构图就是处理好背景、商品和文字之间的位置关系，使其整体和谐，突出主图。构图的方法多种多样，比较常见的有以下几种。

（1）左右式构图。这是比较常用经典的构图方式，一般是左图右文或左文右图两种模式，如图4-131所示。这类构图方式比较好用，不容易犯错，整体平衡沉稳。

图4-131 左右构图

（2）垂直水平式构图。平衡排列每一个商品，可以充分展示每一个商品效果，各个商品所占画面比重相同，秩序感强，如图4-132所示。

图4-132 垂直水平构图

（3）上下式构图。把文字放在上面，商品图片放在下面，如图4-133所示。上下构图也是比较常见的构图方法之一，排版时要注意主次。

图4-133 上下构图

（4）左右三分式构图。海报两侧为商品图，中间为文字，相比左右构图方法，层次感更强，如图4-134所示。需要注意的是，两边的商品图大小不能一样，一定要有主次之分。

图4-134 左右三分式构图

（5）斜切式构图。斜切式构图会让画面显得时尚、动感，画面更有张力，视觉冲击力强，如图4-135所示。斜切构图文案角度最好不要大于30°，不然不利于阅读。文字一般往右上方倾斜，呈现上升的感觉。

图4-135 斜切构图

（6）平衡式构图。给人以满足的感觉，画面结构完整，安排巧妙，对应平衡，如图4-136所示。

图4-136 平衡式构图

（7）居中式构图。居中式构图，毋庸置疑就是指商品或主题内容呈现在画面中间，如图4-137所示。

图4-137 居中构图

除了上面所讲的这些构图方式，还有三角形构图、渐次式构图、辐射式构图、框架式构图、对角线构图等，需要在日后的学习和工作中多总结，多运用。

4. 配色

配色是刚开始做美工时遇到的一个难题，关于配色的技巧有很多，常见的有对比色、临近色、冷暖色等多种方式。

新手最常用的一种配色方法就是在已有商品模特的情况下，推变出背景颜色和文案颜色，如图4-138所示。模特上衣是蓝白格子的颜色，那么就可以将背景色选定为蓝色。需要注意的是，背景一定要和产品区别开，其次是裤子的颜色推变出装饰的三角色块，而文字则选用了万能的白色。

图4-138 商品配色

最好的学习配色方法是从大自然中借鉴过来。图4-139所示为一张摄影图，通过后期颜色提取，可以确定它的配色情况。

图4-139 大自然中学习配色

还可以通过一张优秀的海报作品来分析它的配色，如图4-140所示。在Photoshop软件中，执行“滤镜>像素化>马赛克”菜单命令，通过调整单元格大小参数计算出配色情况。

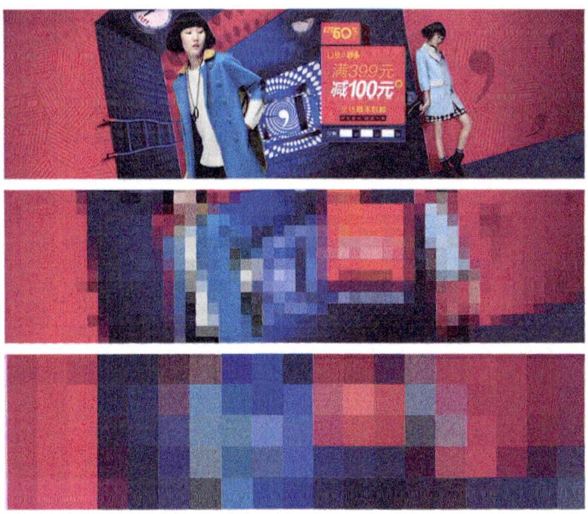

图4-140 分析海报配色参数

色彩搭配看似复杂，但并不神秘。图4-141所示为部分色彩搭配分类。

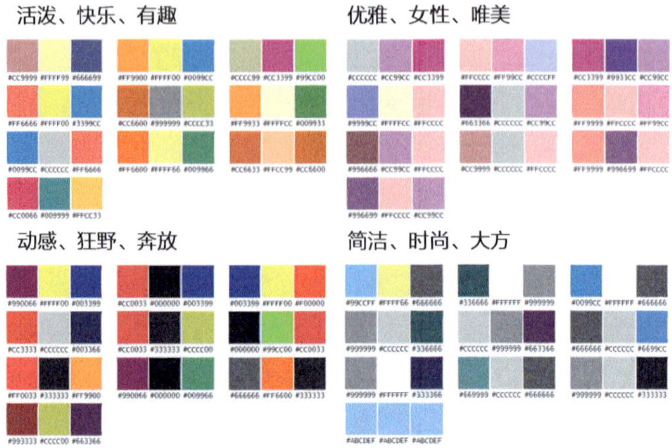

图4-141 色彩搭配分类

5. 背景

海报设计中背景指的是衬托主体事物，如产品、文案、促销信息等的景象。大致可分为纯色背景、渐变背景、场景背景、材质纹理背景和图形组合背景等。

纯色背景指的是以某种颜色或某个色系为背景，其主要特点是简约明快，能更好地突出主题，让消费者集中在模特或产品上，起到很好的烘托作用，如图4-142所示。

图4-142 纯色背景

渐变背景是指两种或多种颜色的渐变，最大特点是指向性和方向性。渐变背景能更好地引导消费者的视觉方向，使其集中在商品或文案上，起到烘托作用，如图4-143所示。

图4-143 渐变背景

场景背景是指以照片图像形式作为背景，可以将摄影图直接添加文案使用。同时，在电商海报中经常以合成类的场景背景出现，如图4-144所示。

图4-144 场景背景

材质纹理背景指以自然界真实存在的物质作为背景，如肌理、丝绸、金属、木材、岩石材质等，主要特点是真实，有代入感，烘托出主图的某一特质，如图4-145所示。

图4-145 材质背景

图形组合背景指通过点线面、三角形、多边形等基础形状衍生成的图形图案组成的背景，其主要特点是生动活动、运动感强，有张力，突出商品气质，如图4-146所示。

图4-146 图形组合背景

通过上述讲解，不难发现，背景的主要作用就是烘托主图，在做图的过程中，需要考虑什么样的背景才适合表达主题，要切记背景是为主题服务的。

6. 商品

商品在大多数情况下都是海报的主要构成部分，在商品的运用过程中也会遇到很多问题，例如，商品摆放角度、清晰度、画面占比、产品融合及商品抠图等问题。

在海报设计过程中，前期会提供不同角度的摄影图，在选择商品或者模特时，就要从不同角度入手。图4-147所示为两个不同角度的模特来展现商品效果。

图4-147 不同角度展现不同效果

合成海报往往要对商品进行抠图去背景处理，对于新手设计师而言，抠图最难的就是商品的边缘务必清晰、干净。抠图是一个耐心而细致工作的过程。另外一点就是关于商品的清晰度，不管商品图片放大或缩小都会造成失真，清晰度就会受到影响，这个时候可以通过智能对象或者锐化处理，尽量提高商品的清晰度。

7. 文案

文案指的是海报中出现的文本内容，目的是向消费者传递商品或促销引导信息，在一张海报中，往往会出现主文案和辅助文案，也就是主题和副主题的信息内容。设计师在设计海报过程中，处理文案信息字体的选择和排版构图是重点内容。如图4-148所示为节庆日为主的书法字体海报，配合辅助信息的黑体文字进行排版的活动海报。

图4-148 节庆书法字体海报排版

常用的字体有衬线体、非衬线体、书法体、圆体等。宋体字属于衬线体，它的特点是清秀、优美、稳健等，多用于与女性相关的产品、文化、艺术、生活等领域，如图4-149所示。

图4-149 宋体字运用

黑体字属于非衬线体，它的特点是方正、粗犷、朴素、简洁无装饰和粗细不等，字体形状醒目，在海报中主标题为了加强促销氛围，往往会选择黑体字，如图4-150所示。

图4-150 黑体字运用

除此之外，还有书法体，它的特点是挺拔、厚重、文化韵味浓厚、表现力强，霸气。而圆体字的特点是边角是圆的、细腻、圆润，常用于儿童、可爱、食品等。

文案的排版，一般常用的有左对齐、居中对齐、右对齐，以及矩形排版、倾斜排版、圆形排版、文字放前面或后面和不规则排版等。希望大家在日常工作中多总结和思考，方法是死的，但要活学活用才能学以致用。

8. 修饰

修饰指的是海报中出现的装饰或修饰的细节部分，通常用来营造画面的氛围。修饰的运用有实物修饰、图形图案修饰、光效修饰、拟人化修饰等。如图4-151所示，文字上的光效，飞速而来的球，背景中长条形和多边形图案，以及拟人化的气泡等，都达到了装饰烘托整个海报的作用。

图4-151 促销海报修饰内容

如图4-152所示，动感飞速的礼盒，模糊处理的儿童座椅，装饰的圆形图案，还有缠绕文字的丝带效果，这些装饰内容都烘托了618节日的氛围。

图4-152 活动海报修饰内容

修饰这些小元素可以起到很好的点缀画面的作用，可以拉开画面空间感，营造画面的热闹氛围，更加有意境等，通常能起到画龙点睛的作用，切不可忽视这一小部分。

4.5.2 首页海报制作流程

| 效果文件 | 效果>CH04>4.5.2效果图.jpg、4.5.2源文件.psd
| 素材文件 | 素材>CH04>4.5.2模特素材.jpg、4.5.2装饰素材.jpg、4.5.211.11素材.psd
| 视频文件 | 视频>CH04>4.5.2首页海报制作流程.mp4

通过上一节的讲解，我们知道了海报设计的思路和要点，本节将通过这些方法来制作一个旺铺的首焦1920像素的全屏海报，最终效果如图4-153所示。

图4-153 首页海报效果

步骤01 执行“文件>新建”菜单命令，创建一个宽度为1920像素、高度为540像素的全屏海报文件，设置参数如图4-154所示。

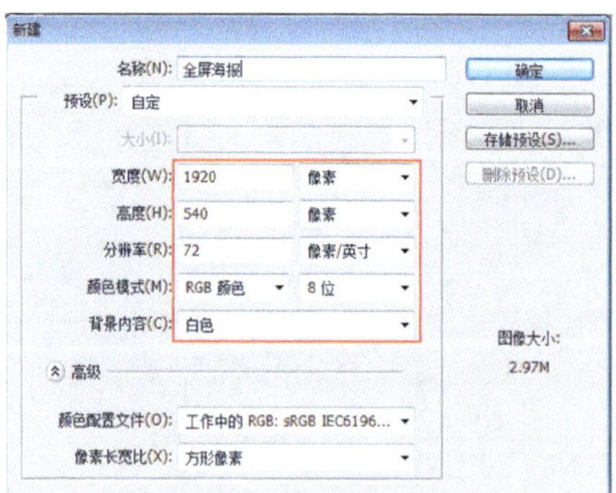

图4-154 全屏海报参数设置

步骤02 执行“视图>新建参考线”菜单命令，在弹出的对话中选择“垂直”单选按钮，设置“位置”为485像素，再次执行“视图＞新建参考线”命令，设置“位置”为1435像素，如图4-155

所示。新建两条参考线之后，中间的位置就是950像素，设计做图的过程中，把重要信息放到中间，两边的485像素可以是全屏内容背景的填充信息，比例划分如图4-156所示。

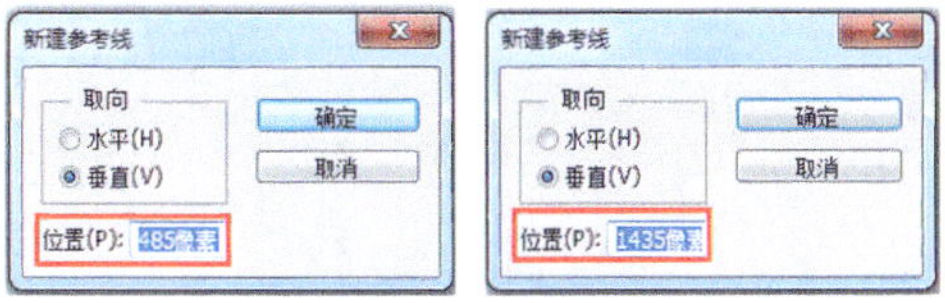

图4-155 新建垂直参考线

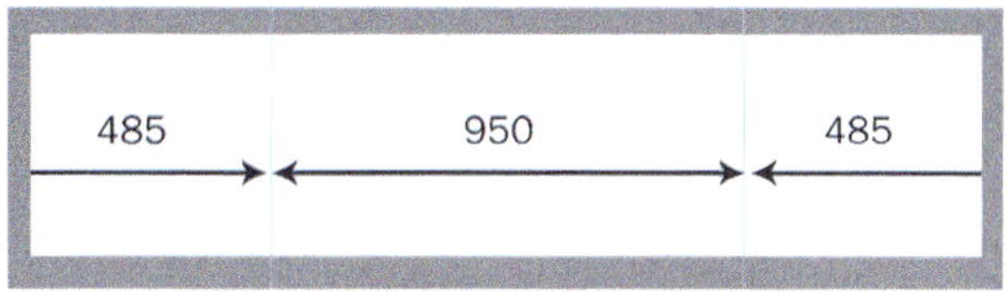

图4-156 全屏海报1920像素比例划分

步骤03 导入本节内容提供的模特素材，如图4-157所示。发现素材的宽度不够，接下来使用仿制图章工具，把左右空白区域进行扩展填充处理，效果如图4-158所示。背景的制作就是这样来完成的，整体过于太暗，使用色阶或曲线命令将图像整体调亮。

图4-157 导入提供素材

图4-158 素材背景扩展填充处理后效果

步骤04 在画布中间创建一个红色矩形，调整图层的不透明度为80%，显示效果如图4-159所示。整个海报的构图以水平居中为主。

图4-159 绘制矩形调整不透明度

步骤05 接下来开始创建文案内容，输入海报的主题“全球狂欢节”。使用粗黑体，颜色是百搭的白色，文字以居中对齐的方式进行排版，最终效果如图4-160所示。

图4-160 创建海报文案内容

步骤06 打开素材11.11，将其和“点击收藏”调整至合适的大小，放到左端位置，最终效果如图4-161所示。很多活动在正式开始之前，官方都会发布相应的统一图标，设计师只需要下载下来直接调整使用即可。

图4-161 导入活动官方图标

步骤07 开始创建底部的活动优惠券领取，使用矩形工具创建一个黄色矩形，具体高度可以根据自己的内容而定，最终效果如图4-162所示。

图4-162 创建优惠券矩形

步骤08 输入“双11专享券 仅限11.11当天有效”文字说明，如图4-163所示。文字进行大小排版对比，这样能突出活动节日信息。

图4-163 优惠券说明文案的排版

步骤 09 优惠券的创建方法在之前的内容中介绍过，这里就不再进行讲解了。制作出一个优惠券后，只需要修改文字信息就可以复制出多个，最终效果如图4-164所示。

图4-164 优惠券的创建

步骤 10 接下来开始对画面进行装饰处理，导入本节提供的素材，如图4-165所示。按Ctrl+T快捷键执行自由变换命令调整素材的大小，覆盖整个背景，如图4-166所示。接下来对素材添加一个图层蒙版，在中间进行屏蔽处理，使人物整体透露出来，如图4-167所示。

图4-165 导入提供的素材

图4-166 素材调整背景大小

图4-167 素材处理后效果

步骤 11 将装饰素材图层的“透明度”修改为80%，把文字信息都显示出来，效果如图4-168所示。同时，也可以手动绘制一些飞速的线条来烘托节日氛围，类似的也可以下载相应的矢量素材直接运用，如图4-169所示。

图4-168 调整图层透明度

图4-169 添加装饰后整体效果

4.5.3 首页海报上传装修

把首页海报设计制作完成之后，输出成相应的图片格式，就可以通过淘宝装修后台进行上传装修了。

步骤 01 通过淘宝首页登录卖家中心，进入旺铺装修后台。在模块中选择1920智能版，基础模块中出现“全屏宽图”和“全屏轮播”两个模块，如图4-170所示。其中“全屏宽图”模块只能上传一张图片，可以通过海报信息引导用户单击图片跳转到指定的链接，而“全屏轮播”模块可以通过展示最多5张图片的方式引导用户单击图片跳转到指定的链接，添加“全屏宽图”模块。

步骤 02 选择基础模块中的“全屏宽图”模块，将其拖动到“电脑页面装修”页面中，在示例中单击右上角的“编辑”按钮，弹出“全屏宽图”对话框，如图4-171所示。全屏海报尺寸要求高不大于540像素，链接地址可以指向店铺内某链接。

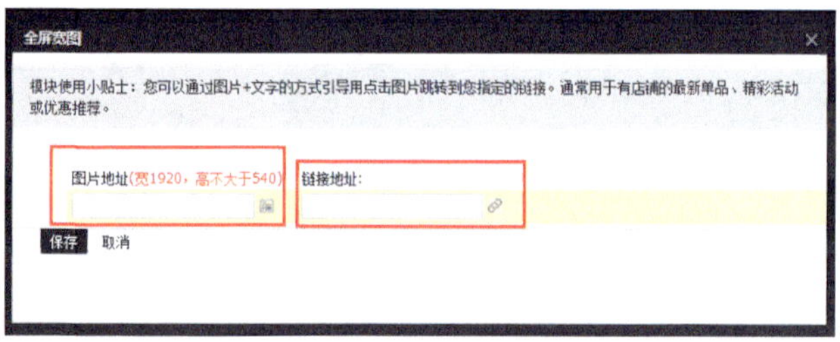

图4-170 淘宝旺铺1920智能版模块添加全屏宽图　　图4-171 “全屏宽图”对话框

步骤 03 上传图片成功之后，会弹出“图片剪裁”对话框，如图4-172所示。重新裁剪的目的是考虑到卖家端不同的屏幕尺寸，尽量将核心内容放在图片居中的区间内。

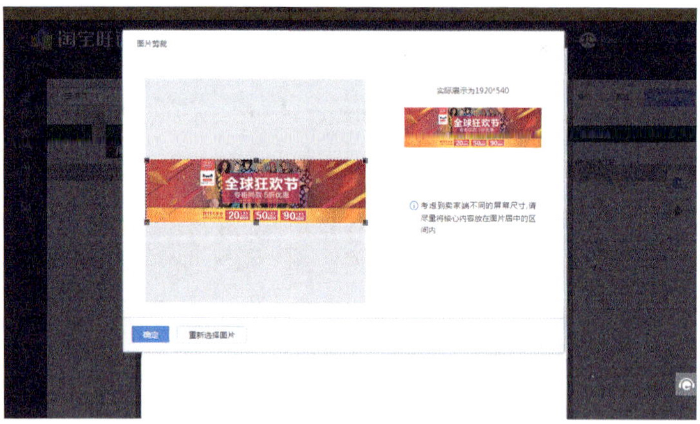

图4-172 “图片剪裁”对话框

步骤 04 裁剪好图片之后，添加相应链接，单击“保存”按钮即可，最终效果如图4-173所示。

图4-173 最终显示效果

步骤 05 当有多种图的时候，首屏海报就可以设置成“全屏轮播”模块。有多张图的情况下，可以把设计完成的海报通过淘宝图片空间上传进来，如图4-174所示。

图4-174 上传淘宝图片空间

步骤 06 在基础模块中选中“全屏轮播”模块。单击“编辑”之后，在“全屏轮播”对话框中添加图片，然后把链接也添加上来，还可以上下移动和删除，如图4-175所示。

图4-175 “全屏轮播”对话框

步骤 07 单击“保存”按钮之后，就可以进行效果预览或者发布站点了，最终效果如图4-176所示。值得注意的是，中间最底部会有3个小圆点，含义是有3张轮播图展示。

图4-176 全屏轮播最终展示效果

4.5.4 课后习题

通过以上内容讲解，相信大家都能理解和掌握首页海报设计的方法和技巧。

本节课程习题：

（1）制作以“年终大促”为主题的促销海报。

（2）将制作好的海报正确上传到店铺首页中。

4.6 宝贝陈列展示区设计

商品陈列是一门大学问，近年来陈列师也成了大家关注的热门职业，有陈列设计师、百货陈列设计师、橱窗陈列设计师等。陈列师的工作目的是利用艺术的、文化的甚至另类的手段引起顾客对商品的兴趣，满足消费者体验产品内涵和服务品质的需求，从而最大限度地开发出产商品潜在的附加值，达到商业的目的。图4-177所示为实体店铺对商品的陈列展示。合理的商品陈列可以起到展示商品、提升品牌形象、营造品牌氛围、提高品牌销售的作用。

图4-177 实体店铺商品陈列

对于线上的电商来说，商品陈列设计同样重要，它会直接影响产品的销量。本节详细讲解店铺首页商品陈列展示的设计和制作。

4.6.1 陈列展示区的重要性

淘宝店铺宝贝陈列的目的是让顾客做出决策，让店铺宝贝超越自身的价值，卖出好的价位，第一时间争夺顾客的眼球。

淘宝店铺宝贝的陈列是有一定标准的，如果有30个单品，不假思索地陈列展示给顾客和精心策划后摆放陈列在店铺中展示给顾客的效果是完全不一样的。宝贝陈列展示区是首页的重要模块，甚至可以说整个店铺首页就是由商品陈列展示构成的。在陈列展示中，可以通过以下几种方法有规划性地呈现在首页。

（1）整齐统一

如图4-178所示，把商品进行整齐地一排一排陈列展示，使商品显得丰富、整洁、美观，很容易让消费者找到自己喜欢的款式或颜色，引导消费进一步对商品进行了解。这是最常用的首页商品陈列展示方法之一。

图4-178 整齐统一陈列展示方法

（2）重点突出

如图4-179所示，其中左侧模特商品占据了整个画面的二分之一，那么就形成了商品主次分明、突出重点的效果。其目的就是使主推产品能够很好地展示，提升单品的转化率。这种陈列展示的方法往往也会用到促销活动的陈列展示中。

图4-179 重点突出陈列展示方法

（3）搭配关联

在一个区域内把商品和商品之间有明显搭配关联的商品陈列展示在一起。如图4-180所示，冲锋衣搭配裤子和鞋子一起显示。关联式的陈列在很多单品中都会出现，如科技产品、小家电等，买手机联想到耳机、贴膜、保护套、支架等。

图4-180 搭配关联陈列展示方法

（4）图文对应

如图4-181所示，在商品陈列展示中，可以进行产品+文案的展示方法，全方位地展示一个单品，更能提升单品的转化率。在店铺首页中，如果出售商品较少，可以用图文对应的陈列方法，如果商品较多，则最好少用，不然会操作首页屏幕数过长，也会造成顾客浏览商品速度下降。

图4-181 图文对应陈列展示方法

（5）不规则表格式

图4-182所示为表格不规则陈列展示的方法。每一个商品的展示四周以圆角形式，显得随意自然、简洁大方，更有品位。不规则表格式的陈列展示，在设计排版的时候，也是严格遵循黄金比例进行排版设计制作的。不规则和毫无章法、胡乱摆放是不一个概念，这一点要明白。

图4-182 不规则表格陈列展示方法

关于店铺首页商品陈列展示的方法多种多样，但是有几点需要记住：让新顾客轻松找到你的产品；在合适的位置推出主打产品；陈列的图片规格既要节省空间又要清晰展示产品特征等。希望大家在学习和工作中善于总结，多发现。

4.6.2 宝贝推荐模板设置

视频文件 视频>CH04>4.6.2宝贝推荐模板设置.mp4

淘宝默认宝贝陈列方式为一行多列的常规展示，一般新手美工对图片处理的能力不是很强，为了能让商品分类进行展示，我们会选择淘宝旺铺自带的模块——宝贝推荐。它的优点是能让商品分类进行展示，它的缺点是不能让商品个性化展示，只能默认抓取宝贝主图。所以，在使用这个模块的时候，注意统一主图。下面将详细讲解宝贝推荐模块的设置方法和使用技巧。

步骤01 通过淘宝首页进入“卖家中心”，在左侧“店铺管理”中选择“店铺装修”进入淘宝旺铺装修后台，在基础模块中选择“宝贝推荐”模块，将其拖动到右侧“页面编辑”中，效果如图4-183所示。

图4-183 宝贝推荐模块添加

步骤02 在页面编辑中选择“宝贝推荐”模块，在最右侧单击“编辑”按钮，就可以对推荐宝贝进行编辑了，如图4-184所示。

图4-184 宝贝推荐模块选择编辑按钮

步骤03 宝贝自动推荐主要是针对想推荐某一个分类下宝贝的卖家需求。在“自动推荐”中，“自动推荐顺序”可以按照人数指数、热卖宝贝在前、热门收藏在前、最新发布在前等几种模式。在“宝贝分类”中可以选择所有分类或者任意选择店铺创建的某一个分类，也可以使用关键词、价格范围的筛选方法。在推荐宝贝数量上，最多可以设置28个，具体设置参数如图4-185所示。设置好之后，单击“保存”按钮即可。

图4-185 宝贝设置自动推荐设置

步骤 04 除了自动推荐之外，还可以选择“手工推荐”，可以根据分类、关键词、价格进行宝贝筛选，也可以在每个宝贝最右边单击“推荐”按钮，手工逐一添加推荐宝贝，具体设置参数如图4-186所示。设置好之后，单击“保存”按钮即可。

步骤 05 在设置好淘宝推荐之后，就可以进行电脑端显示设置了，可以对标题是否显示进行设置，如图4-187所示。同时，提供了4种宝贝展示方式，一行展示3个宝贝、一行展示4个宝贝、一行展示5个宝贝、一行展示7个宝贝。在其他设置显示中还可以选择折扣价、最近30天销售数据和累计评价数及评论等。

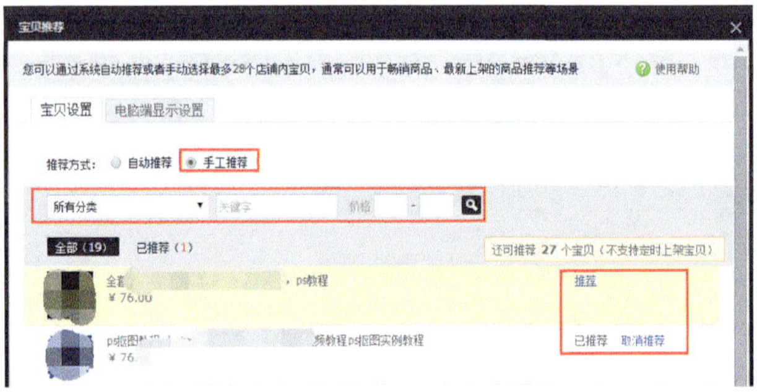

图4-186 宝贝设置手工推荐设置

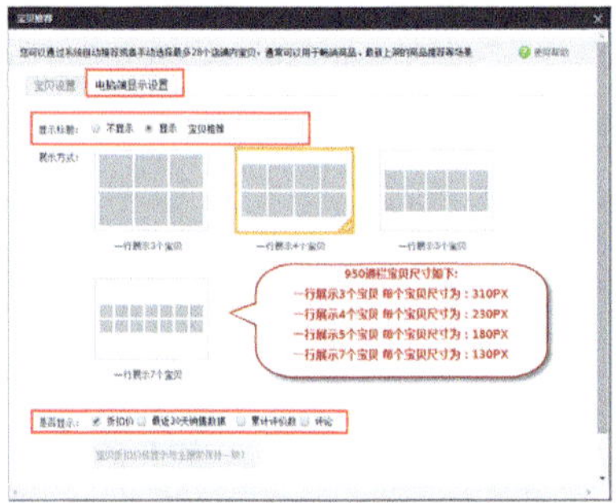

图4-187 宝贝推荐电脑端显示设置

步骤 06 设置好一行展示几个宝贝之后，效果如图4-188所示。左边是一行展示3个宝贝，右边是一行展示4个宝贝，其他展示方法也是一样的。

图4-188 一行展示宝贝陈列效果

4.6.3 自定义陈列区制作

效果文件	效果>CH04>4.6.3效果图.jpg、4.6.3源文件.psd
素材文件	素材>CH04>4.6.3素材图1.jpg~4.6.3素材图21.jpg
视频文件	视频>CH04>4.6.3自定义陈列区制作.mp4

本节讲解关于自定义陈列区的设计制作，因为“宝贝推荐”模块简单、方便、好用，但是满足不了个性化的店铺需求，显得过于呆板。而通过Photoshop软件可以设计漂亮的、自由的陈列区，制作好之后，只需要上传装修到店铺首页即可。图4-189所示为自定义陈列区的制作效果。

图4-189 自定义陈列区制作最终效果图

步骤 01 在制作自定义陈列区设计时，首先在Photoshop软件中新建一个文件，宽度为1920像素，高度暂设置为3000像素（在美工设计中，大多数情况下，高度可以根据产品的多少而定，如果高度不尺寸不够用，可以通过“图像>画布大小”菜单命令重新修改画布大小），创建参考线视图950像素居中的参考，目的是在设计的时候，主产品一定要在中间区域内，效果如图4-190所示。

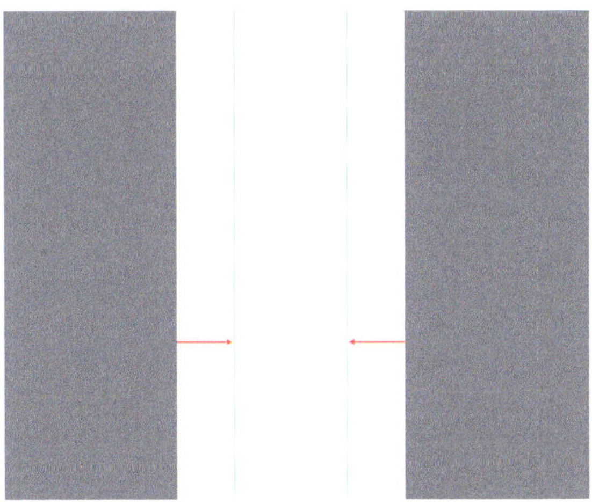

图4-190 新建1920像素全屏文件

步骤 02 把素材图拖曳到文件中来，放到最顶部位置作为背景，效果如图4-191所示。

步骤 03 使用“矩形工具”在左侧绘制3个矩形，然后调整颜色和位置大小，对图层的透明度也进行调整，最终形成半透明效果的一个背景，如图4-192所示。这样就可以在矩形上创建文字。

图4-191 顶部背景制作效果

图4-192 矩形创建文字背景

步骤 04 把文字创建进来，在对文字进行排版的时候，记得大小与粗细对比，突出主题，如图4-193所示。

图4-193 创建文字内容

步骤 05 创建好顶部的背景海报之后，就可以创建陈列展示产品的框架了。如图4-194所示，第一行展示的是3个宝贝，第二行展示的是4个宝贝，都以矩形框架的形式进行展示，然后再添加商品和文案描述，这样就可以做到统一设置、统一布局的展示效果。值得注意的是，为了与背景拉开距离，做了一个投影效果，它的制作方式是先填充黑色，再使用“高斯模糊”命令，然后使用“图层蒙版”做一个黑白渐变效果，最后让矩形遮盖住即可。

步骤 06 把模特产品图拖曳到文件中来，放在第一行第一个宝贝矩形框架上面，然后执行“图层>创建剪贴蒙版”菜单命令，也可以直接使用Alt+Ctrl+G快捷键创建剪贴图层蒙版，在图层面板上查看效果，最终效果如图4-195所示。

图4-194 陈列展示产品框架的制作

图4-195 创建剪贴图层蒙版效果

步骤 07 把商品的文案内容也创建进来，对商品名称和商品价格排版的时候，要注意主次关系，最终第一个产品的陈列效果制作完毕，如图4-196所示。制作好第一个宝贝陈列展示之后，就可以直接复制出多个同样的效果，创建出其他剩余的产品。

步骤 08 用与上述同样的方法，将第一行的其他两个陈列展示宝贝制作出来，最终效果如图4-197所示。

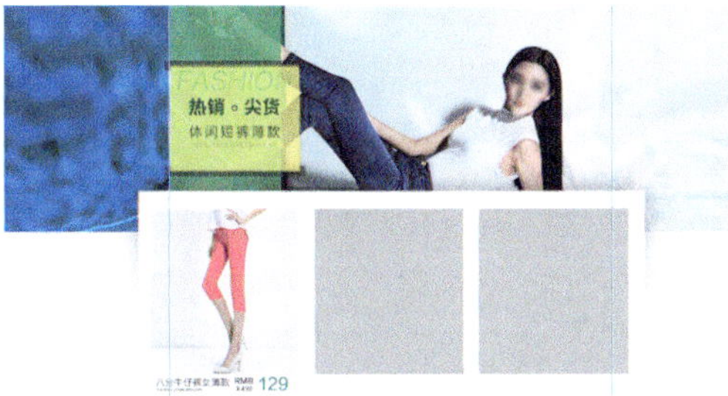

图4-196 创建完成第一个陈列展示效果

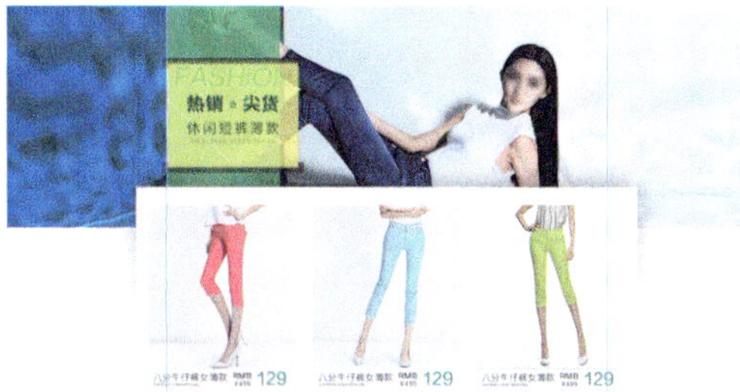

图4-197 创建完成第一行3个宝贝陈列展示效果

步骤09 把第一行陈列展示的商品制作完毕后，就可以对第二行的4个宝贝陈列展示进行制作了，制作的方法与第一行宝贝制作的方法是一样的，最终陈列展示效果如图4-198所示。

步骤10 通常情况下，首页陈列展示的商品都是按类目或产品属性划分的，如第一部分陈列展示为“热销尖货”，第二部分陈列展示为“每周上新推荐”，完成第一部分制作后，就可以创建第二部分（如果首页有多个部分产品陈列展示，用同样的方法制作即可），第二部分顶部海报和文案如图4-199所示。

图4-198 最终陈列展示效果

图4-199 第二部分陈列展示头部海报制作效果

步骤11 添加上产品之后，最终制作效果如图4-200所示。在制作的过程中，这里直接将上半部分的产品复制到下半部分了。在实际工作中，设计师把制作好的商品图上传到店铺中时，要保证每一个商品信息描述无误，商品图指向链接正确。个人工作细节方面要注意Photoshop软件的图层分组运用，养成一个分组管理，图层结构清晰的好习惯。

当首页陈列展示商品图制作好之后，就可以将其切图上传到店铺中了，上传的方法与上传首页轮播海报图的方法是一样的，在这里就不进行讲解了，如果还是不太明白，可以看上一章的操作方法。

图4-200 最终陈列展示效果

4.6.4 课后习题

通过以上内容讲解，相信大家都能理解和掌握首页陈列的区的设计和制作。

本节课程习题：

（1）根据自己所经营的店铺商品，制作商品陈列展示内容。

（2）将制作好的商品陈列图安装到店铺首页中。

4.7 店铺页尾设计

整个首页的设计制作，从最顶部的店招到导航信息，然后是促销海报，中间就是各种属性的宝贝陈列展示内容，当陈列展示结束之后，就到了首页的最底部，也就是店铺页尾。

页尾是店铺的最后一屏，它的设计制作灵活性很大，但是如果没有页尾信息，整个首页就会显得不完整。图4-201所示为店铺首页最后一屏信息——页尾内容的展示。

图4-201 页尾信息展示

4.7.1 页尾的重要性

页尾的主要作用是形成首页访问闭环，加强用户印象，提升首页分流导向。很多卖家往往会忽视页尾的重要性，试想一下，消费者很耐心地从店铺首页上方一直浏览到最后一屏陈列的商品，如果还没有发现自己想要的宝贝，基本上就会选择离开该页面。

如果在页尾放一些导航信息、搜索框、品牌相、质量保证、客服、返回首页、收藏等信息，是否能拉回即将跳出店铺的顾客？页尾的这部分设计是非常灵活的。图4-202所示为最为简单的一种店尾展示信息，只有回到顶部和部分声明信息。

图4-203所示为带有导航信息内容的店尾设计。

图4-202 简单的店尾展示

图4-203 带有导航信息的店尾展示

图4-204所示为另外一种带有导航信息的店尾设计展示方法。

图4-204 带有导航信息另一种店尾展示

4.7.2 页尾的制作

效果文件 | 效果>CH04>4.7.2效果图.jpg、4.7.2源文件.psd

素材文件 | 素材>CH04>4.7.2模特素材.jpg、花朵素材.psd

视频文件 | 视频>CH04>4.7.2页尾的制作.mp4

本节通过实例的方式来完整制作出一个页尾，最终效果如图4-205所示。

图4-205 尾页最终效果

步骤01 新建一个1920像素×490像素的文件，再创建所需要的参考线，如图4-206所示。

图4-206 新建文件参考线

步骤02 把所需要的导航文字信息创建进来，如图4-207所示。

步骤03 把店铺Logo展示信息创建进来，同时添加“关注我们”按钮，如图4-208所示。

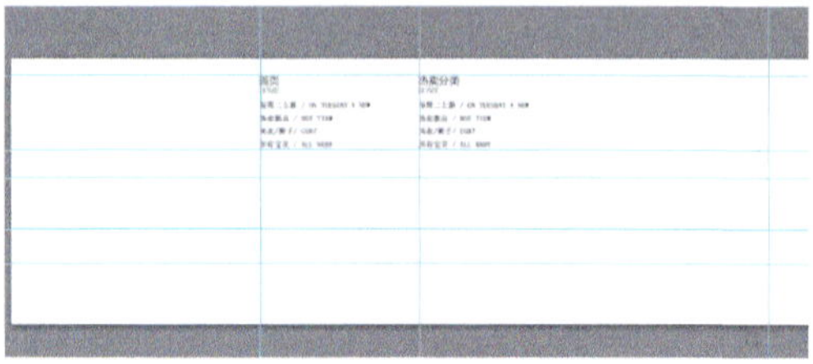

图4-207 创建导航文字信息

图4-208 创建店铺Logo信息

步骤04 把手机淘宝二维码也放进来，也可以放上其他信息的二维码，添加文字引导信息，如图4-209所示。

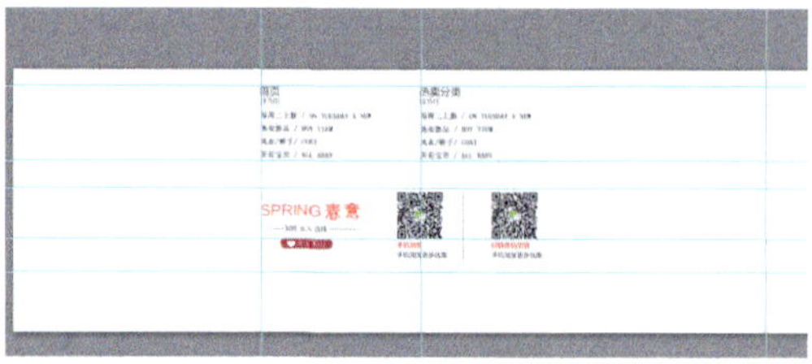

图4-209 创建二维码信息

步骤05 创建底部信息，包括官方正品、七天无理由退货、收藏本店、返回首页等信息。为了美观，可以绘制出每个信息的象征图标，效果如图4-210所示。

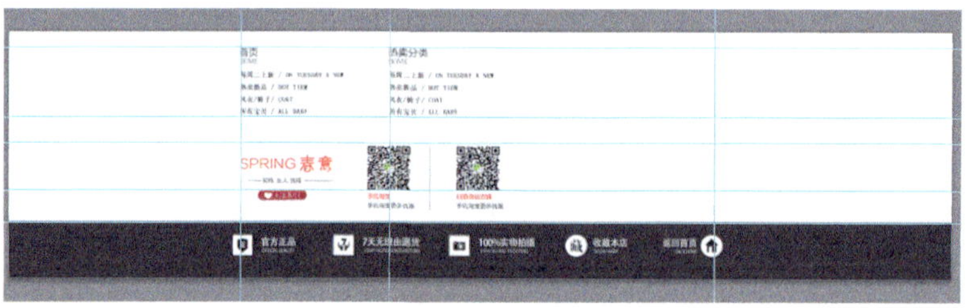

图4-210 创建底部信息

步骤06 使用“钢笔工具”进行抠图，把图模特素材放上来，调整至合适位置，如图4-211所示。

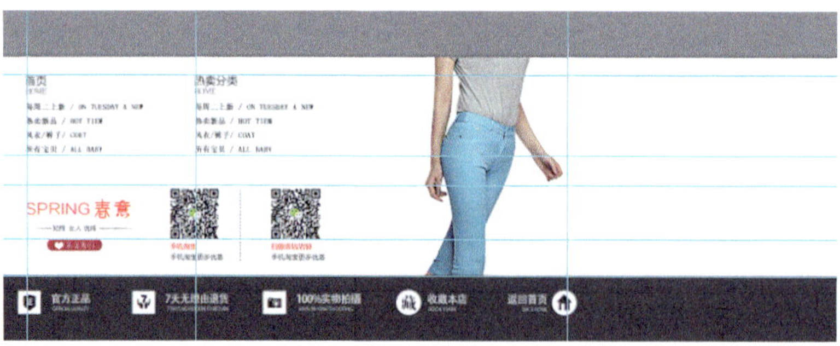

图4-211 把模特信息创建进来

步骤07 只有模特展示的话，会显得比较单调，可以添加一些花朵素材，烘托页面的氛围，如图4-212所示。

图4-212 添加花瓣烘托氛围

步骤08 最终调整效果如图4-213所示。

图4-213 最终效果

把店尾设计好之后，就可以装修上传到店铺首页了，只需要把相应的链接安装指向正确即可，方法步骤与前面所讲的一样，这里不再赘述。

4.7.3 课后习题

通过以上内容讲解，相信大家都能理解和掌握店尾的设计和制作。

本节课程习题：

（1）制作自己店铺的店尾信息。

（2）正确上传到店铺首页。

4.8 其他常用设置

除了上述章节所讲的内容之外，店铺首页装修中还有一些其他小的细节，如店铺搜藏设置、页面背景设置等。本节对其他常用的设置进行逐一讲解。

4.8.1 客服中心

视频文件 | 视频>CH04>4.8.1客服中心.mp4

可以利用客服中心设置工作时间、售前售后旺旺分组及子账号等信息。

步骤01 通过淘宝首页进入卖家中心，在店铺装修中选择基础模块中的客服中心，直接拖曳到装修页面，如图4-214所示。

步骤02 单击“编辑”按钮，在弹出的“客服中心”对话框中有内容设置和显示设置参数命令，如图4-215所示。设置工作时间、在线咨询及联系方式。

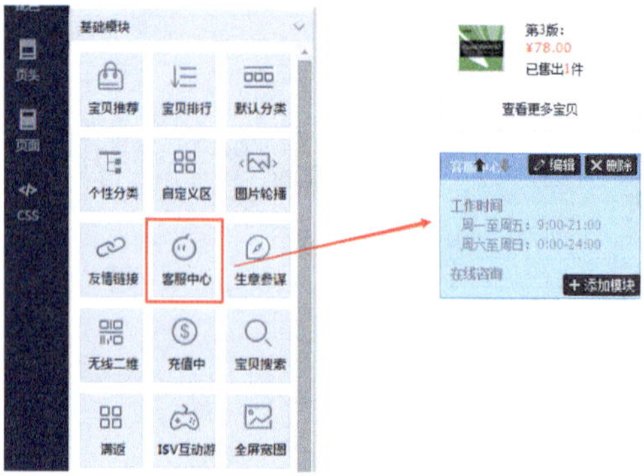

图4-214 客服中心模块添加

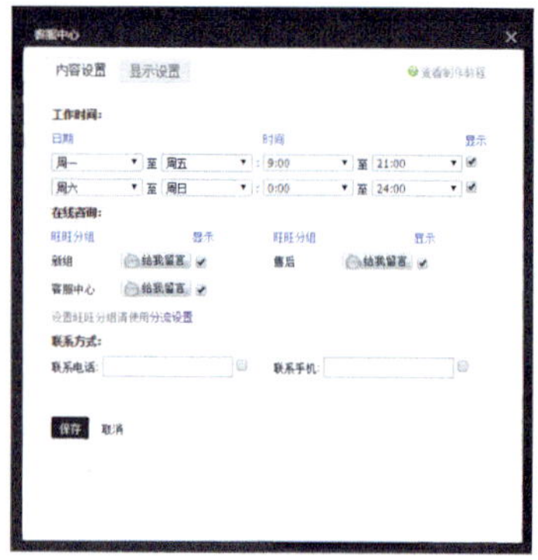

图4-215 客服中心编辑对话框

步骤03 在显示设置中，可以修改模块标题，如图4-216所示。

步骤04 在子账号中可以设置添加新的旺旺账号，如员工管理、部门结构、新建员工，如图4-217所示。

图4-216 修图模块标题

图4-217 子账号设置新建员工

步骤05 创建一个新的子账号之后，就可以在“在线咨询”中显示出来，如图4-218所示。VIP咨询就是通过“步骤3”的方法创建的。

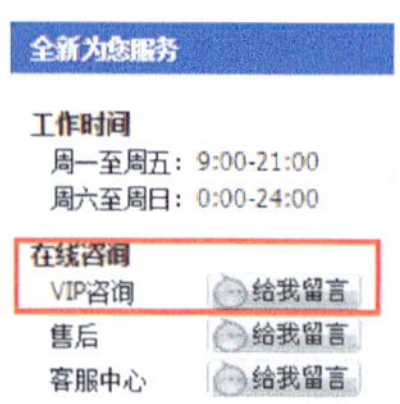

图4-218 创建一个新的客服

4.8.2 店铺公告

在之前的淘宝旺铺基础模块中有一个公告模块，后来随着不断升级，一些久的内容就被摒弃了。

在首页展示中，店铺公告一般有以下两种。

第一种：每年过节，关于物流停运的公告，如图4-219所示。

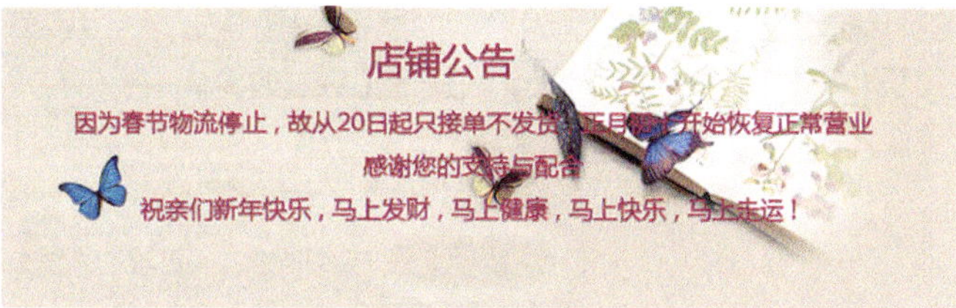

图4-219 物流停运公告

第二种：店铺打假类的公告，图4-220所示为某店铺首页店招下面的打假行骗公告。

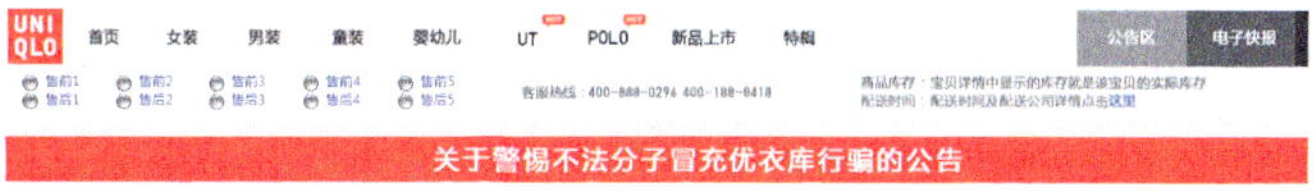

图4-220 店铺打假公告

公告除了出现在首页中，还会出现在宝贝详情页中，目的是声明一些信息，如关于商品拍摄、关于色差和关于发货包邮问题等，常见的公告都是涉及商品的信息等。

4.8.3 收藏区设置

关于收藏，有店铺收藏和宝贝收藏。收藏是卖家比较关注的一个模块，因为它是影响店铺权重的因素之一。所以，把收藏做得醒目和漂亮是很有必要的。首页中比较常见的收藏一般在店招上、左侧栏、店尾等地方，具体尺寸和大小不固定，根据需要设计即可。如图4-221所示，第一排是店招上的收藏按钮，第二排是直接在菜单栏出现的收藏店铺，第三排是店铺页尾上的收藏和分享按钮。

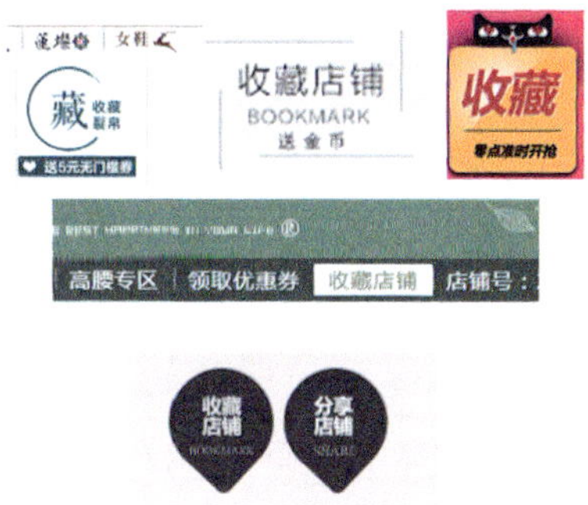

图4-221 首页收藏按钮的展示

制作好收藏按钮后，该如何安装到店铺首页中呢？

步骤 01 在图片上添加链接时，首先要找到相应的代码信息。收藏链接的代码在店铺首页的右上角，如图4-222所示。

图4-222 “收藏店铺”按钮

步骤02 单击“收藏店铺”按钮后，单击鼠标右键，这时会出现一个“复制链接地址”命令，如图4-223所示。

步骤03 把制作好的收藏按钮设计图上传到图片空间，然后复制图片地址代码。在旺铺后台页面装修中添加一个自定义模块，然后粘贴图片地址，链接地址就是收藏店铺的链接地址，如图4-224所示。最后单击“确定”按钮即可。

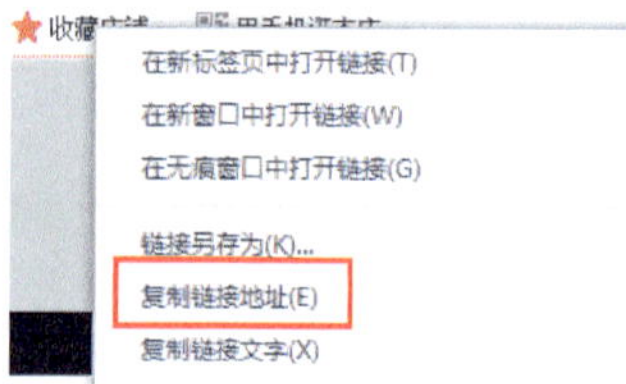

图4-223 “复制链接地址”命令

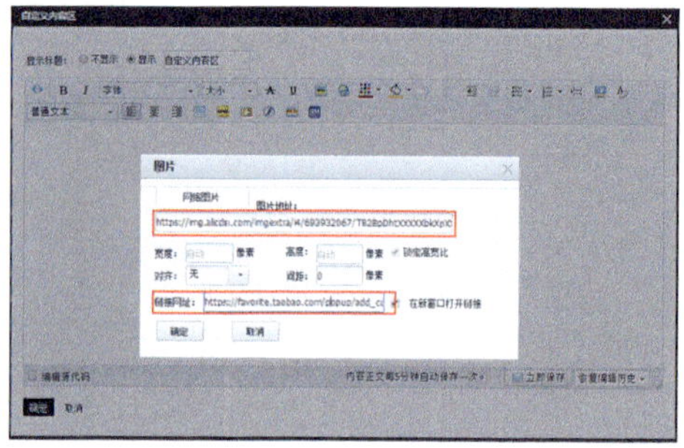

图4-224 添加搜藏链接

值得注意的是，如果是在店招上面设计的收藏按钮，后期可以通过Dreamweaver软件对其添加链接代码，方法和之前讲解的都是一样的，这里不再赘述。

4.8.4 首页背景设置

视频文件 ┊ 视频>CH04>4.8.4首页背景设置.mp4

在淘宝旺铺页面装修后台中，除了之前讲的页头背景装修之外，还有页面背景装修，本节将详细讲解具体如何装修首页背景。

步骤01 通过淘宝首页进入卖家中心，在店铺装修中选中左侧菜单中的“页面”选项，如图4-225所示。

步骤02 可以通过页面背景色对首页背景设置单一的颜色填充，如图4-226所示。

步骤03 除了填充简单的颜色之外，还可以载入一张背景图，页面背景图可以选择背景显示平铺方式，还可以锁定背景图，这里提供了3种对齐方式，如图4-227所示。

图4-225 页面背景设置

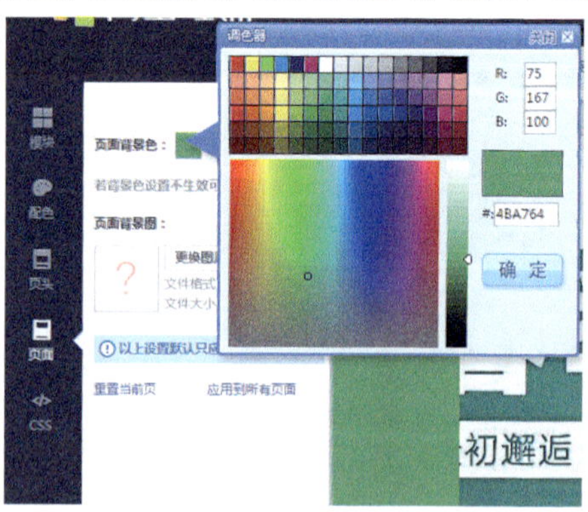

图4-226 页面背景颜色的选择

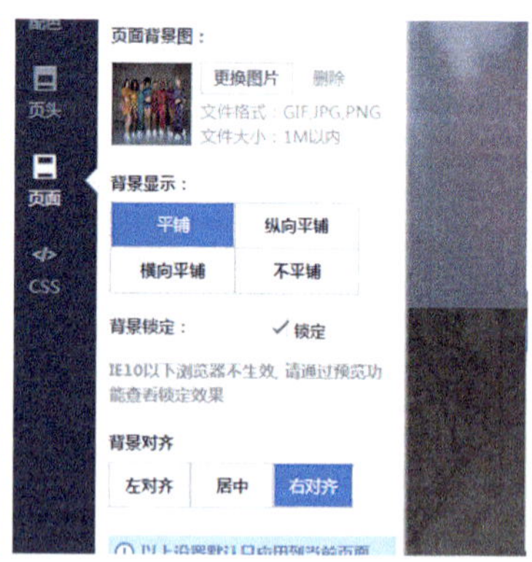

图4-227 页面背景图

通过设置页面背景色和页面背景图这两种模式后，就可以对店铺首页的背景进行风格设计了。现在比较流行的是使用页面背景图，具体可以根据自己店铺的定位选择适合自己店铺风格的样式。

第 5 章

常用活动图设计与制作

网上开店，除了店铺装修和宝贝上架之外，还要考虑另外一个因素，就是如何让更多的人看到我们的商品。一百个人看到你的店铺和一万个人看到你的店铺，销售量肯定是有差别的，那么，这时就要进行活动推广。淘宝推广有多种多样的方式，如直通车、钻石展位、麻吉宝、淘宝客、聚划算、天天特价等。这些活动推广往往需要设计推广图。本节就来详细讲解常见的几种活动推广图设计。

5.1 直通车图设计

本节详细讲解关于直通车活动图的设计和制作。在淘宝付费推广中，直通车推广是最常用的一种推广，直通车创意海报图设计的好坏，直接决定着商品点击率的高低。

5.1.1 了解淘宝直通车

视频文件 ｜ 视频>CH05>5.1.1了解淘宝直通车.mp4

直通车是一款推广商品、店铺的营销工具。通过对买家搜索的关键词或是淘内、淘外的展现位置出价，从而将宝贝展现在高流量的直通车展位上。可自行选择在哪些买家眼前展现，让宝贝在众多商品中脱颖而出找到它的买家。所以，制作一个吸引买家的主图是非常重要的。

在电脑端，直通车的展示位置在淘宝搜索页面。目前右侧有14个（3个店铺推广位），下方有5个位置，一共19个直通车推广展示位，图5-1所示为搜索“女装”直通车展示的推广位。

图5-1 电脑端直通车展示位

手机端的直通车投放和搜索是展现在一起的，打开手机淘宝，当搜索某一个商品时，第一个位置就是直通车推广展示的商品广告。另外，除了第一个展示位置外，每间隔5个商品或10个商品后就会再次出现一个直通车图，还有的是间隔6个商品或间隔11个商品后就出现一个直通车图。无论如何，在宝贝的左上角有一个橙色的HOT标志的产品，以及标题描述下方带有“广告”明显字样的就是直通车手机端推广的展示位（自2016年9月1日起，新的广告法实施后，推广商品都会带有“广告”二字明显的标识）。如图5-2所示，左侧是搜索“裙子”后HOT标志展示的位置，右侧是搜藏“面膜”后HOT标志展示的位置。

图5-2 手机端直通车展示位

直通车图的设计分为产品直通车图和店铺直通车图，其区别就是尺寸设计不一样，指向链接也不一样。产品直通车直接链接到宝贝详情页，而店铺直通车链接店铺首页或者活动页面。

产品直通车图设计尺寸：800像素×800像素，展示尺寸：200像素×200像素。

店铺直通车图设计尺寸：210像素×315像素，展示尺寸：10像素×270像素。

值得注意的是，展示尺寸会根据卖家屏幕显示器的大小自动调整到合适的尺寸，在设计直通车图时应该注意不同环境所展示的效果。如图5-3所示，左侧为商品直通车图，右侧为店铺直通车图。

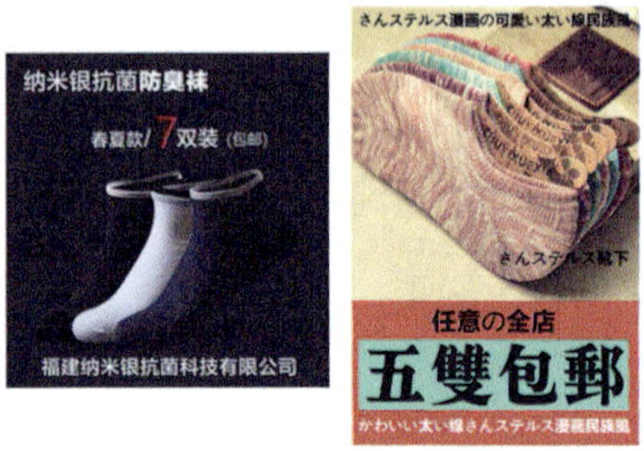

图5-3 直通车展示尺寸

影响直通车图被点击的因素有多种，如投放位置、选词、行业搜索量、关键词出价、关键词得分、卖点等。设计师要做的就是设计出符合自己店铺风格和产品特性的直通车图。

5.1.2 如何设计直通车图

直通车的竞争十分激烈，以女装类目直通车为例，其推广图的整体点击率长期处于0.4%~0.6%，相当于平均有1000个商品，才有4~6人点进去看商品。然而，不少卖家可能还达不到这个水平。这种情况下，卖家往往投入了大量的推广费用，却换不回理想的结果。那么，如何才能设计一张完美的推广主图呢？本节从不同的方面来讲解直通车图的设计。

1. 分析宝贝卖点

每一种商品都有它的卖点，必须学会去提炼和放大卖点，如利益引诱、款式吸引、材料功能、促销活动、概念诱导、情感归属、创意吸引等。

以利益引诱为卖点进行展示，比较常见的是折扣信息、特价包邮，以及展示买了就赚的优惠信息。图5-4所示为鞋子展示的价格和折扣包邮信息。

利用产品款式吸引买家的方式比较常见，可以充分展示商品的款式，不用大段的文案描述。图5-5所示为裙子不同款式进行展示。

图5-4 利益引诱展示

图5-5 产品款式展示

以产品功能作为卖点展示，以材料和产品的功能为卖点，用图层表现出产品的功能性及材质优势。图5-6所示为从功能和材质不同方面展示卖点。

以促销活动的方式作为卖点，往往出现在节日里，选择大促色彩、添加活动氛围元素等，如图5-7所示。

图5-6 材料功能展示

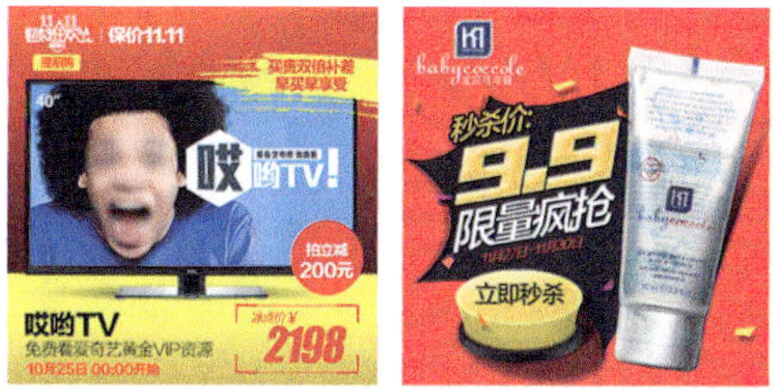

图5-7 促销活动展示

还有一种是利用创意卖点，通过夸张和比喻的手法突出商品的某一个卖点。如图5-8所示，鞋子展示的是透气功能，而衬衫展示的是吸汗功能。

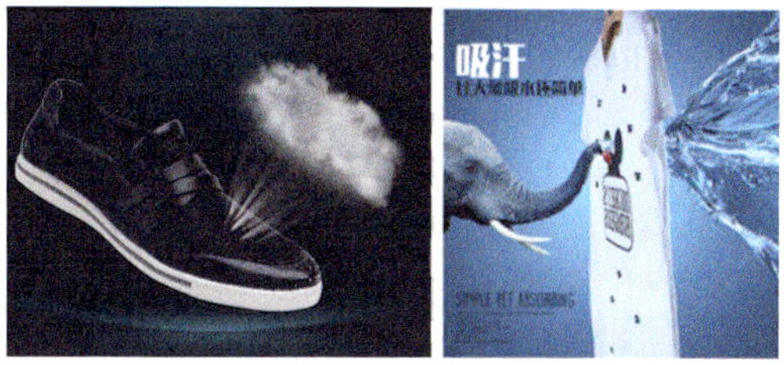

图5-8 创意卖点展示

2. 直通车图两种表达形式

直通车有两种最常见的形式来传达信息：一种是产品展示，只有主要展示的产品内容；另一种是产品内容加上文案说明，以卖点信息来吸引买家点击。如图5-9所示，上图为产品展示，下图为文案卖点和产品展示。

确定了商品适合哪种表达类型之后，才可以对直通车图进行设计制作。

图5-9 直通车表达形式

3. 直通车图如何构图

在直通车图设计过程中，构图是非常重要的，好的构图是成功的基础。最常见的构图方法有左右构图、上下构图、对角线构图和四角平衡构图。图5-10所示为4种不同构图方法展示的直通车图。

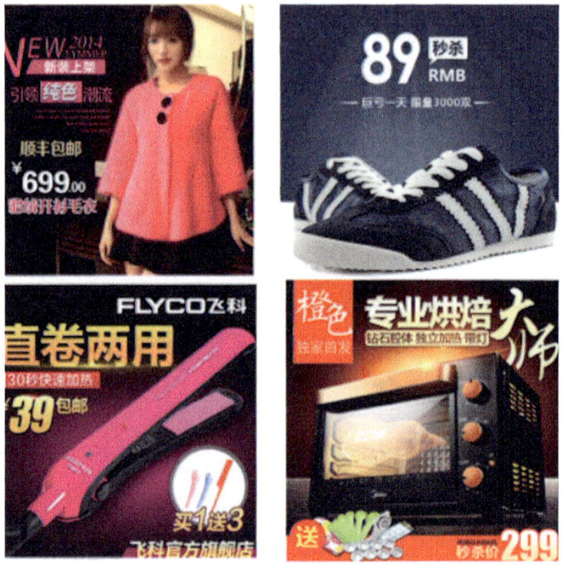

图5-10 直通车构图展示

4. 直通车图设计要领

（1）卖点要明确。一张直通车图要有明确的卖点，不要把所有信息都放到图中，要记住少即是多的原则。

（2）文案要突出。一句好的广告语威力是非常大的，文案的提炼要简短、精练，准确传递卖点非常重要。

（3）视觉差异化。视觉差异化包括商品拍摄时的创意、后期设计排版和配色的差异以及卖点文案的差异。只有做到视觉差异化，有别于其他同类产品的直通车图，才能脱颖而出，吸引消费者点击。

5. 直通车图设计禁忌

直通车图设计禁忌如下：禁忌主题不明确，宝贝大小不等；一张图种有多个商品；复杂的背景比产品图抢眼；夸张的水印。同时，切忌将宝贝的细节图拼在图片中等。

5.1.3 直通车图制作流程

效果文件 | 效果>CH05>5.1.3效果图.jpg、5.1.3源文件.psd

素材文件 | 素材>CH05>5.1.3原图.jpg

视频文件 | 视频>CH05>5.1.3直通车图制作流程.mp4

本节详细讲解一个女鞋直通车主图的制作流程。前期拿到素材图后要对图进行处理，后期要根据文案设计内容，最终效果如图5-11所示。

图5-11 女鞋直通车图

步骤01 拿到摄影师交给的素材图后，第一步要进行修图处理。如图5-12所示，左图是修图前的效果，右图是修图后的效果。修图的方法多种多样，可以查看前面章节中有关调色的内容。

步骤02 在Photoshop软件中打开女鞋素材商品图，在通道中选择红色通道，再复制一层红色通道，如图5-13所示。使用“色阶”调整商品和背景的对比度，如图5-14所示。调整后的红色通道最终效果如图5-15所示。

图5-12 产品修图前后对比

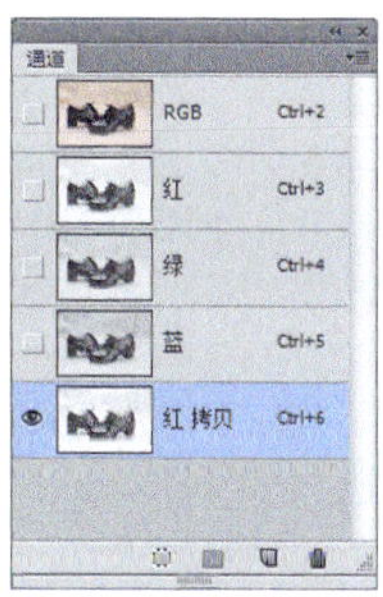

图5-13 复制红色通道

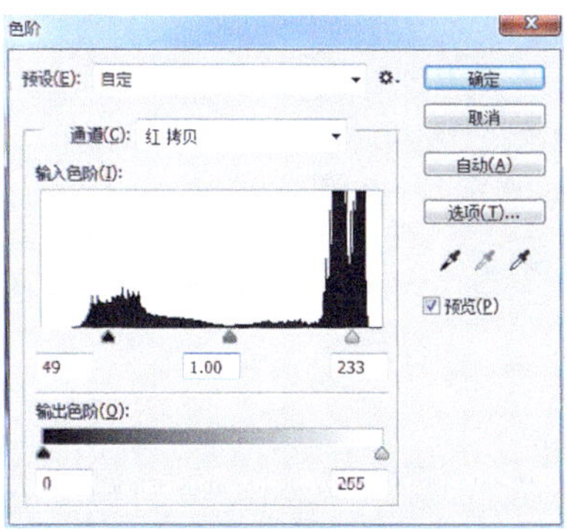

图5-14 色阶调整对比度

图5-15 色阶调整后红色通道效果

步骤03 执行“图层>新建>图层”菜单命令，将“名称”修改为“亮层”，设置“模式”为“柔光”，同时勾选“填充柔光中性色50%灰”复选框，如图5-16所示。把刚才调整的红色通道层作为选区载入，然后对“亮层”填充白色，这时，会发现背景色已经进行了亮度调整，如图5-17所示。

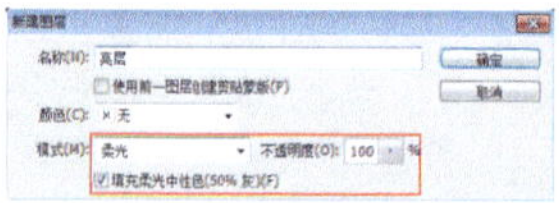

图5-16 新建50%中性灰柔光层

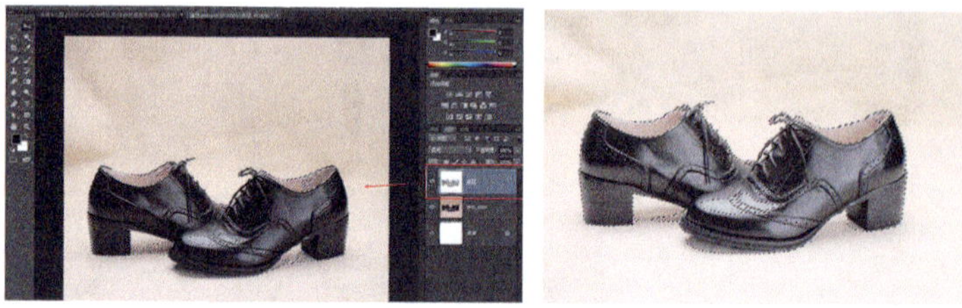

图5-17 调整背景亮度

步骤04 用“步骤3”同样的方法，新建50%中性灰柔光层，将“名称”改成“暗层”，然后将选区进行反选，填充黑色，鞋子暗部进行了修图处理，如图5-18所示。

步骤05 如果想增加图片的对比度，可以多复制几个“亮层”或“暗层”图层，修改叠加的透明度，调整到满意为止，如图5-19所示。接下来按Ctrl+Shift+Alt+E快捷键盖印图层，如图5-20所示。

图5-19 处理鞋子暗部

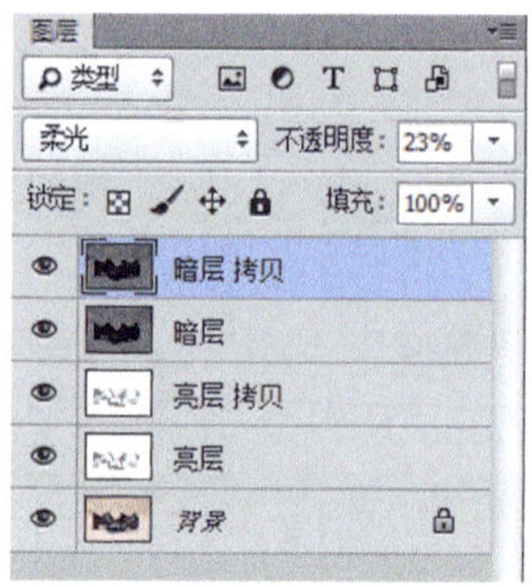

图5-19 复制图层调整透明度

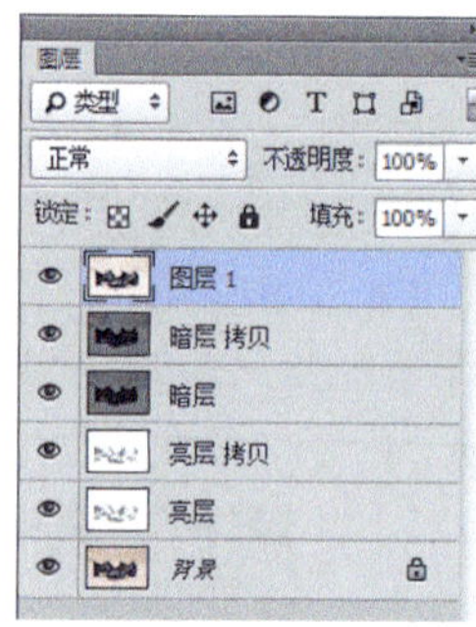

图5-20 调整和盖印图层

步骤06 执行“滤镜>锐化>USM锐化”菜单命令，对图片进行锐化处理，参数如图5-21所示。商品修图之后的最终效果如图5-22所示。

步骤07 将商品修图处理之后，就可以进行直通车推广图设计了。新建一个800像素×800像素的文件，然后将商品拖曳进来，使用工具箱中的“减淡工具”对背景进行涂抹操作，最终效果如图5-23所示。

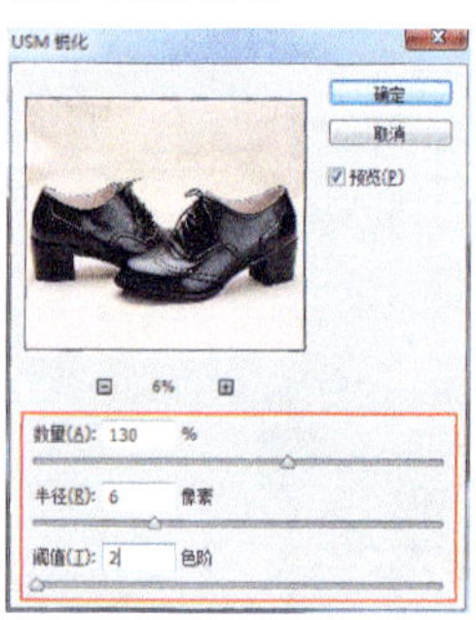

图5-21 USM锐化操作处理

图5-22 商品修图最终效果

图5-23 新建新直通车文件调整商品

步骤08 使用工具箱中的“横排文字工具”输入主标题“高端头层牛皮”和副标题“热卖全网销量1.5万”，排版方式可以借鉴前面内容讲解的方法，最终效果如图5-24所示。

步骤 09 输入促销信息“5折 立即抢购”，制作方法在前面章节中有详细的讲解，可以参考借鉴，此处不再赘述，最终效果如图5-25所示。

图5-24 创建文案内容

图5-25 创建促销内容信息

步骤 10 将之前制作好的Logo放到图中的左上角，进行合适的调整处理，最终效果如图5-26所示。

步骤 11 输入底部的信誉保障文案信息，最终效果如图5-27所示。

图5-26 将店铺Logo标识放进来

图5-27 最终效果如图

步骤 12 通过修图和直通车图的设计制作，从摄影师拍摄的商品图到买家看到的活动图，整个设计流程就完成了。如图5-28所示，左图是拍摄的商品图，右图是直通车图。

图5-28 拍摄商品图和直通车设计图

5.1.4 课后习题

通过以上内容讲解，相信大家都能理解和掌握直通车设计的方法和技巧。

本节课程习题：

（1）根据店铺产品属性制作直通车商品推广图。

（2）制作直通车店铺推广图。

5.2 钻石展位图设计

本节详细讲解关于淘宝推广中另外一种常见的推广——钻石展位推广，又称“钻展”。钻石展位依靠图片创意吸引买家点击，获取巨大流量。

5.2.1 了解钻石展位

视频文件 | 视频>CH05>5.2.1了解钻石展位.mp4

钻石展位是面向全网精准流量实时竞价的展示推广平台，支持按展现收费和按点击收费，以精准定向为核心，为客户提供精准定向、创意策略、效果监测、数据分析等一站式全网推广投放解决方案，帮助客户实现更高效、更精准的全网数字营销。

从2016年下半年开始，钻石展示全新改版升级为“智 · 钻”，操作更加方便，功能更加强大，如图5-29所示。

图5-29 钻石展位改版后智钻及功能

钻石展位展现的地方非常多，有淘宝、天猫首页，以及各个频道大尺寸展位、淘宝无线App端及淘宝站外，如新浪微博、腾讯、优酷等各大优势媒体。可以在钻展后台“资源位”中查看，一共分19个行业，其中“网上购物”为淘宝站内的资源位，其他为全网资源，如图5-30所示。

图5-31所示为淘宝首页焦点图展示的位置。

图5-30 钻展展示平台

图5-31 首页焦点图展示

钻石展位比较多，图片尺寸也会根据投放的网站位置不同而不同，比较热门的资源位及尺寸如图5-32所示。

广告位名称	尺寸
无线——网上购物——手机App流量包——手淘焦点图	640像素×200像素
PC——流量包——网上购物——淘宝首页焦点图	520像素×280像素
PC——网上购物——淘宝首页焦点图右侧Banner二新	160像素×200像素
PC——网上购物——淘宝首页2屏右侧大图	300像素×250像素
PC——网上购物——淘宝首页3屏通栏大Banner	375像素×130像素

图5-32 钻展广告位展示位置及尺寸

钻展的投放方法是比较简单的，仅需3步就可以完成投放，如图5-33所示。

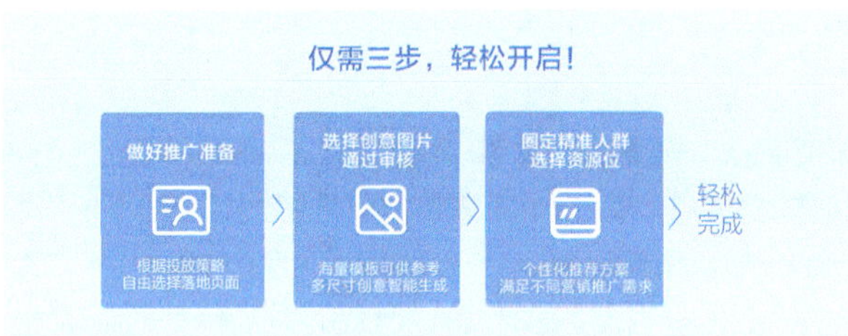

图5-33 钻展投放流程

钻石展位是在按照“展示付费（CPM）”的基础上增加“点击付费（CPC）”的一种结算模式。在后台可选择的资源位上用“点击付费”的模式投放，展示是免费的，点击就会扣费。

CPM是指创意被展现1000次所扣除的费用，例如，CPM为4元，即表示创意被展现1000次需要扣除4元。需要注意的是，CPM是指展现1000次所收取的费用，而不是1000次点击，点击是不收费的。钻展CPC的计算方法是广告投放总费用/带来的点击。

对比两种投放模式可以发现：CPM圈定人群更细，适合店铺老客维护；CPC圈定人群更广，点击成本可控，适合店铺拉新。

5.2.2 如何设计钻展

通过上一节内容的讲解，不难发现，钻展投放的效果好与坏、图片的设计与创意直接影响到引流成本的高低。

淘宝首页焦点图设计规范如图5-34所示。

图5-34 首页焦点图设计规范

1. 钻展图设计制作的4个方面

（1）风格

确立创意风格，如清新小文艺、大牌风、萌系等（美女、卡通、萌物、明星代言人等）。

（2）亮点

深入挖掘产品卖点、闪光点，如产品功效、产品广告语、产品特点、页面风格等。

（3）文案

让客户熟悉自己的产品和品牌，读起来朗朗上口（百雀羚：正品百雀羚，当选旗舰店；美即面膜：停下来享受美丽；PBA：真的白没有妆；韩束：七分养三分妆）。

（4）排版

排版结构尽量以简约为主，在繁杂的背景中突出自己产品的亮点，一切配图文字都以突出产品卖点为标准。常见构图方式有左文右图、左图右文圆形构图、上中下（产品+文案+产品）、左中右（产品或模特+文案+产品或模特）等。

2. 钻展图设计创意要点

（1）突出主题

一个钻展图片要有一个明确的主题。关键词的设置要摆放到位，如关于产品信息、折扣促销信息方面。没有明确主题和概念的设计只是一个空壳，它不能达成作为设计、信息传达的使命。

（2）产品图（卖点）

要想买家产生购买的冲动，一定要突出产品的卖点，排列有序并且将其富有创意地进行组合。

（3）风格与配色

确定主题风格，要与店铺风格相对应，符合产品或店铺调性。主色调控制在3种颜色内，以其中一个主色作为主宰色调的核心。

（4）排版布局

可以选择几何环绕型、左右分割或者产品图中间夹杂文案等。太满则溢，要给人留下适合的空间。

学会少即是多，有失才有得，简约而不简单。整个创意文字加图片内容部分不超过整个图片的三分之二。

3. 钻展图推广的3种类型

（1）推广单品

主题突出：突出单品。文案简洁有层次，第一层是产品卖点，第二层是促销信息。

字体颜色：字体颜色不超过3种，要与产品相匹配。

推广目的：打造爆款，卖货为主。

钻展图效果如图5-35所示。

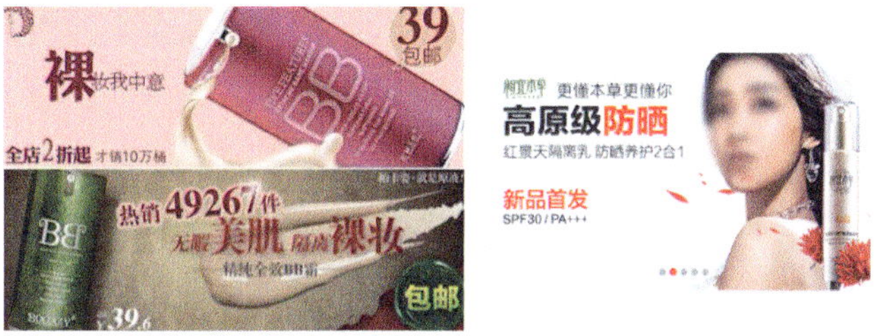

图5-35 推广单品

（2）推广活动和店铺

主题突出：以活动和店铺促销为主题。文案简洁，有层次，折扣促销信息要有冲击力。

字体颜色：字体颜色不超过3种，要与自己的店铺活动相统一。

推广目的：配合活动或店铺促销，既能提高销量，又能提高品牌和店铺的知名度。

钻展图效果如图5-36所示。

图5-36 推广活动和店铺

（3）推广品牌

主题突出：坚持一贯的品牌个性，不断传递品牌口号，文案简洁有层次，弱化促销信息+品牌。

字体颜色：配合自己品牌的VI。

推广目的：追逐长期的品牌效益，长期投放。

钻展效果如图5-37所示。

图5-37 推广品牌

4. 钻展图设计注意事项

（1）由于淘宝网首页不允许出现Flash广告，所以，只能用JPG格式或者GIF格式的图片。字体建议使用方正字体,以及宋体、黑体。

（2）所有广告投放的素材必须清晰，否则不但影响视觉效果，还会降低点击率。

（3）广告素材要求无边框，无阴影。由于动态效果的图片会影响页面打开的速度及顾客体验，因此，在广告素材方面建议做成静态图。

（4）图片严禁出现鼠标的手形、箭头等形状。

（5）图片严禁出现假分页、翻页；严禁出现视频模式。

（6）不能出现杂志、媒体、明星推荐、OS认证等字样。

（7）图片严禁出现拼接形式，不得出现白色竖条。

① 除非有授权，素材创意中禁止出现旺旺表情、QQ表情等在线的表情图片。

② 禁止使用未经授权的图片、明星、模特。

③ 禁止出现聚划算（包括巨划算）、商城Logo的淘宝官方活动字样和形式。

（8）创意中不能出现月销千件、全网最低、淘宝销量第一、销售冠军、热荐、顶级等类似以淘宝名义进行宣传或虚假描述给用户造成误导的字眼。

① 严禁出现“静脉曲张”字样。

② 创意设计避免恶俗、色情等元素。

③ 严禁利用恭喜工匠、领取等形式作推广。

④ 不能借用当前热点事件进行推广。

⑤ 推广图片内容不得与链接页面不符。

⑥ 避免在同一时间和同一页面同时出现你的广告，如果出现2次就会拉进黑名单。

5.2.3 钻展图制作流程

钻展活动投放，每次都需要设计制作不同尺寸的图片，如果每一张图都使用Photoshop来制作，速度相对就比较慢，可以通过后台提供的在线图片编辑器来完成。之前有钻展BM（钻展加速器）可以使用，但是在2016年5月，运行了8年的钻展BM停止了服务，替代它的是“智钻创意工具”，本节会详细地进行讲解。

步骤 01 通过淘宝首页登录卖家中心，在营销中心中选择“我要推广”，如图5-38所示。

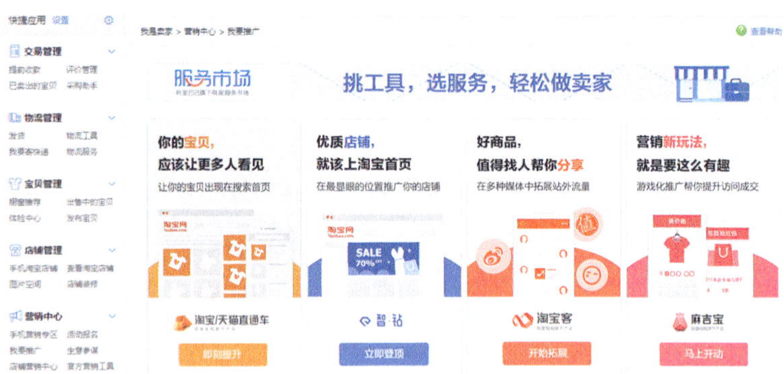

图5-38 智钻登录入口

步骤 02 服务市场提供了4种推广模式，选择第二个钻石展位“智钻”，单击“立即登顶”按钮后即可进入智钻后台，如图5-39所示。

步骤 03 进入智钻后台选择“创意”。系统提供了创意管理、创意模板库、创意快捷制作、排行榜和回收站，如图5-40所示。

图5-39 登录智钻后台

图5-40 智钻创意后台

步骤 04 如果设计制作好了钻展图，可以在“创意管理”界面中选择本地上传，如图5-41所示。

步骤 05 在添加创意中，提供有图片、Flash、文字链接、套图、视频等。选择图片，在上传创意中单击“浏览”按钮，选中设计好的尺寸图，即可完成上传，如图5-42所示。

具体钻展的各种尺寸可以在钻石展位销售平台中查看。

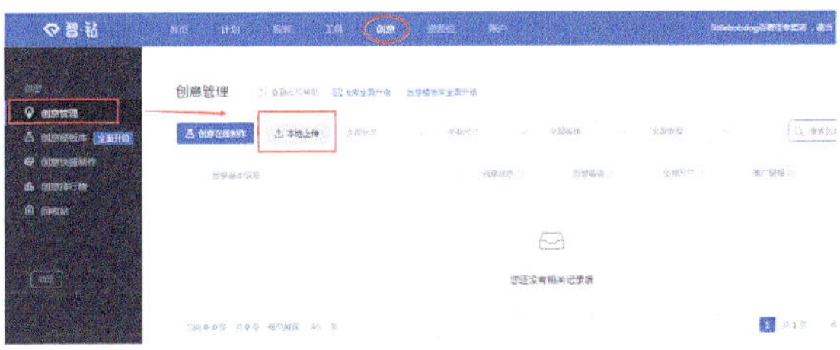

图5-41 本地上传设计图片

图5-42 添加本地上传创意

步骤 06 还可以通过创意模板库来制作钻展图，全面升级后的创意模板库样式更多、更强大，如图5-43所示。可以选择站内、站外、视频及无线Feeds平台，通过筛选条件，可以选择尺寸、类目、营销场景、构图及设备等，还可以在风格中选中自己喜欢的风景进行条件筛选。

步骤 07 在筛选条件中选中“箱包”，在模板排序中，系统提供的所有模板样式都会展现出来，选中自己需要的其中一个模板，单击“开始制作”按钮，如图5-44所示。

图5-43 创意模板库

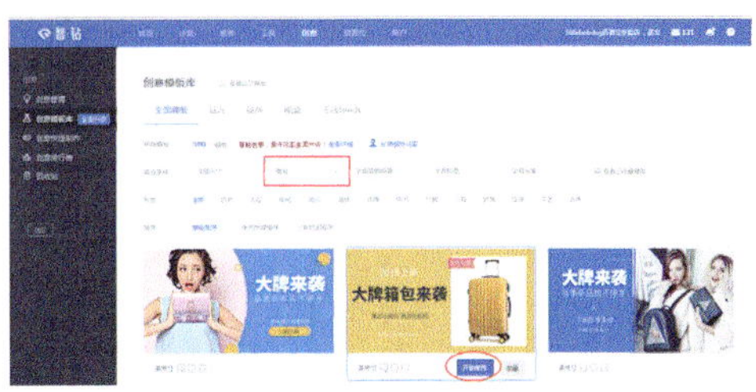

图5-44 创意模板库选中箱包

步骤 08 在创意详情中，可以选择PC和无线端的图片各种尺寸，如图5-45所示。

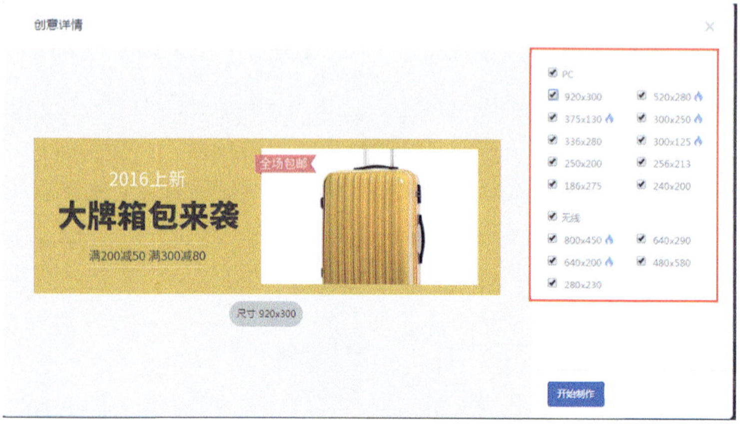

图5-45 PC和无线端的图片尺寸

步骤09 进入模板编辑后台，会发现选中的所有尺寸钻展图都在后台显示，如图5-46所示。

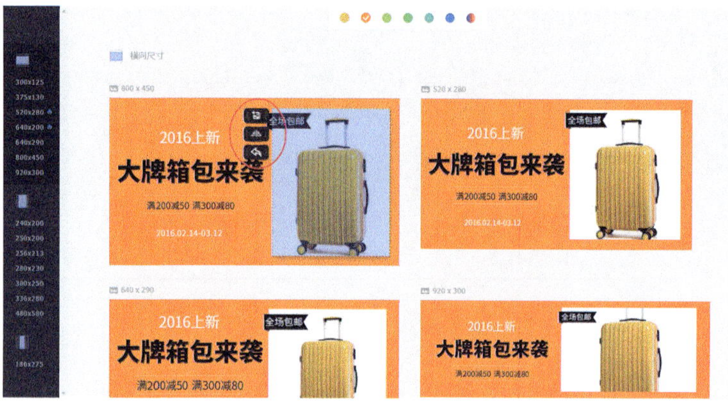

图5-46 钻展尺寸图

步骤10 接下来就要替换掉模板示例中的商品图，把自己的产品图上传到素材库中，上传完成后，选中商品图，单击“确定”按钮，如图5-47所示。这时，模板中的商品图全部进行了替换处理，如图5-48所示。值得注意的是，直接旋转商品图，可以拖曳商品图的大小和位置。

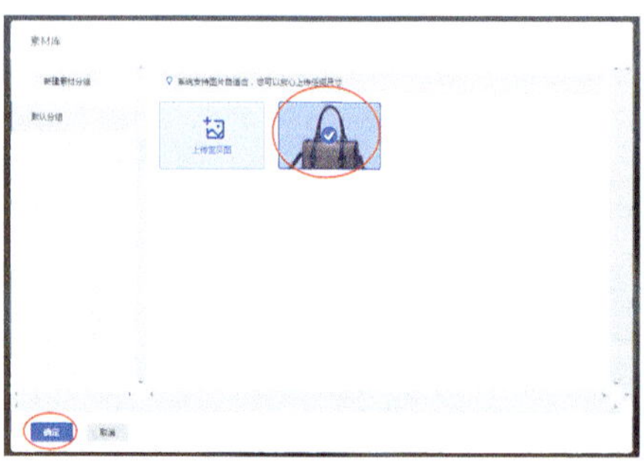

图5-47 上传替换商品图

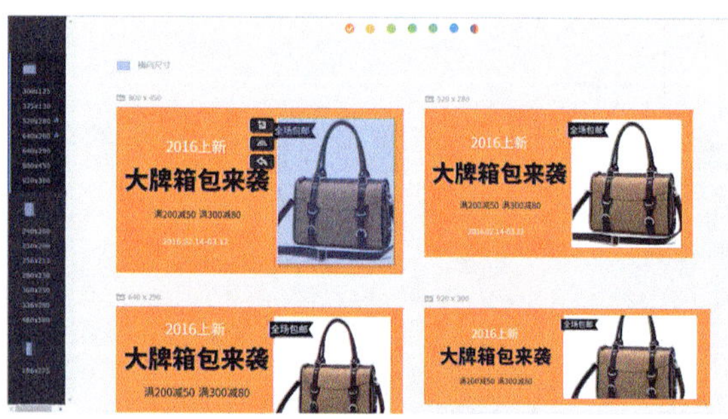

图5-48 商品图的编辑

步骤11 改变商品的背景颜色，可以直接选择系统提供的六种颜色，还可以自由选择一种背景颜色，如图5-49所示。

步骤 12 选中模板中的示例文字，就可以对它进行编辑，如图5-50所示。

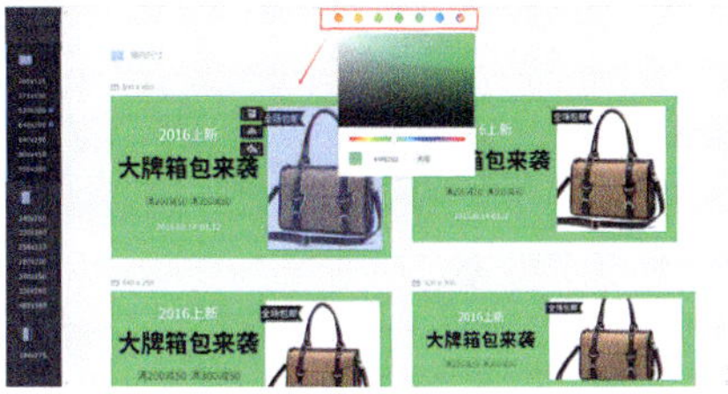

图5-49 背景颜色的修改

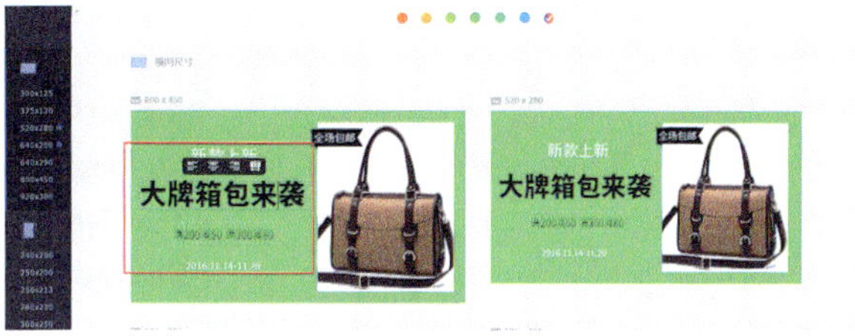

图5-50 文字的更换和编辑

步骤 13 当把所有的文案内容编辑好之后，就可以对钻展图进行生成。在创意管理中，可以查看刚才创建的钻展图信息已经进入审核阶段，同时还可以查看全部尺寸，进行重新编辑、复制和删除操作，如图5-51所示。

图5-51 钻展图的生成查看

智钻工具在创意中除了提供创意模板库之外，还提供了创意快捷制作、创意排行榜、创意COOL等工具，很好地解决卖了家钻展图不同尺寸设计制作的烦琐工作，远远比Photoshop逐一制作方便快捷得多。

5.2.4 课后习题

通过以上内容讲解，相信大家都能理解和掌握钻展图的设计方法和技巧。

本节课程习题：

（1）通过智钻创意工具制作钻展推广图。

（2）使用Photoshop软件制作钻展图。

5.3 聚划算图设计

本节详细讲解关于聚划算活动图的设计和制作。在淘宝活动中，操作流程最多、最复杂、最严格的就是聚划算。

5.3.1 了解聚划算

视频文件 | 视频>CH05>5.3.1了解聚划算.mp4

淘宝聚划算是团购的一种形式，由淘宝网官方开发平台，并由淘宝官方组织的一种线上团购活动形式。

1. 聚划算活动报名条件

（1）淘宝C店要求卖家是3钻及以上、好评率在98%及以上的消保旺铺；商城要求综合动态评分在4.5分及以上；店铺“宝贝与描述相符”项动态评分4.5分及以上。

（2）店铺不得在处罚期，不得涉嫌信用或交易炒作。

（3）店铺有较强的运营能力，承诺遵守聚划算活动卖家服务规则。

2. 宝贝要求条件

（1）原则上要求单个报名宝贝的数量在1000件及以上（部分情况可酌情降低）。

（2）报名团购价需是非盈利性体验价，需在同等商品中达到最大限度的低折扣。

（3）报名团购价原则上至少需在淘宝原价的5折以下，1~3折且包邮商品优先。

（4）宝贝一个月内销售记录需在30个及以上，“宝贝与描述相符”得分需在4.5分及以上。

3. 聚划算活动规则

（1）活动上线前

① 所有确定上线的卖家需在店铺首页挂上聚划算的标志图片，从确定上线开始后悬挂一个月。

② 宝贝详情页面，请商家提前做好页面装修和编辑，尤其是确定重要团购信息的准确性，一旦上线，页面将不能做任何修改。

③ 保证金需上线前3天内充值到支付宝账户，以便工作人员冻结，延期将不能上线。

（2）活动上线中

① 活动进行中时，参加活动的宝贝链接，不允许自行下线。需保持咨询旺旺在线。

② 活动上线后不允许修改宝贝描述信息，包括团购库存，不允许更换商品。

③ 活动进行中需杜绝一切对聚划算活动不利将造成负面影响的行为。

（3）活动下线后

① 活动下线后需按店铺活动承诺及时给予买家发货和相应优质服务。

② 店铺宝贝参加聚划算活动后一个月内，不得以聚划算团购活动价格或接近该价格直接销售。

③ 若由于聚划算活动商品产生投诉的店铺，将视情节严重情况取消该店铺之后参加聚划算活动资格。

聚划算活动商家报名流程如图5-52所示。

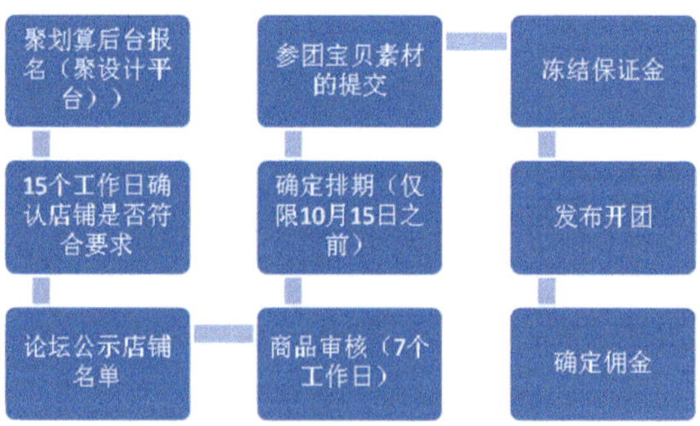

图5-52 聚划算活动商家报名流程

5.3.2 如何设计聚划算图

很多卖家都知道，参加聚划算的效果很好，但是报名聚划算的要求也不低，聚划算主图的规范比较多。下面将系统讲解如何设计制作一个规范的聚划算主图。

图5-53所示为聚划算主图模板，包括产品图片、标签、产品特点和营销利益点。上传的产品图片中不得有自制标签，包括产品特点、营销利益点等，只可以在聚划算商品发布后台填写。Logo统一放在左上角，不加底色，最宽不得超过180像素，高不得超过120像素。要求Logo与图片边缘相离20像素等。

图5-53 聚划算主图模板

1. 商品图要求

（1）商品图片居中放置，有模特的不可截掉头部，安全区域为800像素×480像素。

（2）商品图片角度以展示商品全貌为最佳。

（3）商品图的数量，同款式不要超过两件（量贩团、套件商品除外）。

（4）商品图片内禁止出现任何营销文案和自制标签。

（5）商品图必须主次分明。

（6）商品图片买赠区用统一的样式，只能出现一个，且形状、位置、大小、颜色均不可改变。

无模特的商品图片居中放置，安全区域为800像素×480像素（产品图尺寸为960像素×640像素），如图5-54所示。

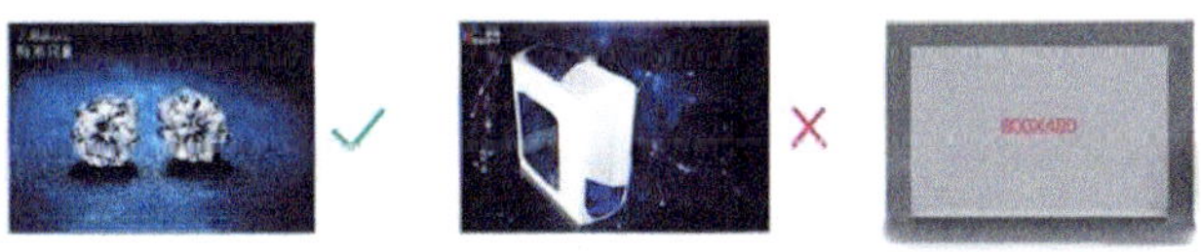

图5-54商品图无模特

有模特的商品图片居中放置，不可截掉头部，如图5-55所示。

商品图片角度以展示商品全貌为最佳，如图5-56所示。

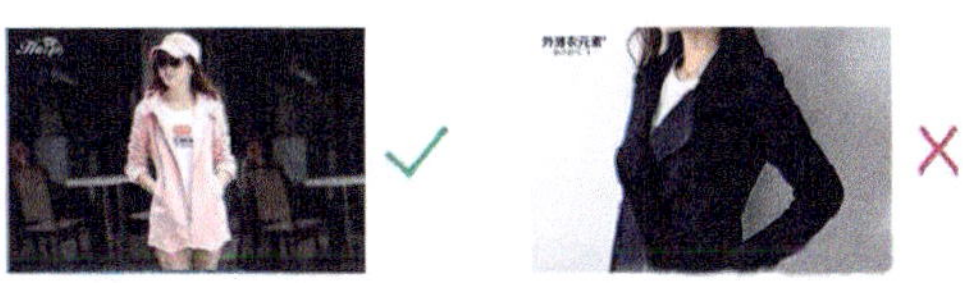

图5-55 商品图有模特

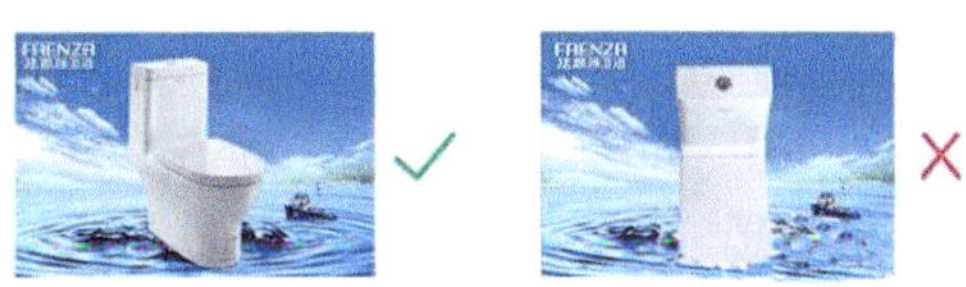

图5-56 商品图角度

商品图数量，同款式不要超过两件（量贩团、套装商品除外），如图5-57所示。

商品图片内禁止出现任何的影响文案和自制标签，如图5-58所示。

图5-57 商品数量

图5-58 禁止文案标签

商品图必须主次分明，如图5-59所示。

商品图片的买赠区用统一样式，只能出现一次，且形状、位置、大小、颜色均不可改变，如图5-60所示。

图5-59 主次分明

图5-60 买赠区样式统一

2. 直通车图背景设计要求

（1）建议使用单色背景（包括统一色调的渐变）。

（2）如有场景图，必须模糊化处理。

（3）不能在背景上添加任何形式的自制标签，以及产品特点、营销利益点等文字信息。

另外，关于排版、配色、文案信息等内容，可以借鉴前面章节中所讲的内容，这里不再赘述。

5.3.3 聚划算主图制作流程

效果文件 | 效果>CH05>5.3.3效果图.jpg、5.3.3源文件.psd

素材文件 | 素材>CH05>5.3.3背景.jpg、5.3.3聚划算Logo.jpg、5.3.3树叶.psd、5.3.3模特.psd、5.3.3商品.psd

视频文件 | 视频>CH05>5.3.3聚划算主图制作流程.mp4

步骤01 打开软件，新建文件，尺寸为960像素×640像素，分辨率72像素/英寸，如图5-61所示。

步骤02 导入素材背景图，调整合适大大小，如图5-62所示。

步骤03 打开树叶素材，然后使用“魔术棒工具”选择树叶外面的蓝色天空背景，如图5-63所示。

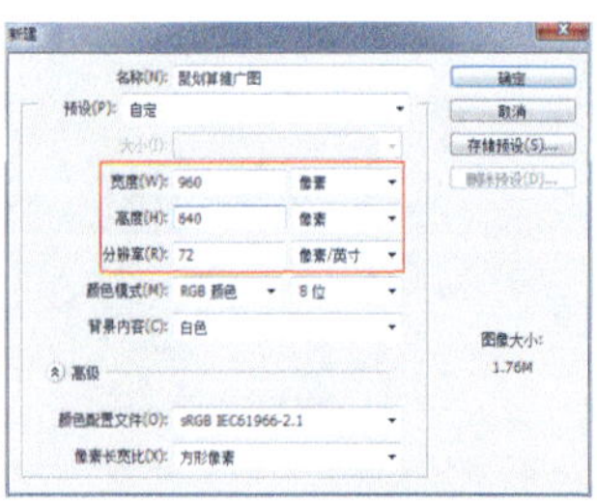

图5-61 新建文件

图5-62 调整素材背景图

图5-63 选择蓝天空内容

步骤04 选择蓝色天空背景，然后进行反向选择，快捷键是Shift+Ctrl+I，在“图层面板”最底部添加图层蒙版，如图5-64所示。

步骤05 将图层载入选区，使用选项栏中的“调整边缘”命令对蒙版层进一步调整，设置参数如图5-65所示。调整过之后，“树叶素材”的天空背景已经被处理掉，如图5-66所示。

图5-64 添加图层蒙版

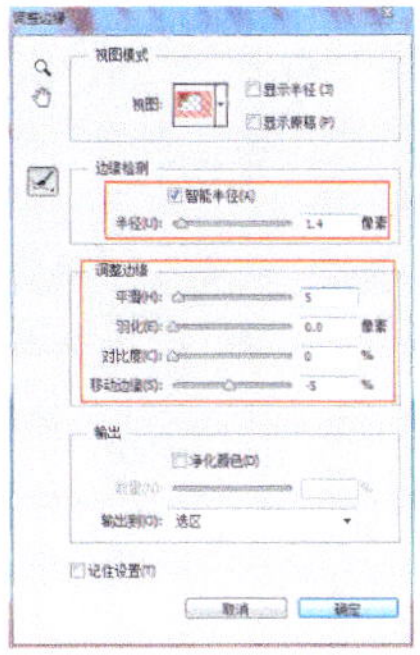

图5-65 调整边缘调整参数设置

图5-66 树叶素材抠图效果

步骤06 把模特素材导入进来，同时调整素材至合适的大小和位置，如图5-67所示。

步骤07 复制出一个模特图层，使用“色相/饱和度”调整命令把色相、饱和度、明度都调整到最低，如图5-68所示。这样就成了黑色的图层，然后结合“自由变换”命令调整合适的位置，进行投影处理，如图5-69所示。

图5-67 调整模特素材大小和位置

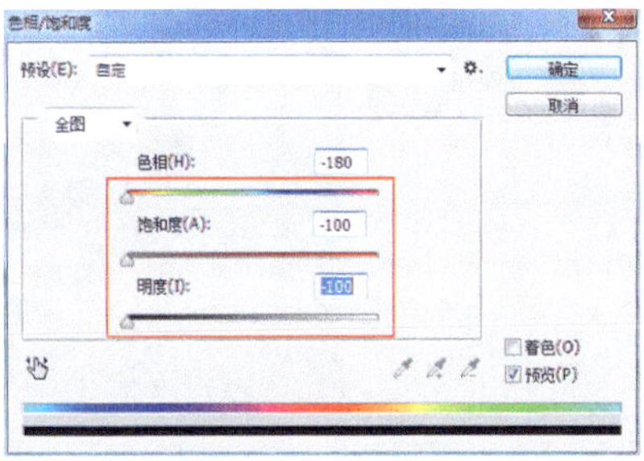

图5-68 调整色相/饱和度参数

图5-69 自由变换调整位置

步骤08 给图层添加图层蒙版，使用工具箱中的“画笔工具”调整合适的参数，对图片进行涂抹，把不必要的内容屏蔽掉，然后调整图层的透明度参数为70%，最终模特的投影效果如图5-70所示。

步骤09 把商品素材导入进来，结合“自由变换”命令调整合适的大小，放到合适的位置，如图5-71所示。

图5-70 模特投影效果

图5-71 把商品素材导入进来

步骤10 使用“图层样式”对“商品素材”进行投影的制作，具体参数如图5-72所示。添加投影后效果如图5-73所示。

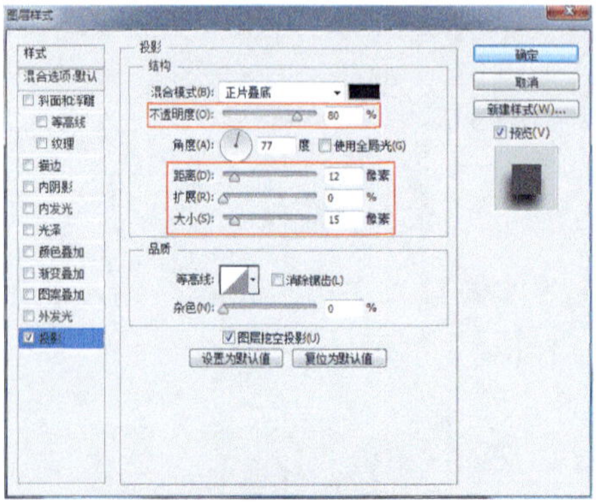

图5-72 图层样式投影参数设置

图5-73 设置投影后效果

步骤11 打开聚划算Logo素材，找到一个合适的样式，如图5-74所示。

步骤12 导入聚划算Logo素材，调至合适的位置和大小，最终海报效果如图5-75所示。

图5-74 聚划算Logo素材

图5-75 海报最终效果图

5.3.4 课后习题

通过以上内容讲解，相信大家都能理解和掌握聚划算设计的方法和技巧。

本节课程习题：

通过学习，制作聚划算推广图。

第6章

详情页设计与制作

本章重点讲解关于详情页的制作。一般情况下，卖家通过淘宝点击宝贝后进入的就是宝贝的详情描述页面，详情描述页面直决定了消费者是否购买此商品。因此，详情描述页设计装修是店铺装修过程中的重中之重，是每个店家都极为重视的部分。

6.1 详情页设计内容

在做任何一件事情之前，都要考虑如何做、先从什么地方做、通过什么途径去做。同样，设计一款商品详情页也是一样的。本节详细讲解详情页设计具体由哪些必备元素构成。

6.1.1 了解详情页

宝贝详情页是提高转化率的首要入口，一个好的宝贝详情页就如同专卖店里一个好的推销员，面对各式各样的客户，推销员用语言打动消费者，详情页用视觉传达商品的特性。所以，宝贝详情对提高宝贝转换率至关重要。经常听到有人说，开店想挣钱，挣钱就靠详情页。图6-1所示为详情页占店铺流量的比重。

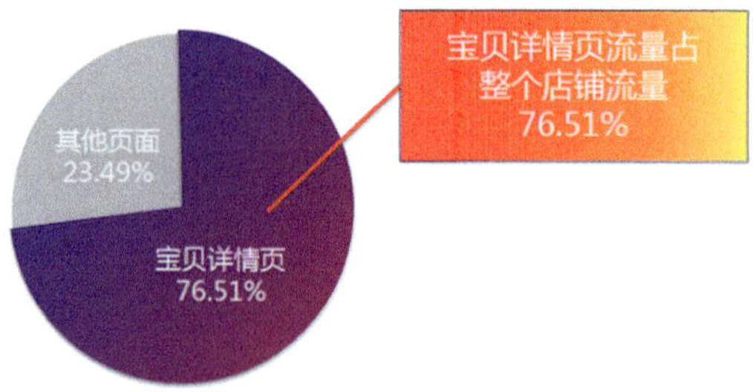

图6-1 详情页占店铺流量比重

一个详情页由4个部分组成，如图6-2所示。

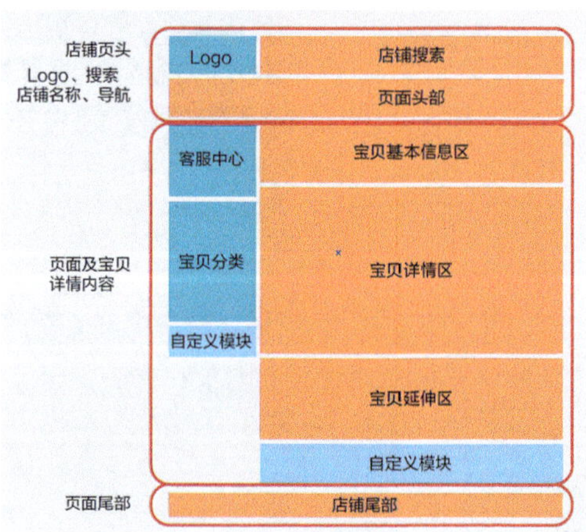

图6-2 详情页组成内容

（1）页面头部：Logo、店招等（美工优化）。

（2）页面尾部：与头部展示风格呼应（美工优化）。

（3）侧面：客服中心、店铺公告（工作时间、发货时间）、宝贝分类，也可以添加自定义模块（如销量排行榜等）来丰富详情页，合理利用店铺的每一个角落。

（4）详情页核心页面：单件宝贝的具体详情展示，是本章重点讲解的内容。

淘宝详情的编辑，可通过首页登录卖家中心，在管理宝贝中选择发布，在宝贝基本信息中创建标题、属性、宝贝主图、价钱及描述等。图6-3所示为详情页描述编辑器。

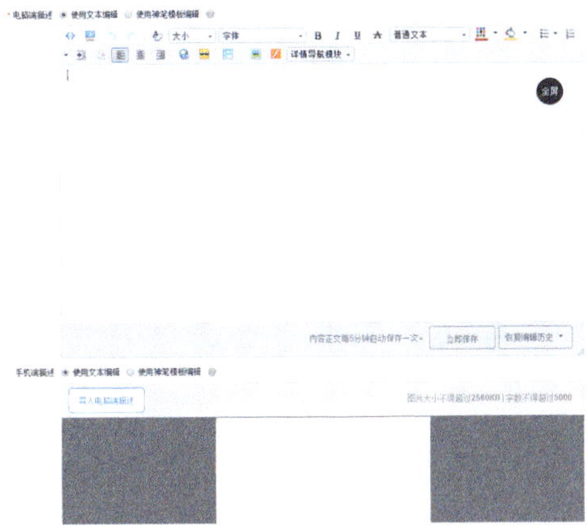

图6-3 详情页描述编辑器

PC端宝贝详情页的图片宽度应小于或者等于750像素，一般来说都是750像素。有些卖家将左侧栏直接省去，做一张宽度为950像素的图片。而关于高度的尺寸，淘宝官方没有明确规定。

手机端宝贝详情页的图片尺寸宽度为480 ~620像素，每张图的高度不超过960像素。

PC端宝贝主图大小不能超过3MB，700像素×700像素以上的图片上传完以后，宝贝详情页会自动提供放大镜功能。长图的宽和高的比例必须为2 : 3，最小高度为480像素，建议宽度为800像素，高度为1200像素，若不上传长图，搜索列表、市场活动等页面的竖图模式将无法展示宝贝。

6.1.2 详情页设计思路要点

1. 市场调查

设计宝贝详情页之前，要充分进行市场调查和同行业调查，规避同款。同时，也要做好消费者调查，分析消费者人群，分析消费者的消费能力、消费的喜好及顾客购买所在意的问题等。

图6-4左图为阿里指数首页面，右图为选择“连衣裙”关键词后给出的搜索词排行数据参考。同时，阿里指数还提供热门地区、买家概况、卖家概况等数据参考。

图6 4 阿里指数首页面

想了解消费者最在意的问题，可以去宝贝评价中找。在买家评价中可以挖出很多有价值的东西，如了解买家的需求、购买后遇到的问题等。

通过以上两个方面，根据市场调查结果及自己的产品进行系统的分析总结，清晰地罗列出消费者所在意的问题、同行的优缺点，以及自身产品的定位，挖掘自身与众不同的卖点，这就是前期市场调查时必须做的。

2. 关于宝贝定位

根据店铺宝贝及市场调查确定本店的消费群体，完成定位。

举个例子，在外出旅游住宿时，有的小旅馆住一晚上需100元，其卖的主要就是价格，卫生等问题都没有保障，定位于低端消费顾客。有的连锁酒店住一晚上需200元，其卖的就是性价比，定位于中端消费顾客。有的大酒店住一晚上需要400元，其卖的主要就是服务。另外，还有主题宾馆，其主要卖的就是个性等。

3. 关于挖掘宝贝卖点

针对消费群体挖掘出本店的宝贝卖点。

一位老师的案例：一家卖键盘膜的店铺发现评价里中差评很多，大多是抱怨键盘膜太薄，一般的掌柜可能下次直接进厚一点的货。而这家掌柜则直接把描述里的卖点改为史上最薄的键盘膜。结果出乎意料，评分直线上升，评价里都是关于键盘膜真的好薄之类的评语，直接引导并改变了消费者的心理期望，达到了非常好的效果。

如何挖掘自己宝贝的卖点呢？可以从卖价格、卖款式、卖文化、卖感觉、卖服务、卖特色、卖品质、卖人气等寻找。

4. 准备设计元素

根据消费者分析，以及对自身产品卖点的提炼，根据宝贝风格的定位，开始准备所用的设计素材。

利用详情页所用的的文案并确立宝贝详情页的用色、字体、排版等。最后还要烘托出符合宝贝特性的氛围，如羽绒服详情页，背景可以采用冬天的冰山效果。

5. 要确立的6大元素

要确立的6大元素包括配色、字体、文案、构图、排版 、氛围。

6. 常见的宝贝描述页构成框架

产品价值+消费信任=下单。

详情页上半部分诉说产品价值，后半部分培养顾客的消费信任感。对于消费信任感不光是通过各种证书和品牌认证的图片来树立。使用正确的颜色、字体和排版结构，对赢得顾客消费信任感也会起到重要的作用。详情页每一块的组成都有它的价值，都要经过仔细推敲和设计。关于详情页整体框架排序如图6-5所示。

图6-5 详情页整体框架排序

7. 详情页描述基本遵循的顺序

（1）引发兴趣。

（2）激发潜在需求。

（3）赢得消费信任。

（4）替客户做决定。

特别要注意的是，由于客户不能真实体验产品，宝贝详情页就是要打消买家顾虑，从客户的角度出发，关注最重要的几个方面，并不断强化。要告诉顾客这款宝贝值得信赖，买家买了都说好，正好店铺有活动，现在下单价格最优，明日即刻涨价。当然，更不能欺骗消费者。

8. 详情页描述基本遵循的原则

（1）文案要运用情感营销引发共鸣。

（2）对于卖点的提炼要简短易记，并反复强调和暗示。

（3）运用好FAB法则。

有需求才有产品，我们卖的不是宝贝，卖的是顾客买到宝贝之后可以得到什么价值，满足什么需求，让理性的顾客进来，最后感性下单。

详情页设计完成之后需要配合分析询单率、停留时间、转化率、访问深度等数据进行不断优化。图6-5所示的宝贝详情页框架只是给大家提供一个参考，针对不同行业要不同对待，最好的方法就是收集同行业销量前几名的描述页，分析它们的布局文案构成，先模仿后创作。做美工的不应该只停留于技术层面，还应该有自己的思路和想法，要有和运营争论的资本，让自己有更大的提升空间。详情页优化的好坏还与整个运营设计团队的文化素养和学识有密不可分的关系。

6.1.3 详情页的规划

宝贝详情页设计是直接决定交易能否达成的关键因素。宝贝详情页怎样才能具有吸引力？怎样才能抓住消费者的心理？制作详情页前该怎么规划呢？

消费者要在详情页里了解什么，详情页又能给他们提供什么信息？图6-6所示为顾客需要从详情页中获得的信息。

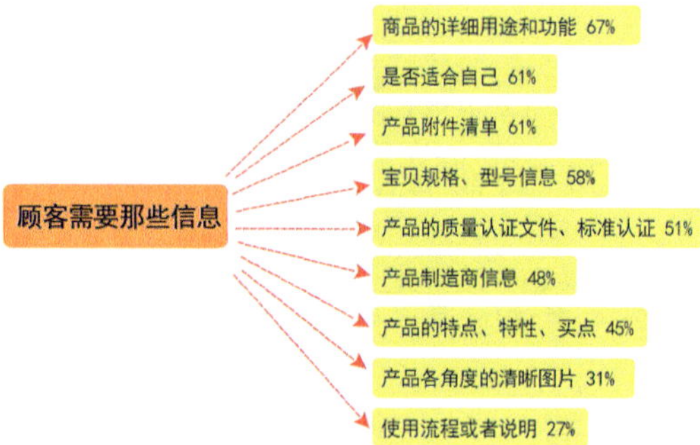

图6-6 顾客需要的信息

1. 详情页设置哪些内容

知道了顾客对详情页的需求后，就要知道详情页要设置哪些内容。

（1）收藏+关注：轻松赚10元优惠券或者购物立减5元，优惠幅度可以调整。

（2）焦点图：突出单品的卖点，吸引眼球。

（3）推荐热销单品：有3~4个必须是店铺热卖单品，性价比要好。

（4）产品详情+尺寸表：如编号、产地、颜色、面料、重量、洗涤建议。

（5）模特图：至少有一张正面、一张反面、一张侧面，让模特展示不同的动作。

（6）实物平铺图：将衣服的颜色种类展示出来，不同的颜色代表什么性格或者展示什么风格。

（7）场景图：模特在不同的场合角度，引起视觉的美感。

（8）产品细节图：帽子或者袖子、拉链、吊牌位置和纽扣等。

（9）同类型商品对比：找一些同类质量不好的或者高仿效果不好的商品进行对比。

（10）买家秀展示或者好评截图：展示本店去年的羽绒服买家，挑选图片好看点的。

（11）搭配推荐：如情侣款或者中长款，不要与之前的推荐重复。

（12）购物需知：邮费、发货、退换货、衣服洗涤保养、售后问题等。

（13）品牌文化简介：让买家觉得品牌质量可靠，容易得到认可。

要值得注意的是，消费者的浏览习惯一般是促销信息——产品参数——产品卖点——产品搭配——物流和售后等内容。要知道人们在网购时，眼睛都在看哪里，如图6-7所示。

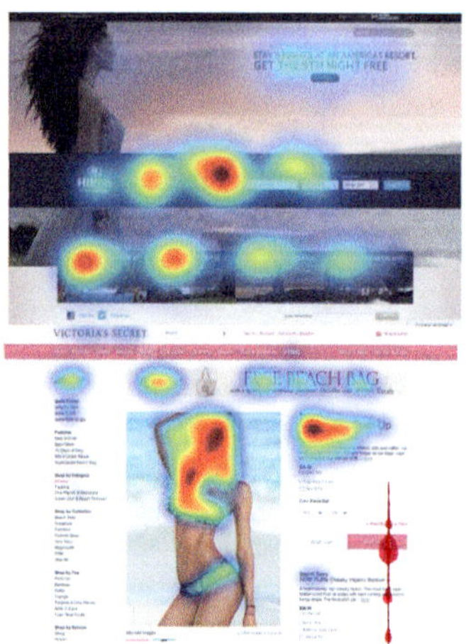

图6-7 浏览者注意的地方

2. 遵循两个基本点和6个原则

在设计详情页前，要遵循两个基本点和6个原则。

（1）两个基本点.

第1点：把所有的客户都当成非专业人士。

第2点：寻找该款产品的价值点而非促销点。

（2）7个原则。

① 前三秒原则：3秒必须引起客户的注意力。

② 前三屏原则：前三屏决定客户是否想购买商品。

③ 讲故事原则：情感营销吸引买家的共鸣。

④ 一句话原则：用一句话提炼产品卖点。

⑤ 重复性原则：商品卖点只需要一个且要不停地告诉客户。

⑥ 问答原则：诉求利益因素，给客户一个购买的理由。

3. 详情页设计排版的结构

店铺活动信息：刺激消费、流量引导、提高转化率。

产品整体展示图：吸引顾客，强化卖点，情感共鸣。

产品介绍文字：清晰完整的商品介绍，促成交易。

产品细节图：多角度展示、场景展示、细节、包装。

品牌介绍：品牌故事、荣誉资质、生产实力，加强信任。

购物须知：交易条款、常见问题、售后相关，联系方式。

图6-8所示为某店铺畅销女裤详情页设计所展示的信息。

图6-8 女裤详情页展示信息

4. 如何评定你的详情是否达标

第1点：看宝贝详情页的跳失率，按理说数值越大，买家就越不想继续看你的宝贝。

第2点：访问深度、平均访问时间，数值越大，买家关注的就越多。

详情页直接关系到宝贝的点击和转化，卖家要做好宝贝详情页设计，对于以上6大原则和两个基本点必须引起重视，在店铺装修时也要尽力落到实处。

6.1.4 详情页展示模块

从上一节内容中可以看出，一个宝贝的详情页是由不同描述信息模块组成的，而模块间的相互组合，就像是语法中的主语、谓语、宾语一样。有的模块是整个宝贝描述最主要的组成部分，有的模块具有修饰的功能，让宝贝看上去更加的诱人，给人更多的购买理由。本节将详细讲解详情页中的十类模块。

1. 宝贝展示模块

消费者购买宝贝主要看的就是宝贝展示的部分，需要让客户对宝贝有一个直观的感觉。通常这个部分是使用图片的形式来展现的，一般情况下分为摆拍图和场景图两种类型，如图6-9所示。

图6-9 宝贝摆拍展示模块

摆拍图能够最直观地表现产品，拍摄成本相对较低，大多数卖家自己也能够实现。摆拍图的基本要求就是能够把宝贝如实地展现出来，走平实无华路线，有时候这种态度也是能够打动消费者的。

实拍的图片通常需要突出主体，利用纯色背景，讲究页面的干净、简洁、清晰。

这种拍摄手法比较适合家居、数码、鞋包等小件物品，采用模特拍摄的话反而会喧宾夺主。因此，此类商品的拍摄尽可能采用纯底色来凸显宝贝。

场景图不仅能很好地展示宝贝，同时，在一定程度上更能烘托宝贝的氛围。这类拍摄通常需要较高的成本和一定的拍摄技巧。这种拍摄手法适合有一定经济实力，有能力把控产品的展现尺度的客户。因为场景的引入如果运用得不好，反而增加了图片的无效信息，分散了主体的注意力，如图6-10所示。

图6-10 宝贝展示场景图

场景图需要体现出产品的功能或者是一个唯美有意境的图片，可以衬托商品，而不是影响商品展示。

2. 宝贝细节展示模块

在宝贝展示模块中，客户可以找到产品的大致感觉。当客户有意识想要购买的时候，宝贝细节模块就要开始起作用了。细节是让客户更加了解这个商品的主要手段，客户熟悉商品才能对最后的成交起到关键的作用。宝贝细节要尽可能地展示商品细节和材质，如图6-11所示。

图6-11 宝贝细节展示模块

3. 产品规格参数模块

图片是不能反映宝贝的真实情况的，因为图片在拍摄的时候是没有参照物的。经常有买家买了宝贝以后要求退货，原因就是比预期相差太多，预期就是照片给的。所以，需要加入产品规格参数的模块，这样才能让客户对宝贝有正确的预估。商品的参数是用户判断商品整体感觉的主要方式，如图6-12所示。

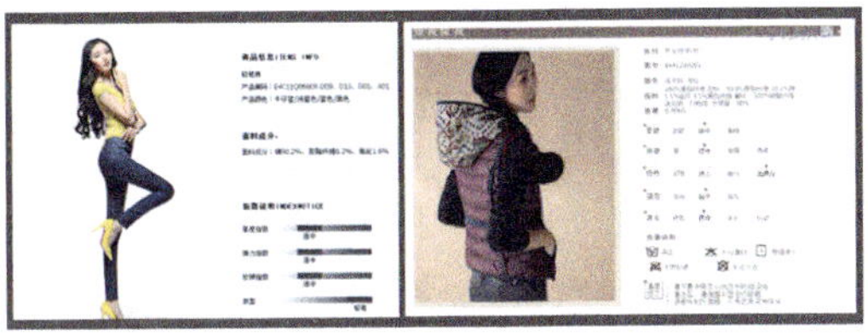

图6-12 产品规格参数模块展示

4. 功能展示模块

功能展示模块的主要作用是对宝贝各个功能进行详细的解析（细节展示），因为图片是无法动态地展示商品使用情况的，所以，需要在图片上对宝贝的其他功能做更详细的说明，它能够进一步展示细节，同时对细节进行补充说明，这样能大大地提高用户对宝贝的认知。但是这种形式需要卖家对图片有一定的处理能力，如图6-13所示。

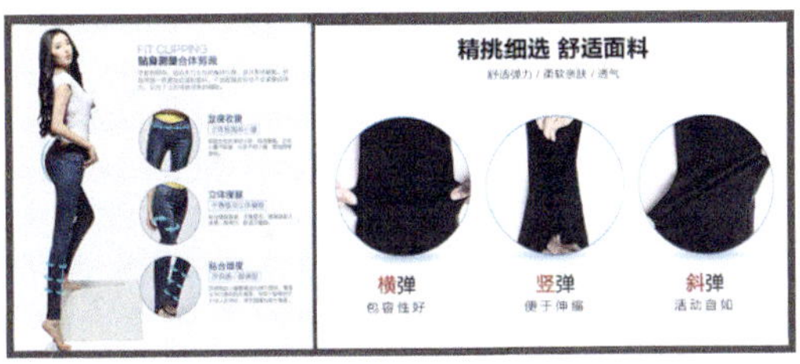

图6-13 功能展示模块

5. 关联营销模块

关联营销主要承载着两部分角色：一个是客户对该宝贝不认可的时候，推荐相似的另外几款。因为客户既然点击到这个宝贝，那么对这个宝贝还是有部分认同的，因此，推荐相似款，能够在一定程度上挽回这次交易。另外一个角色是当客户确定要购买这件宝贝的时候，推荐与之搭配另外一个宝贝，让客户再购买更多的宝贝，提高成交的客单价。因为客户在确定购买一个宝贝的时候，会下意识地降低邮费成本，那么多选购几个宝贝就是不错的方法。关联推荐的宝贝切忌胡乱堆砌，要根据营销的目标选择商品，如图6-14所示。

图6-14 关联营销模块展示

6. 活动信息模块

详情页面里的宝贝促销信息能够在用户的购买决策中起到临门一脚的作用，活动的促销作用不言而喻，如图6-15所示。

图6-15 活动信息模块展示

7. 搭配展示模块

搭配是时下最流行的词，客户在淘宝进行购物已经不仅仅是购买商品，而是寻找自己的风格。大多数人对于搭配的感觉并不是很敏锐，他们更相信专业店主的搭配推荐。一旦买家对店主推荐的搭配风格接受的话，那么这个客户很可能就会成为你的长期忠实客户，如图6-16所示。

图6-16 搭配展示模块

8. 包装展示模块

包装是服务的重要组成部分，一个好的包装还能体现店铺的实力，给卖家放心的购物延续体验。包装是网上体现服务质量一个重要组成部分，如图6-17所示。

图6-17 包装展示模块

9. 个性展示模块

但凡成功的店铺都有自己的独特性格，这个性格主要是通过店主来体现的。有个性的文案描述或者阐述店主推荐宝贝的理由，这都是在一定程度上试图和买家之间进行沟通，建立一种相互的认同感。一个有性格的店铺能够更加被客户所接受，在标准化的宝贝描述页面中加入店主的性格阐述，能够起到意想不到的效果。店铺是需要灵魂的，这些都在字里行间体现，如图6-18所示。

图6-18 店主个性模块

10. 品牌增值模块

品牌增值，顾名思义就是将品牌信息引入到宝贝描述里，从而论证该宝贝是有别于其他店铺普通宝贝的事实。不过需要展示品牌信息的通常都不是消费者熟知的品牌，才会在此介绍。品牌介绍可以增加用户对商品品质的认同感，如图6-19所示。

图6-19 品牌增值模块

6.1.5 详情页尺寸多长才合理

不管是在课堂上，还是在网络上，总会遇到学习者咨询，在设计详情页的时候，尺寸应该设置多少？这也是新手比较困惑的一个问题。按常理说，设计是根据尺寸而定的，详情页的宽度是固定的750像素或者950像素，而高度则可以根据设计而改变。

宝贝详情页就是卖家与买家之间进行的虚拟沟通，只有在详情页上给出更多“合胃口”的信息，才能够引起买家的咨询，至于是不是放的信息越多越好，也一直存在着争论。一般情况下详情页的长度（单位：像素）如图6-20所示。

图6-20 宝贝描述长度

官方也没有具体说明详情页设置多长才是最理想的尺寸。每个产品不同，详情页描述也不尽相同，所以，只能根据商品特性，在不断实践中摸索寻找适合自己店铺宝贝的长度尺寸。

6.2 详情页的制作流程

上一节内容详细讲解了详情页设计内容和制作思路，接下来详细讲解详情页的制作流程。一般情况下，设计师只要遵循这个流程，就可以完成详情页制作，具体到实际工作应用中，还要结合实际情况而定。道理和方法是固定的，操作起来是自由的。

6.2.1 详情页制作9个流程

1. 确定页面风格

页面风格主要是根据产品本身来定的，如产品的属性、产品功能等。如果产品没有特定的风格属性，可以根据目标销售人群、季节、节日或主题活动来定，如图6-21所示。

图6-21 确定页面风格

2. 产品和素材搜集

前期实拍素材，进行整理和分类，如图6-22所示。同时，设计师日常也要整理搜集自己的素材库，每一个优秀的设计师的计算机中都会存储大量的设计素材。

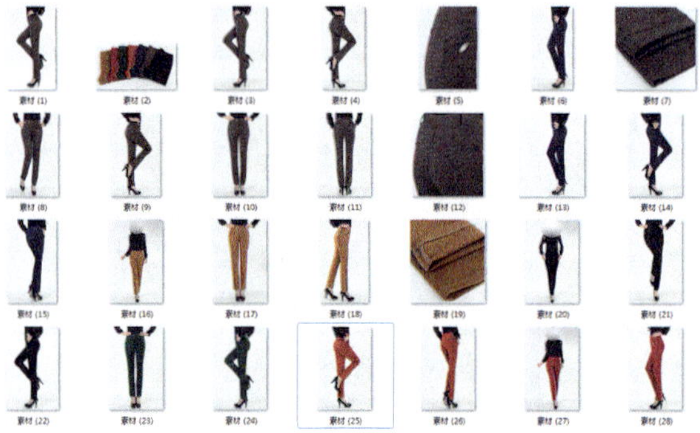

图6-22 产品素材搜集

3. 构架布局框架

根据文案内容，结合实际产品，进行有效的布局，可以从下面8个方面入手操作。

（1）产品海报——引起注意。

（2）产品全景——提升兴趣。

（3）痛点挖掘——拉近客户。

（4）卖点优势——体现产品价值。

（5）产品属性功能——提升兴趣，了解产品。

（6）产品细节展示——提升兴趣，了解产品。

（7）检测报告——建立信任。

（8）好评分享展示——进一步加强购买欲望。

4. 确定配色方案

已有店铺视觉规范的可以直接延续使用。如果没有，可以从产品本身提取，或者从Logo中提取或从产品联想属性中提取。在之前的内容中，详细讲解过配色的提取方法，可以参照使用，如图6-23所示。

图6-23 确定配色方案

5. 选择合适字体类型

字体相当于一个桥梁，相当重要。其主要用来对产品进行解释说明，方便顾问阅读，同时，也是重要信息的引导作用，如图6-24所示。

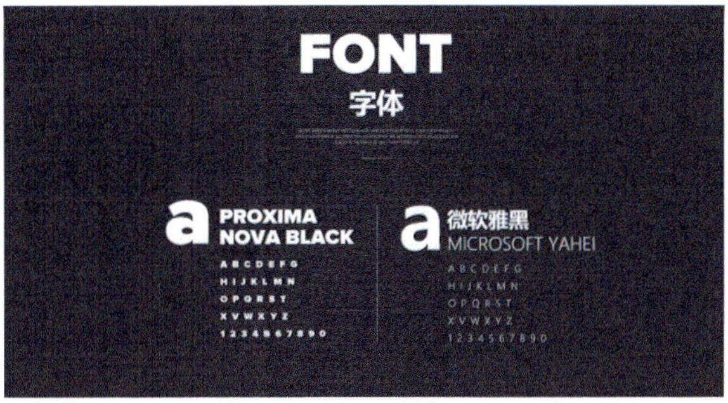

图6-24 字体的选择

字体注意事项：

（1）一般不超过3种字体。

（2）重点部分加粗突出。

（3）字体颜色的深浅，不要太复杂，以免影响阅读。

（4）选择符合产品定位的字体。

（5）字号大小使用得体，不宜过大或过小等。

6. Photoshop排版设计制作

整个详情页制作在Photoshop 软件中实现。怎么对图片和文案内容进行排版设置，要考验美工设计的水平。

越是简约大气的页面，元素务必不要太多，清爽舒适的页面多留白，参考优秀案例，多多借鉴和学习。学习是没有止境的，同样，详情页的设计排版也是。多学习，多总结，扩展想法，拓展思维，建立自己的设计风格。图6-25所示为商品详情页。接下来会详细讲解设计步骤。

图6-25 商品详情页

7. 修改定稿

把制作首稿输出JPG格式给老板或者运营进行阅稿审核，如不符合要求，进行局部修改。也可以参考不同的意见进行优化处理，直至定稿保存为止。

8. 切片和优化页面存储

设计师设计制作后的详情页往往是一张图，高度可能达上万像素，而在网上浏览的图是经过Photoshop切片功能进行切图后呈现出来的。如果一张数几十MB的图像直接上传到淘宝店铺中，网络加载速度会慢，用户体验差，所以，要进行图片切割优化。图片切割与优化在后面章节中会进行系统的讲解。

9. 上传淘宝店铺

当前期把所有工作完成之后，就要把切片好的详情页图逐一上传到淘宝图片空间，在发布新宝贝时，就可以使用我们制作的详情页图了。

6.2.2 女装详情页制作流程

效果文件 | 效果>CH06>6.2.2效果图.jpg、6.2.2源文件.psd
素材文件 | 素材>CH06>6.2.2素材1.png~素材29.png
视频文件 | 视频>CH06>6.2.2女装详情页制作流程.mp4

当把所有的工作都准备好之后，就可以在Photoshop中进行制作了，这也是最考验设计师的一个环节。不同的商品有不同的设计表达手法，务必要做到举一反三，学以致用，从工作的历练中获得经验，从优秀的同行商品中吸取精华。

步骤01 新建一个文件，宽度为750像素，高度可以自定义（制作过程中，使用裁剪工具可以不断增加高度），分辨率为72像素/英寸，颜色模式为RGB。建立好画布之后，将活动图创建进来，放到最顶端，如图6-26所示。

步骤02 找到本节内容提供的商品素材图，制作第一屏的海报，然后创建文字，最终效果如图6-27所示。

图6-26 将活促销海报创建进来

图6-27 制作第一屏海报

步骤03 接下来，根据文案信息把商品细节内容放上去，最终效果如图6-28所示。

步骤04 制作参数信息，如面料、厚度、弹性，裤长和模特试穿信息，如图6-29所示。

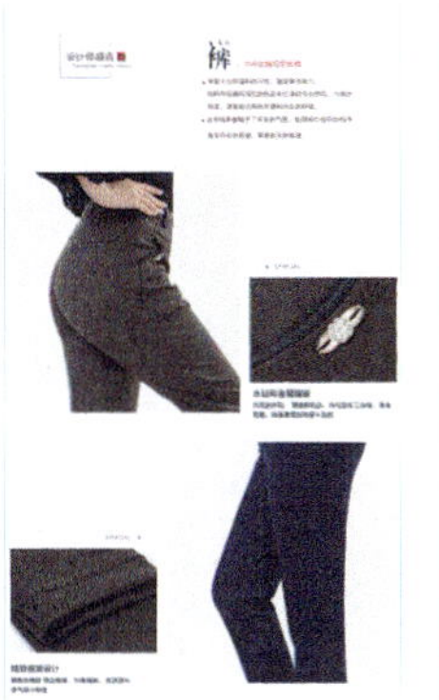

图6-28 创建细节内容

图6-29 制作参数信息

步骤05 创建裤子的尺码信息参数，如图6-30所示。

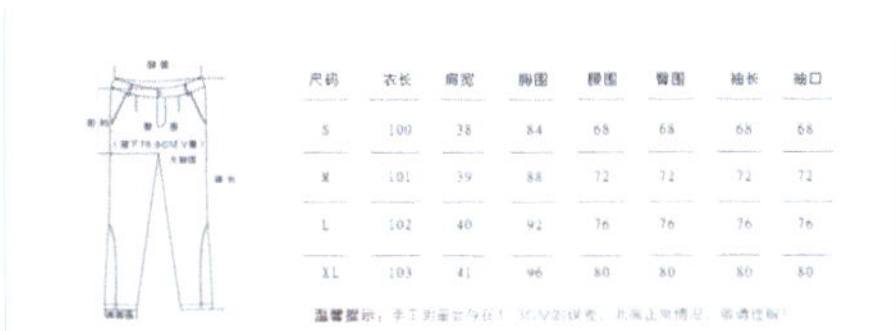

尺码	衣长	肩宽	胸围	腰围	臀围	袖长	袖口
S	100	38	84	68	68	68	68
M	101	39	88	72	72	72	72
L	102	40	92	76	76	76	76
XL	103	41	96	80	80	80	80

图6-30 裤子尺码信息

步骤06 当把商品的参数介绍完之后，就可以从不同角度来展示模特实景图了，包括不同颜色和款式，如图6-31~图6-33所示。

图6-32 模特展示

图6-32 模特展示

图6-33 模特展示

步骤07 制作洗涤保养信息，如图6-34所示。

图6-34 洗涤保养信息制作

步骤08 制作底部客服信息和实体店铺展示，如图6-35所示。

步骤09 详情页的制作，就是这样一个模块一个模块设计出来的。制作一个详情页，花费的时间一般为1~3天，具体还要看店铺上新款的多少。因为在制作详情页的过程中会使用大量的素材，而每一个素材都会产生一个新的图层，切记在"图层面板"中正确命名，合理分组，如图6-36所示。

图6-35 客服信息和实体展示

图6-36 "图层面板"管理

步骤10 整个详情页制作完之后，高度超过20000像素，消费者在浏览过程中有20屏左右，如图6-37所示。

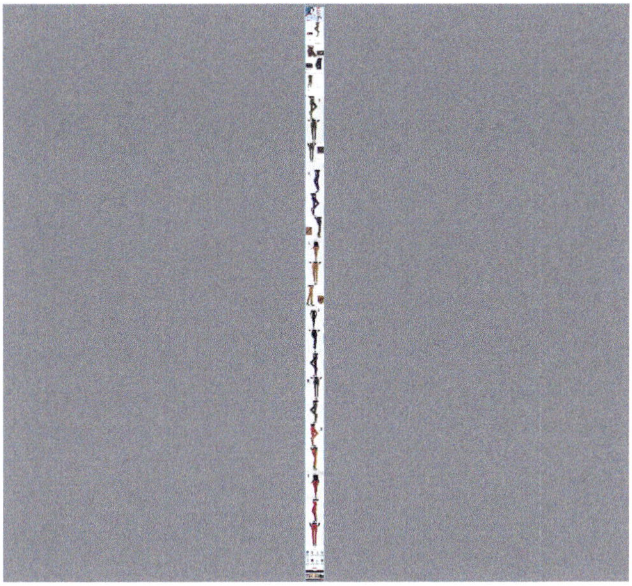

图6-37 详情页制作最终效果

步骤 11 把详情页设计好之后，就可以使用切片工具进行图像优化处理，最终存储为Web格式，发布新宝贝。

6.2.3 课后习题

通过以上内容讲解，相信大家都能理解和掌握宝贝详情页的设计方法和技巧。

本节课程习题：

（1）根据提供的素材制作一款女裤详情页。

（2）制作自己店铺商品宝贝详情页。

6.3 “淘宝神笔”详情页装修

“淘宝神笔”是淘宝网专为卖家提供的宝贝详情描述模板的工具，使用它可以快速、便捷地做出专业的详情页。神笔编辑器是不需要收费的，但是在订购模板时，部分模板需要收取一定的费用。本节将详细讲解关于神笔编辑器的操作。

6.3.1 使用详情页模板

视频文件 视频>CH06>6.3.1使用详情页模板.mp4

神笔编辑器目前最新版本是2.0，读者可自行登录神笔主页。

步骤 01 进入神笔编辑器有4种方法，可以直接从主页进入，也可以从卖家中心进入，还可以从卖家服务市场及千牛后台进入，如图6-38所示。

步骤02 通过卖家中心发布新宝贝，在宝贝描述中选择模板编辑器，如图6-39所示。

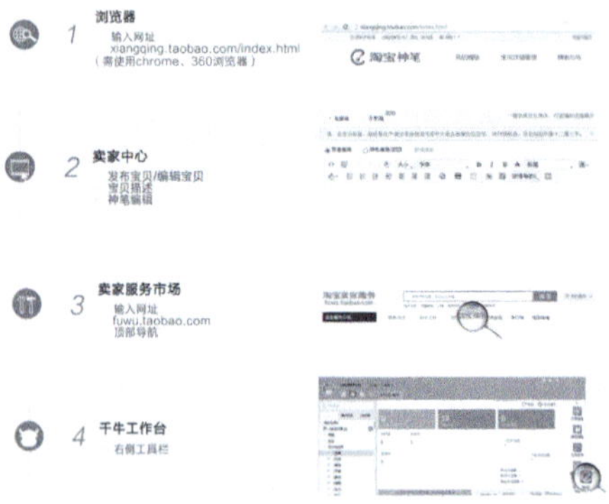

图6-38 进入神笔编辑器后台

图6-39 选择模板编辑器

步骤03 进入淘宝神笔宝贝详情编辑器，系统提供了很多模板，可以通过行业和风格来选择适合自己的模板（部分模板需订购后方可使用），如图6-40所示。

步骤04 在众多模板中选择适合自己商品的一个模板，然后单击立即使用，进入编辑后台，如图6-41所示。

图6-40 选择合适模板

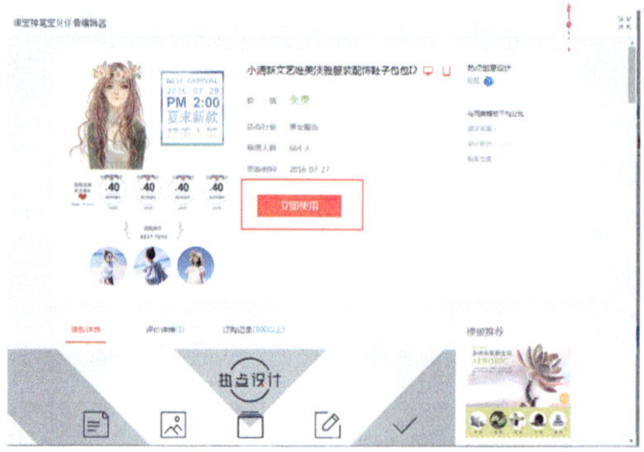

图6-41 立即使用

步骤05 进入神笔编辑器，详情页中的文字、图片、链接等都可以更改。如图6-42所示，编辑器界面中有3个模块：属性编辑、模块管理及中间的详情内容可视编辑区。

步骤06 对商品图片进行编辑。选择模板中的一张商品素材图，在属性编辑中单击改换图片，就可以调整图片素材的尺寸、位置、大小、边框和角度旋转，如图6-43所示。

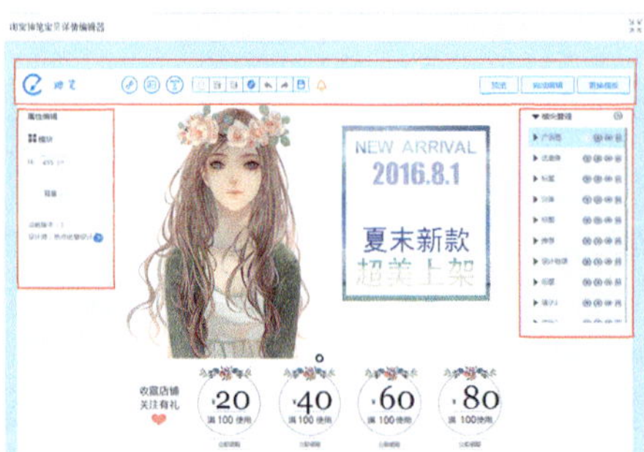

图6-42 编辑器界面

图6-43 图片信息编辑

步骤 07 对商品文案信息进行编辑。选择文字，可以在属性编辑中对字体大小、样式、颜色和不通透度等内容进行修图调整，如图6-44所示。

步骤 08 对热区链接进行编辑。单击添加链接，在属性编辑中可以对区域大小进行调整，添加热区URL地址，同时，还可以直接复制热区，如图6-45所示。

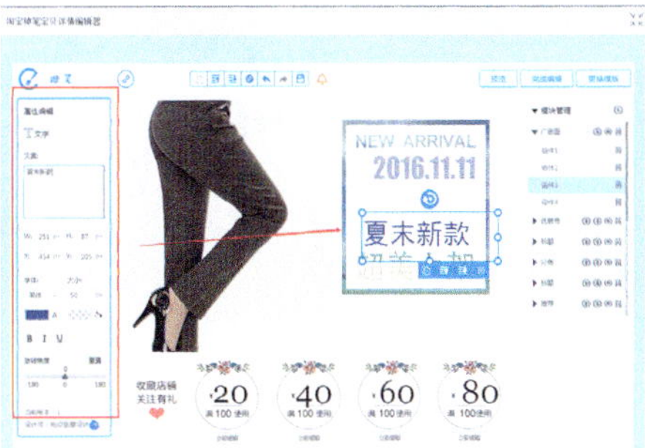

图6-44 文案信息编辑

图6-45 热区链接编辑

步骤 09 在模块管理中，可以对每个模块的位置进行调整，确定是否显示或者直接删除操作，如图6-46所示。

步骤 10 把所有模块信息更换完成之后，可以预览观察整体效果，也可以单击完成编辑，直接使用，如图6-47所示。

图6-46 模块管理编辑

图6-47 预览效果查看

步骤 11 此时，又回到了宝贝描述页面，如图6-48所示。填写其他宝贝信息内容，操作完成后，单击最下端的“发布”命令按钮，整个宝贝详情编辑完成。

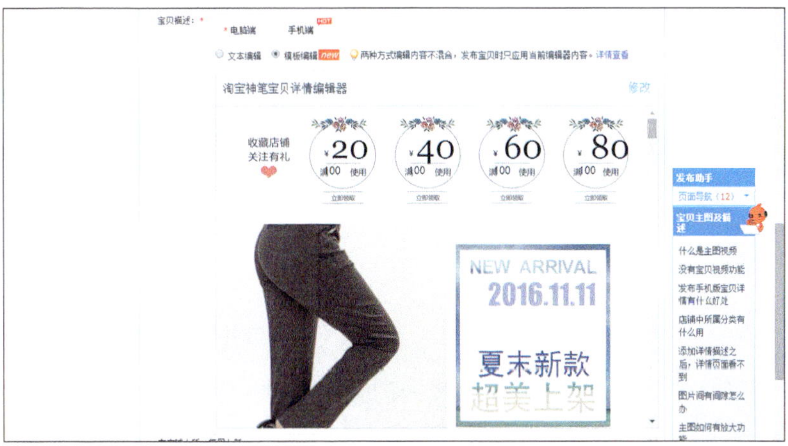

图6-48 完成宝贝详情编辑

6.3.2 自定义详情页模板制作

自定义模板也就是空白模板，可以在空白的画布上自由设计、排版、编辑，通过图文的自由组合，制作出心目中的最美详情页。真正做到和Photoshop软件一样使用自如，但比Photoshop软件更简单易用，尤其适合有美工或有设计能力的卖家。

步骤01 进入空白模块之后，第一步就是添加模块，如图6-49所示。

步骤02 在新模块属性编辑中，修改背景颜色及高度，在模块编辑中修改命名为“首焦图”，如图6-50所示。

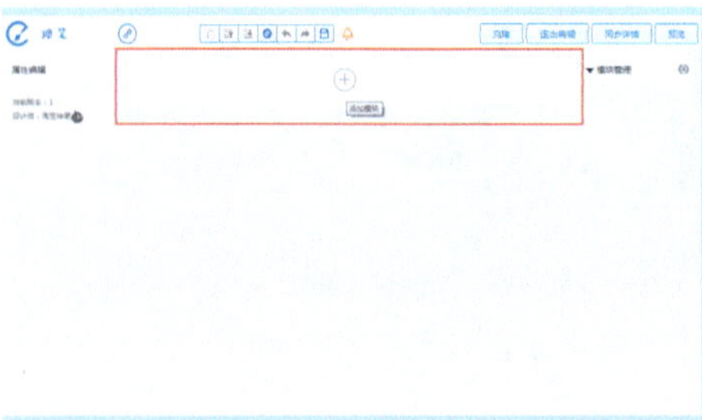

图6-49 添加新模块

图6-50 修改模块内容信息

步骤03 把素材商品图添加进来，调整合适的大小和位置。同时，在模块管理中修改名称，一定要养成一个良好的习惯，如图6-51所示。

图6-51 商品素材图编辑

步骤04 对产品图进行编辑之后，需要创建文案，添加最上方的T文字按钮，在编辑器里可以对文字属性进行修改，如图6-52所示。

图6-52 创建编辑文字信息

步骤05 使用同样的方法，将其他详情页需要展示的模块信息逐一添加上来，至此，一个完整的详情页就创作完成了。

第 7 章

图片切割与优化

当设计师把所有的内容图设计好之后，进行图片输出时，就要对其进行切割优化处理。一张长图详情描述页面有十几屏的长度，需要切割成小图后再逐一上传，用户在滚动浏览的时候，方可持续加载。本章主要讲解有关图片切割和优化存储的内容。

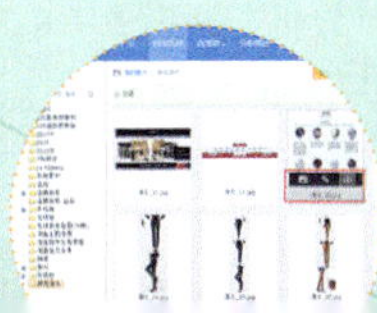

7.1 图片切割

7.1.1 什么是图片切割

视频文件 ┆ 视频>CH07>7.1.1什么是图片切割.mp4

在网店装修过程中，经常会遇到这样的情况，在一张促销广告图或者组合大图上，需要设置多个链接指向不同的商品。一种方法是在图片上添加热链接，另一种方法是把一张图按照需要切割成一张张的小图，然后再对它添加图片链接，一个切片对应一个链接，后期操作不但方便而且便捷。

当设计师制作好店铺首页、专题页面、详情页面等这种长图时，不可能一张图片直接上传到店铺中来，那么就要进行切割。切割的目的是把一张图切割成多张图，进行装修装修使用。这个操作过程，称为“切图”处理。

在Photoshop软件中，工具箱中有一个“切片工具”，图片的切割就是用它处理完成的。另外，还有一个网页设计师常用的Fireworks软件，它在图片切割和图片优化功能上更强大，更专业。有兴趣的读者也可以下载Fireworks软件尝试使用，操作界面及方法和Photoshop软件很多地方都是相通的，在这里就不进行详细讲解了。

7.1.2 切片工具操作讲解

素材文件 ┆ 素材>CH07>7.1.2素材图.jpg

视频文件 ┆ 视频>CH07>7.1.2切片工具操作讲解.mp4

本节详细讲解切片工具的操作方法和调整。

步骤01 打开Photoshop软件，在工具箱中选择“切片工具”或直接按C键操作，如图7-1所示。打开素材图像，分析后发现，整张设计图是由不规则的多个商品卖点信息制作而成的，那么在创建切片的时候，就可以根据每一个内容进行创建，先创建第一个切片，如图7-2所示。

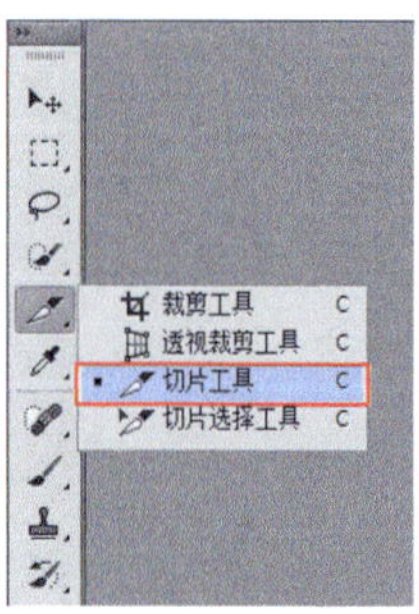

图7-1 切片工具

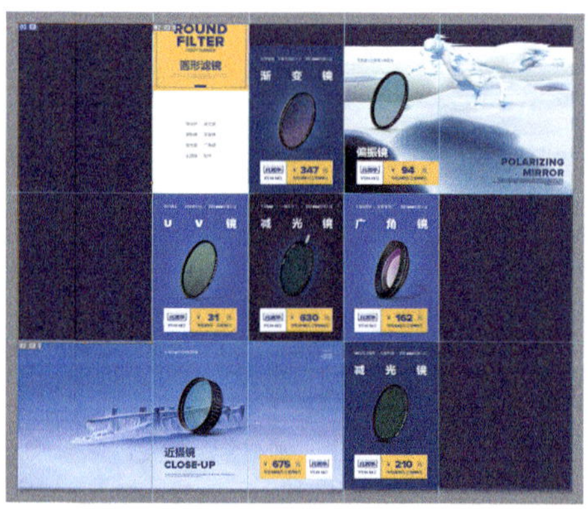

图7-2 创建第一个切片

步骤02 用同样的方法创建其他地方的切片，进行图片切割处理，如图7-3所示。

步骤03 把所有需要切割的图创建好切片之后，会发现，有一些边缘或多或少的操作不精确，那么，可以通过工具箱中的“切片选择工具”选择相应的切片，进行调整处理，前后调整对比如图7-4所示。

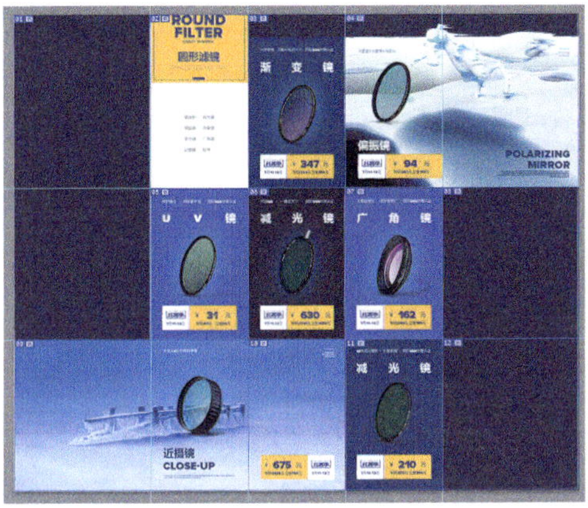

图7-3 创建其他切片

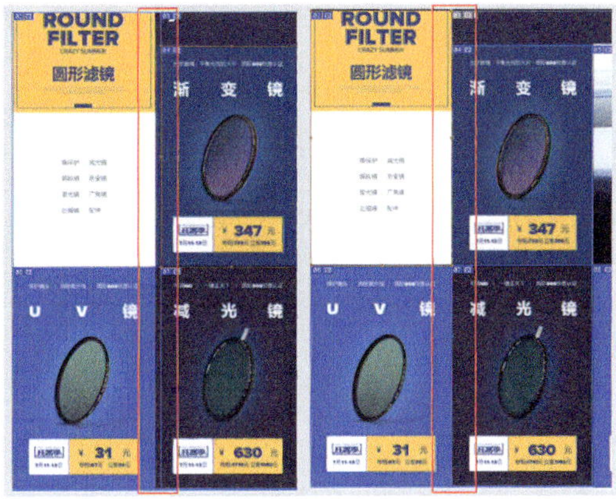

图7-4 切片调整处理

值得注意的是，创建切片的时候，一定要细心，因为一旦漏创建一个像素或者重叠一个像素，就会造成输出图像不完整的结果。

7.1.3 详情页图的切割

视频文件 | 视频>CH07>7.1.3详情页图的切割.mp4

浏览网店商品时，页面打开的速度受图片大小的影响，详情描述页设计制作完成后，就要切图处理。根据网页页面设计对图片要求的常识，如果切割后的图片宽为750像素、高为500像素，优化保存后，一般大小是100KB左右，在消费者浏览宝贝详情时，就算是2MB/s的网速，也会有一个良好的用户体验。不过，随着国家光纤的大量普及，切割详情页高度为500~1800像素都是可以的（手机详情页每张图高度小于等于960像素），因为在计算机端官方也没有给出具体的数据。

步骤01 打开上一节制作的详情页图，按Ctrl+R快捷键创建参考线，可以根据详情页描述的内容模块的划分来创建参考线，如图7-5所示。通过创建的参考线来创建切片。

图7-5 创建参考线

步骤02 在创建参考线的时候，如果想移动参考线的位置，可以按住Ctrl键单击，如果要删除参考线，可以直接拖动到左边或顶部参考线上，整个页面的参考线创建如图7-6所示。

步骤03 根据创建的参考线，就可以直接使用工具箱中的切片工具来创建切片进行切图处理，如图7-7所示。创建切片的时候，参考线是有吸附作用的，很轻松就能完成切片的创建。

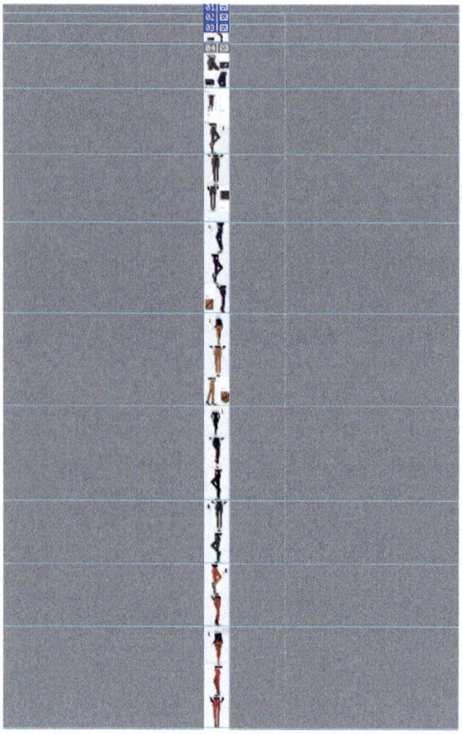

图7-6 全部参考线创建

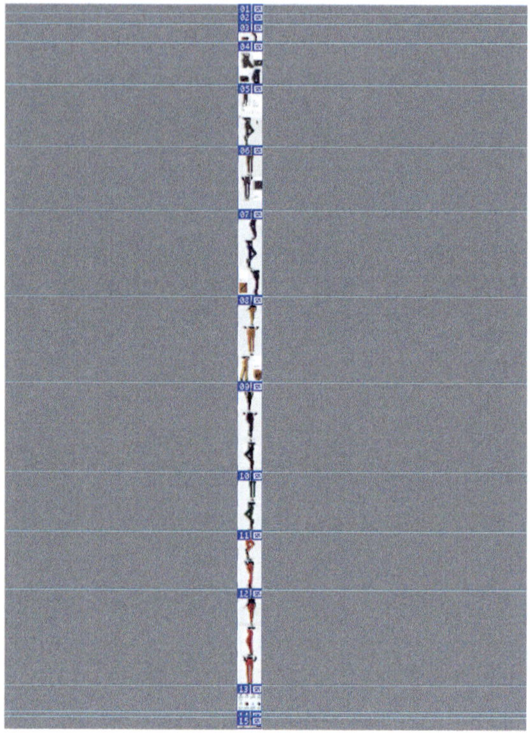

图7-7 根据参考线创建切片

步骤04 用同样的步骤和方法，将详情页中其他剩下的内容进行切片。

7.2 图片优化与存储

把切片创建好之后，接下来就要进行优化处理和存储操作，本节将详细地进行讲解。

7.2.1 切片图的优化

视频文件 | 视频>CH07>7.2.1切片图的优化.mp4

步骤01 执行“文件>存储为web所用格式”菜单命令，打开图7-8所示的对话框。

步骤02 在视图中选择“四联”模式，有原稿、100%品质、50%品质和25%品质后显示模式，可以清晰地查看对比效果，如图7-9所示。

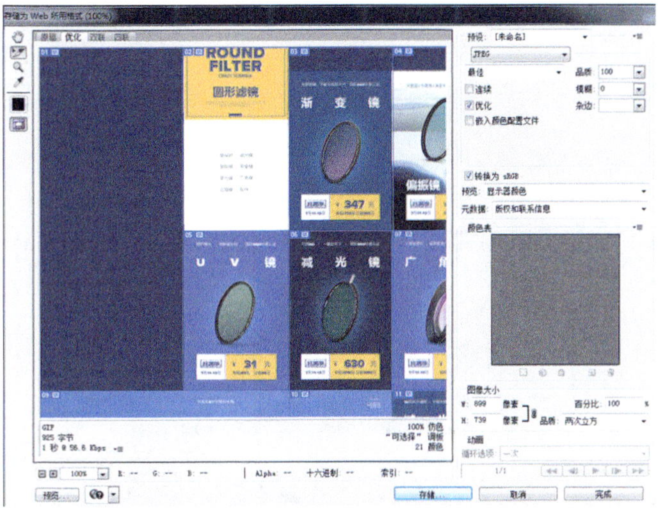

图7-8 存储为Web所用格式优化框界面

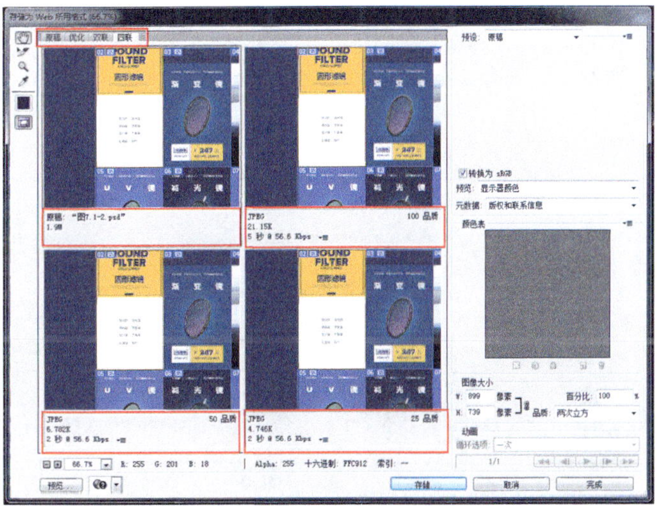

图7-9 四联模式预览效果

步骤 03 也可以使用“切片工具”选中其中某一个切片内容，查看优化效果，如图7-10所示。

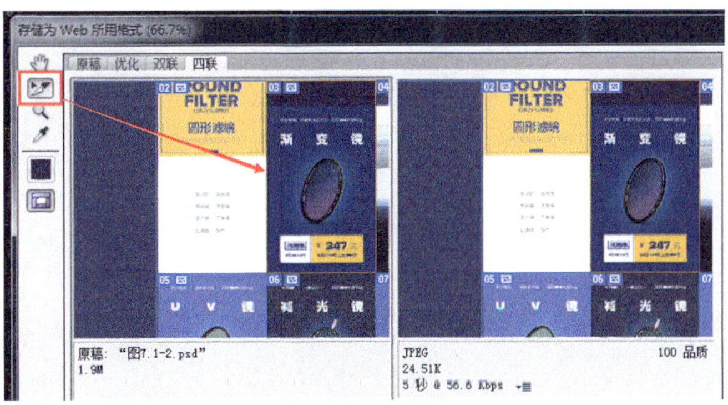

图7-10 查看某一个切片优化效果

7.2.2 切片图的存储

视频文件 | 视频>CH07>7.2.2切片图的存储.mp4

步骤01 设置好优化模式之后，可以选择多种图片格式进行存储设置，图7-4中选择的是GIFf格式。在预设中，可以根据实际需求，设置颜色、扩散、杂边已经图像大小等参数。

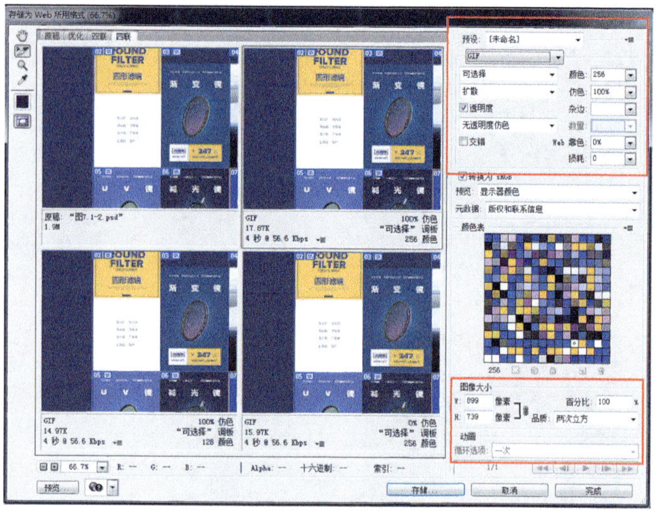

图7-11 存储为GIF格式

步骤02 同时，还可以存储为JPEG格式，如图7-12所示。在预设中，设置模式、品质、模糊和图片大小等。

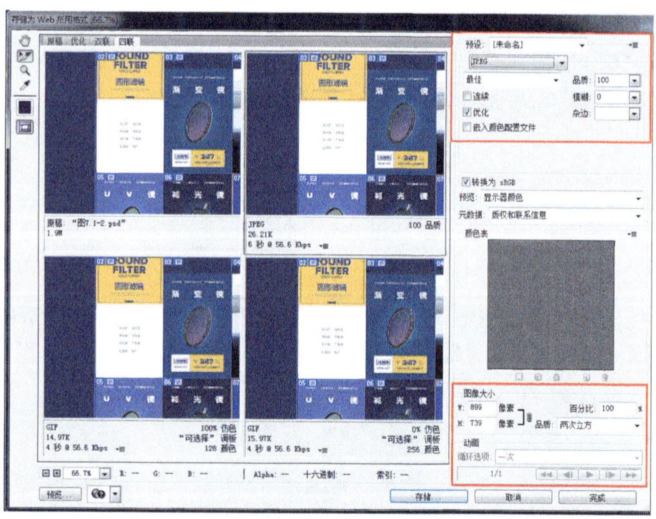

图7-12 存储为JPEG格式

步骤03 把所有参数设置好之后，就可以进行存储了。在存储对话框中，可以设置文件名称，格式中可选择仅限图片还是HTML，同时在切片中还可以选择只输出某一个切片或全部存储，如图7-13所示。

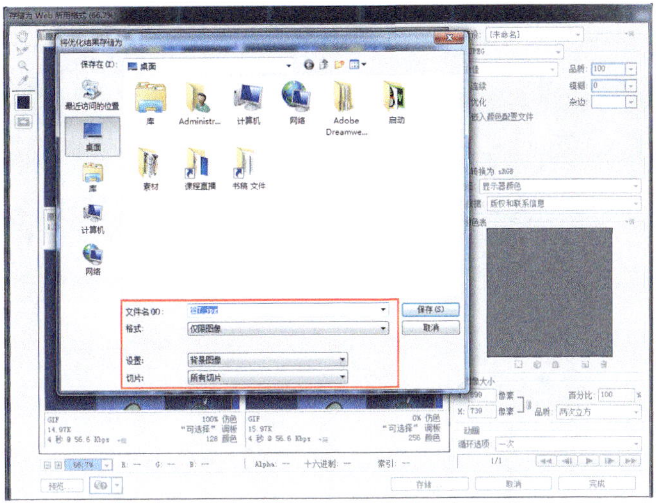

图7-13 存储对话框

步骤 04 选择好存储位置后，软件会自动创建一个images图片文件夹，所有输出的图片默认都会存储到这里。优化和存储后的切片图，如图7-14所示。

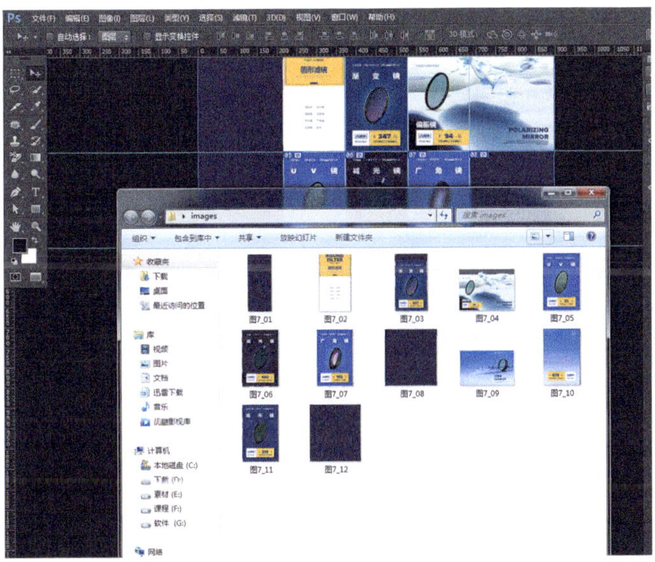

图7-14 优化和存储后的切片图

7.3 图片空间

把制作好的图优化存储之后，就要把每一张图片上传到淘宝的图片空间，默认提供有20GB超大空间，这样就可以在发布宝贝的时候直接使用了。

7.3.1 图片空间操作

视频文件 ┊ 视频>CH07>7.3.1图片空间操作.mp4

步骤 01 图片空间的登录方式有很多种，最快捷的方式是直接从网页上登录，如图7-15所示。

图7-15 淘宝图片空间

步骤 02 登录图片空间后，在“首页”菜单选项中有图片空间使用情况、流量分析，以及账号状态和常用操作，如图7-16所示。

图7-16 图片空间首页界面

步骤 03 在“百宝箱”菜单中可以设置水印，如图7-17所示。可以使用美图秀秀在线处理图片，如图7-18所示。

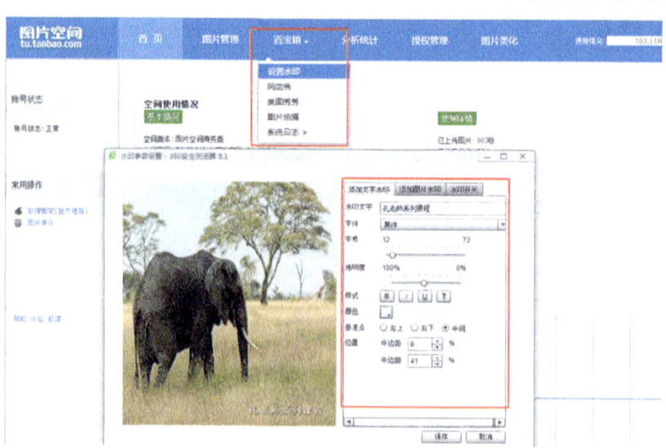

图7-17 水印设置操作界面

图7-18 美图秀秀在线处理图片

步骤 04 图片空间还提供了分析统计、授权管理及图片美化市场的登录窗口，如图7-19所示。

图7-19 美图美化登录窗口

7.3.2 上传切片图

视频文件 | 视频>CH07>7.3.2上传切片图.mp4

步骤 01 在图片管理中新建一个文件夹，这样有利于管理素材图片。如图7-20所示，可以在图片目录任意处单击鼠标右键，进行新建文件夹，移动、重命名和删除文件夹。

图7-20 图片空间新建文件夹

步骤02 创建好文件夹后，就可以单击“上传图片”按钮，进行图片上传操作，还可以选择高速上传和普通上传两种模式，如图7-21所示。值得注意的是，图片单张大小支持3MB以下，超过3MB系统会自动压缩，自动压缩和宽度调整可能会使图片失真。设置好参数后，就可以进行图片上传了。

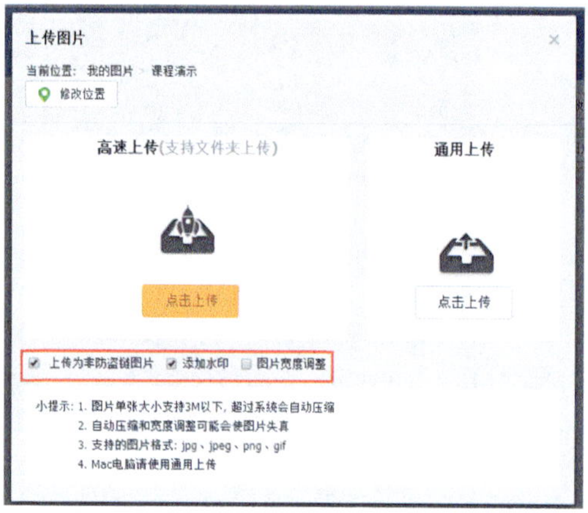

图7-21 上传图片设置

步骤03 选择普通上传后，显示每张图片上传的速度情况，如图7-22所示。

图7-22 图片上传速度显示

步骤04 优化处理后的图片已经全部上传到图片空间中来，如图7-23所示。这时就可以复制图片地址及图片代码等在店铺装修中使用图片了。

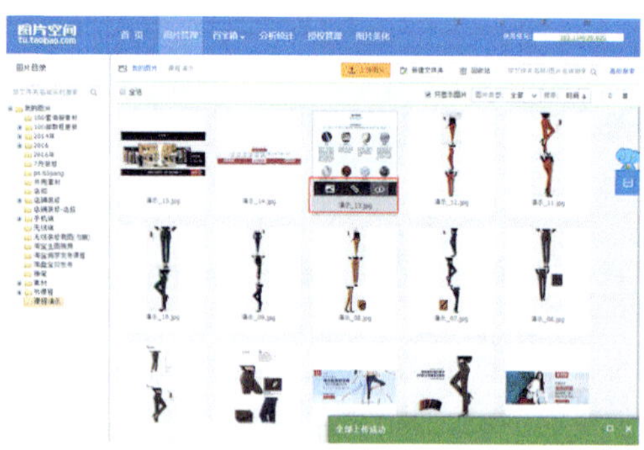

图7-23 图片上传成功

将制作好的海报、详情页等图上传到淘宝图片空间后，就可以在发布宝贝的时候使用了。

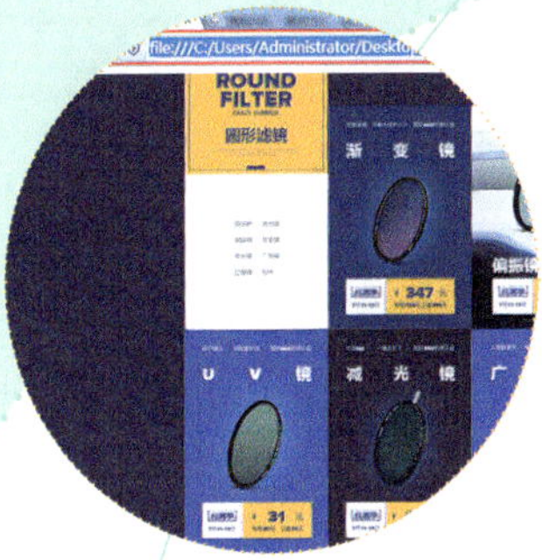

第8章

Dreamweaver图文排版操作

本章主要讲解Dreamweaver代码操作和表格排版制作的有关内容。在店铺装修过程中，有时需要用到代码编辑，作为一名熟练的美工设计人员，需要熟练掌握HTML和CSS一些基础的编辑和更改，满足日常工作中的需要。

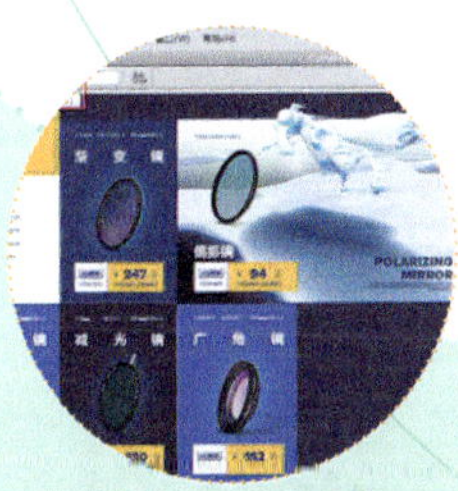

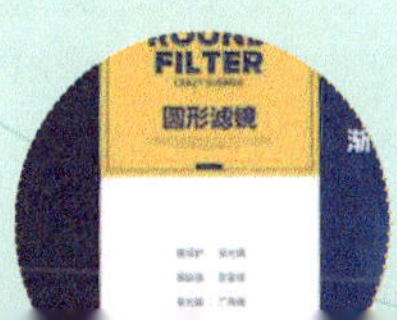

8.1 Dreamweaver操作讲解

本节内容来认识一下Dreamweaver软件，在电商美工设计的过程中，经常会遇到链接的跳转，这个时候，就需要通过此软件来实现。

8.1.1 认识Dreamweaver软件

视频文件 | 视频>CH08>8.1.1认识Dreamweaver软件.mp4

Dreamweaver简称DW，中文名称为“梦想编织者”。它是美国Macromedia公司开发的集网页制作和管理网站于一身的所见即所得网页编辑器。DW是第一套针对专业网页设计师特别发展的视觉化网页开发工具，利用它可以轻而易举地制作出跨越平台限制和跨越浏览器限制的充满动感的网页。

图8-1所示为DW软件最新版本Adobe Dreamweaver CC的启动界面。

图8-1 Dreamweaver软件启动界面

Adobe公司在2005年收购了Macromedia公司，可以发现Dreamweaver软件的操作界面其实和Photoshop软件都很类似，它的软件版本也是从经典的8.0版到现在最新的CC版本，也建议计算机性能比较好的读者可以安装最新版本，它可以支持更多新的技术，同时也会进一步优化，操作起来更加方便。

软件的安装非常简单，它和Adobe旗下其他软件方法都很类似，下载安装包后，双击安装程序就可以对安装程序初始化，如图8-2所示。

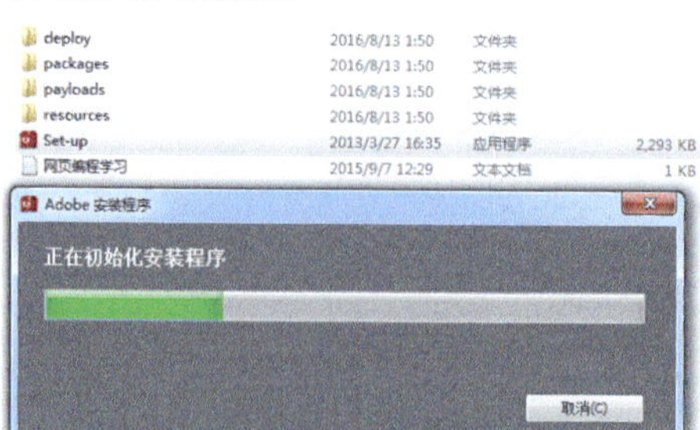

图8-2 安装程序初始化

软件提供了“安装”和“试用”两个选项，可以根据自己的情况进行选择，如图8-3所示。

安装软件所消耗的时间长短和计算机配置有很大的关系，一般情况下，十几分钟后就可以安装成功。图8-4所示为安装进度显示。

图8-3 安装程序选择　　图8-4 安装程序进度显示

软件安装好之后，可以在计算机“程序”菜单中启动软件，也可以通过桌面快捷图标启动软件。

8.1.2 软件界面与功能介绍

视频文件 视频>CH08>8.1.2软件界面与功能介绍.mp4

软件安装成功之后，第一次启动软件，进入软件的欢迎界面，如图8-5所示。

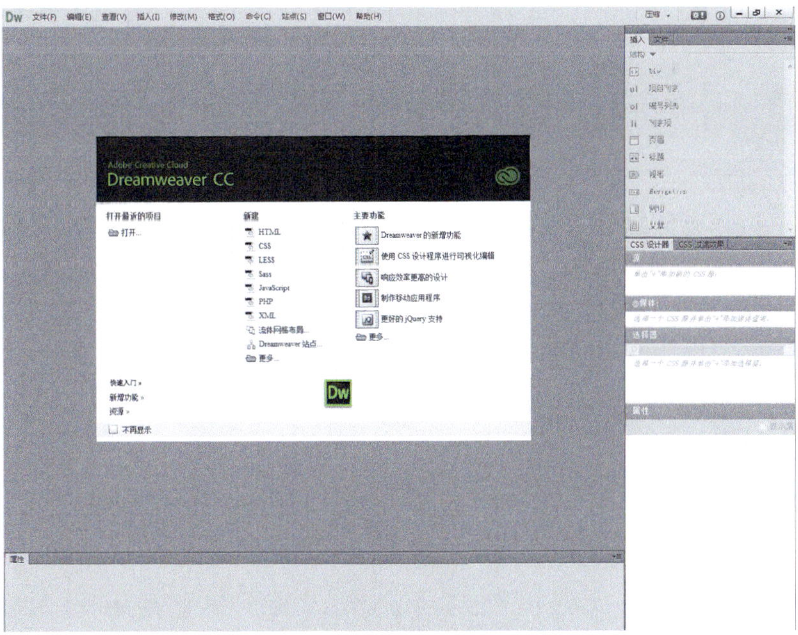

图8-5 首次启动软件欢迎界面

欢迎界面中有打开最近的项目选项、需要新建的内容以及功能介绍和说明信息。

第一次使用时，需要选择“新建＞HTML”命令进入软件界面，也可以通过执行“文件>新建”菜单命令，选择“空白页”，“页面类型”选择“HTML”，布局选择“无”，如图8-6所示。

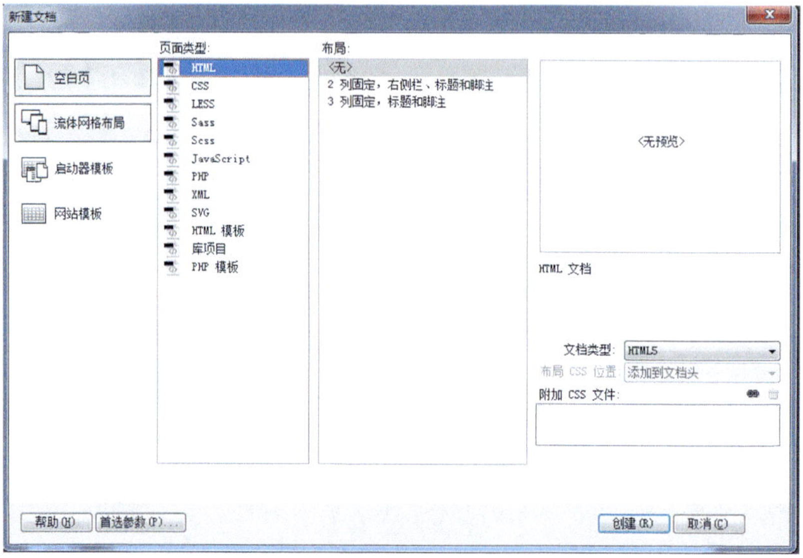

图8-6 新建空白文件

新建文件后，进入Dreamweaver软件操作界面，如图8-7所示。

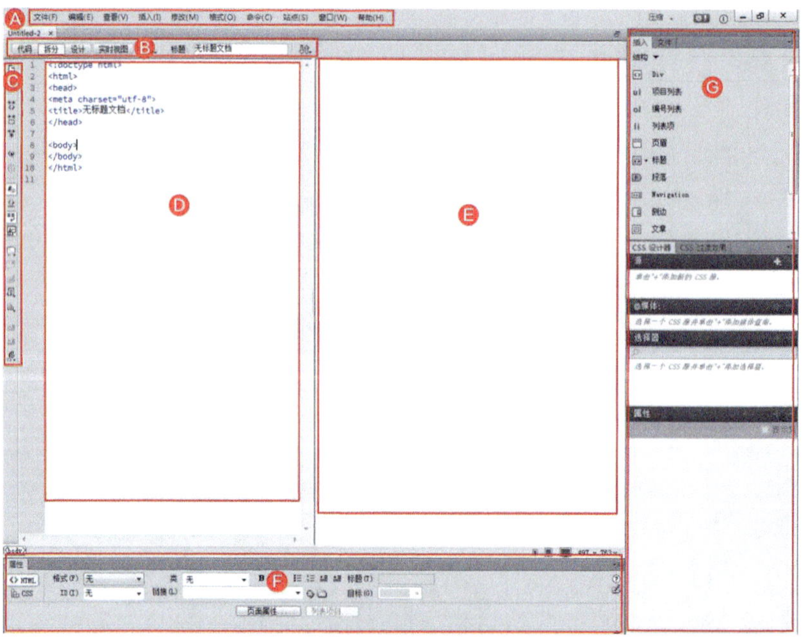

图8-7 软件界面

A是菜单栏，所有的操作命令都在菜单栏中。

B是3种视图切换选项，软件提供了代码、拆分和设计3种所见即所得视图操作界面。

C是工具箱，工具箱中存放了软件中所有的工具。

D是代码编辑区，在代码和拆分视图模式中可以使用。

E是所见即所得区域，在拆分和设计视图模式中可以使用。

F是属性面板，在工具箱中选择每一个工具，属性面板都有不同的信息。

G是面板组，面板组存放了不同工具的更多选项内容。

在使用Dreamweaver的时候，多数情况下，会使用拆分中的“代码”视图和“设计”视图对内容进行操作编辑处理，如图8-8所示。

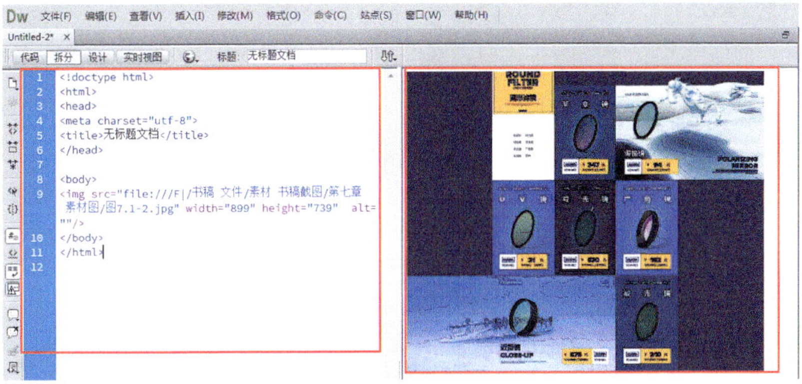

图8-8 拆分视图模式

在编辑代码的时候，可以及时查看效果。按F12键可以在网页中查看预览效果，如图8-9所示。

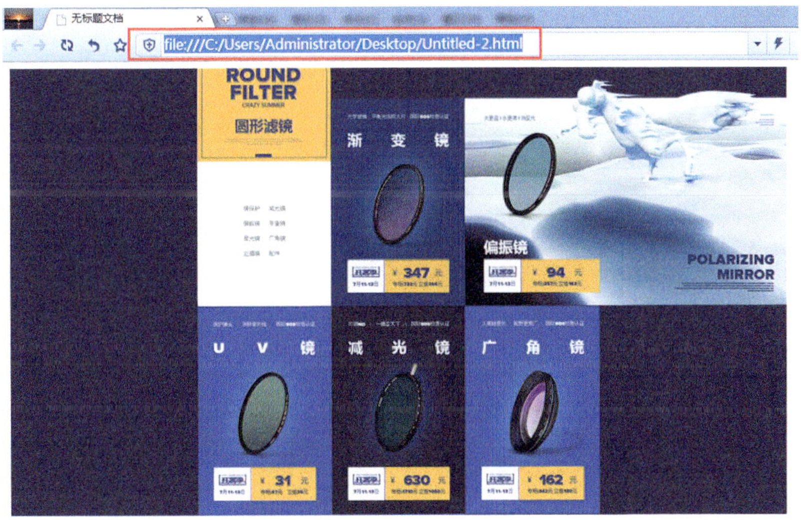

图8-9 网页中预览效果

8.2 表格编辑排版制作

素材文件 | 素材>CH08>8.2二维码.png

视频文件 | 视频>CH08>8.2表格编辑排版制作.mp4

在电商美工设计中，经常会遇到一些表格参数的制作，以及图文表格的排版，本节将详细讲解表格编辑及排版设计。

步骤01 新建一个空白的HTML文件，在代码视图中将软件自动生成的代码删除，如图8-10和图8-11所示。

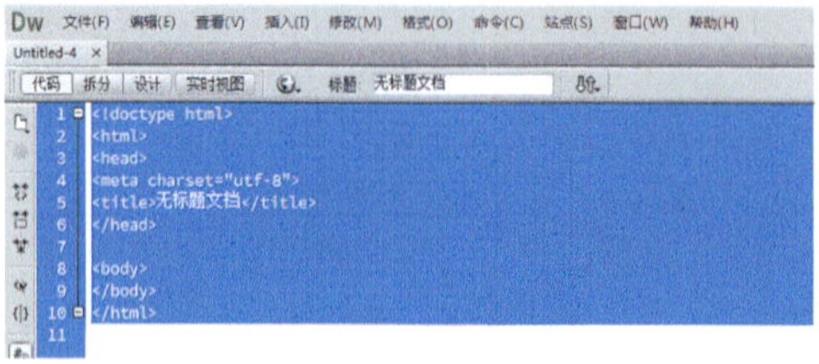

图8-10 新建一个空白的HTML文件

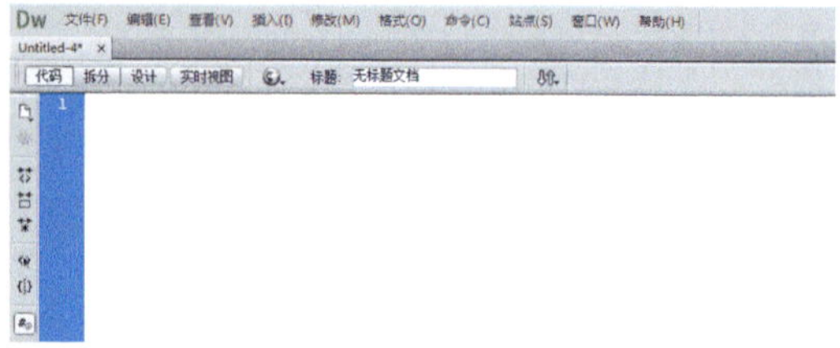

图8-11删除软件自动生成代码

步骤02 执行“插入>表格”菜单命令，在“表格大小”选项组中，设置需要的行和列及表格宽度，如图8-12所示。

步骤03 创建所需要的表格，然后右键拖曳选择所有表格，如图8-13所示。

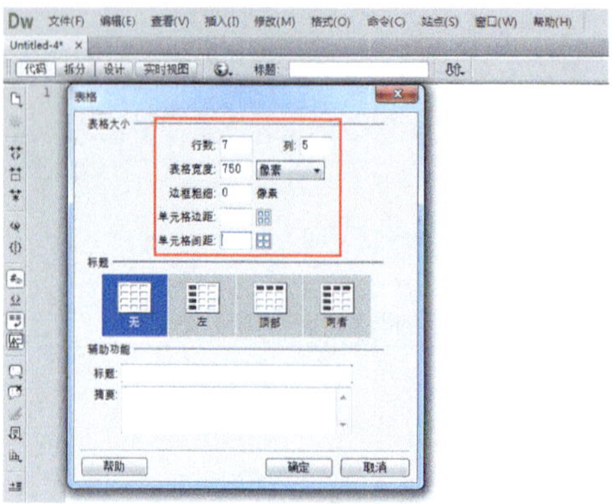

图8-12 设置表格参数

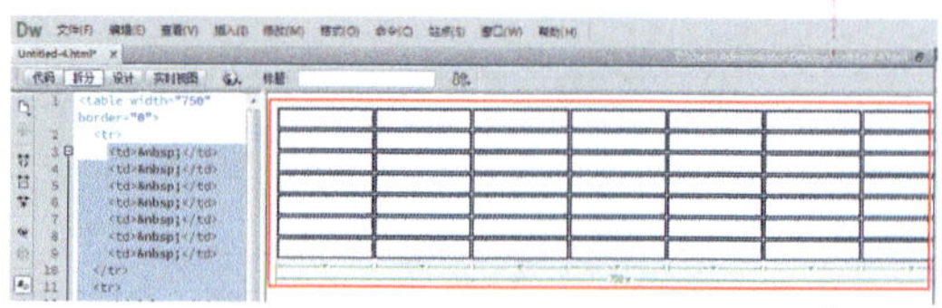

图 8-13 选中表格操作

步骤04 在表格“属性”面板中设置背景的颜色，如图8-14所示。设置好背景颜色后，整个表格的背景就发生了改变，还可以任意选择某几行表格，改变背景颜色，如图8-15所示。

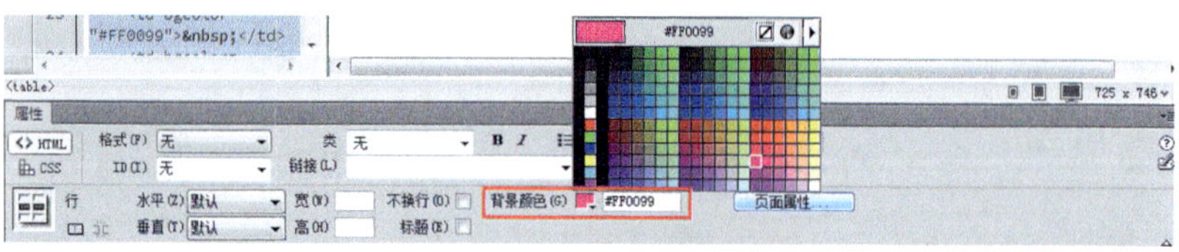

图8-14 表格属性设置颜色

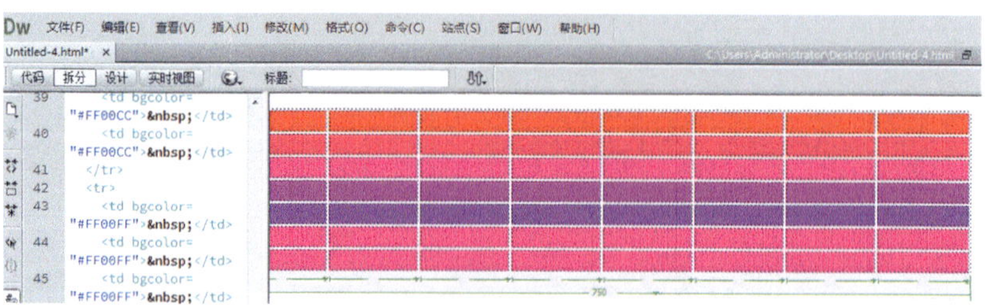

图8-15 设置不同表格背景颜色

步骤 05 可以直接在表格中创建文字，在“属性”面板中修改相应数值，如图8-16所示。

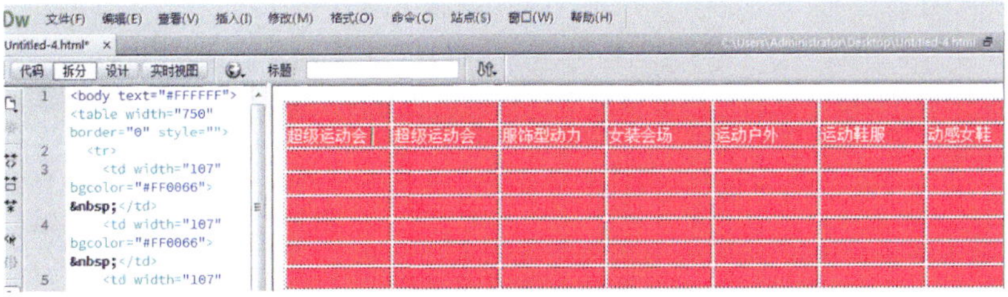

图8-16 表格中添加文字

步骤 06 执行“修改>表格>合并单元格”菜单命令，对表格进行合并或拆分处理，也可以单击鼠标右键，选择合并单元格命令，首行表格合并的效果如图8-17所示。

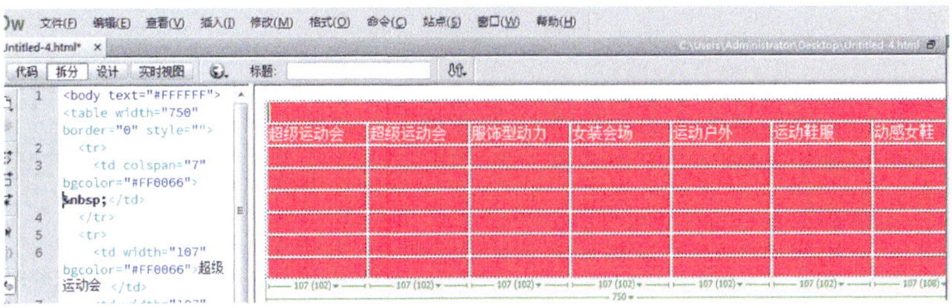

图8-17 合并首行表格

步骤 07 执行“插图>图像>图像”菜单命令，找到所需要的图片素材，把图片插入到表格中，最终效果如图8-18所示。

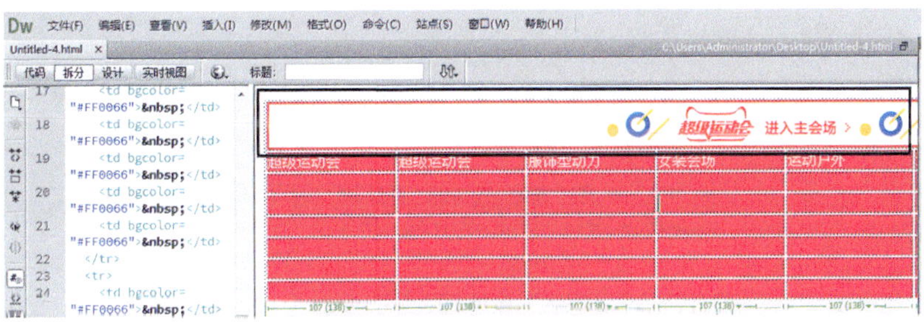

图8-18 表格中插入图像

步骤 08 把表格中的文字进行水平居中对齐，把PNG透明格式的二维码图片也放进来，最终效果如图8-19所示。

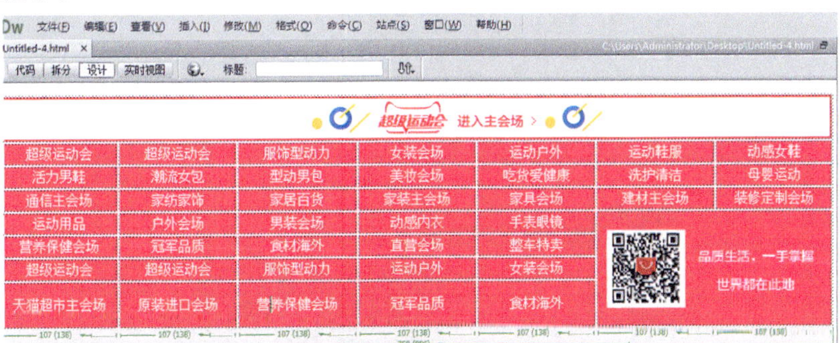

图8-19 表格中文字排版

步骤 09 进行保存，按F12键在网页中预览效果，最终效果如图8-20所示。

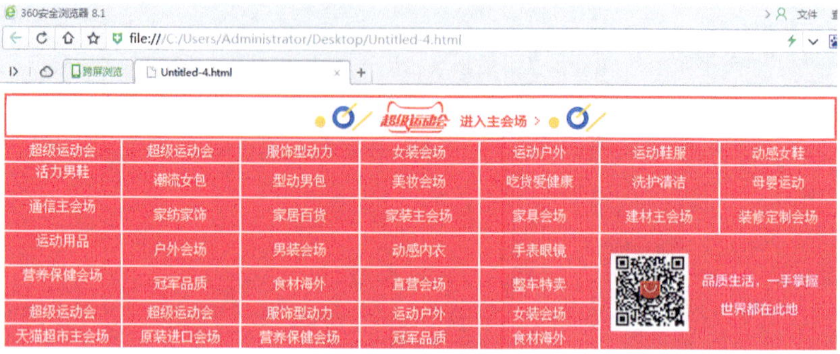

图8-20 最终排版效果

8.3 图片热区和链接的设置

商品之间的链接是一个内容丰富的店铺必不可少的，只有这样才能提供全面、快捷的信息服务，通过这些链接可以实现不同页面之间商品的跳转，以及查看商品详情页、收藏店铺、领取优惠券等。

8.3.1 图片热点链接添加

素材文件 素材>CH08>8.3.1素材图.jpg

视频文件 视频>CH08>8.3.1图片热点链接添加.mp4

步骤 01 进入淘宝图片空间，上传需要添加热区链接的图片，然后复制图片代码，如图8-21所示。

图8-21 复制图片代码

步骤 02 启动Dreamweaver软件，删除系统自动生成的代码，把上一步复制的图片代码直接粘贴过来，刷新后，会看到图片已经在右边视图中显示出来了，如图8-22所示。

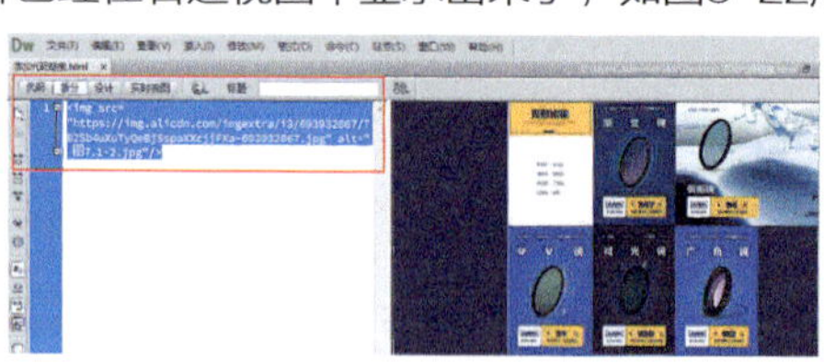

图8-22 粘贴图片代码

步骤03 为了操作方便，可以直接切换到“设计”视图中进行操作，如图8-23所示。

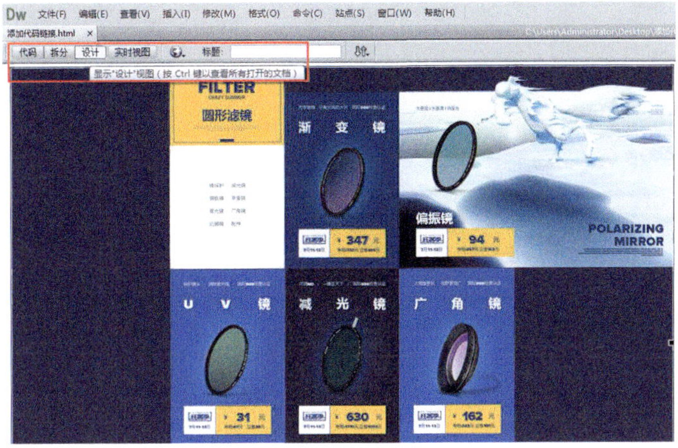

图8-23 设计视图

步骤04 在底部属性栏最下方提供了3种热区添加模式，有矩形、椭圆及多边形，如图8-24所示。

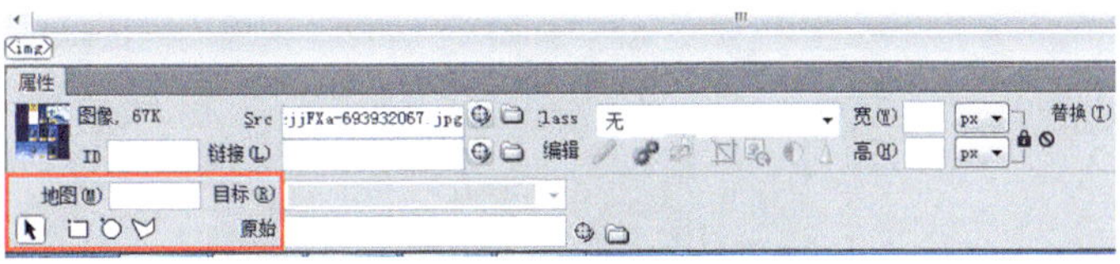

图8-24 3种不同热区样式

步骤05 图8-25所示为3种不同热区呈现出来的效果。热区创建好之后，可以配合移动工具改变位置和大小，也可以直接复制并粘贴一个新的热区出来。

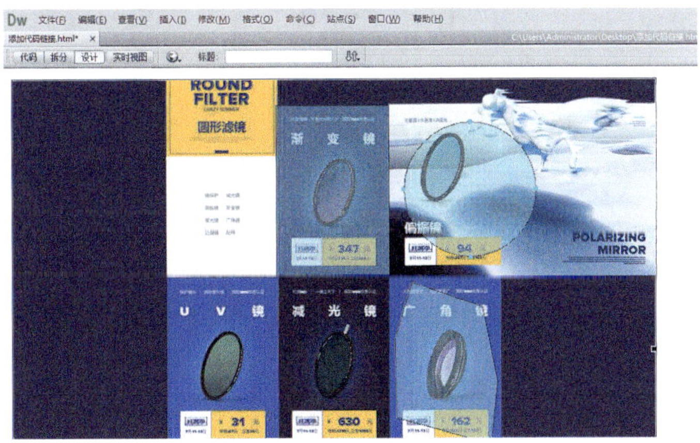

图8-25 3种不同热区呈现效果

步骤06 创建好热区之后，在属性栏中找到链接，复制店铺里需要指向的商品链接地址，粘贴到“链接”文本框中，如图8-26所示。

图8-26 粘贴链接

步骤07 设置好热区链接后，对于链接打开的方式，软件中提供了多种方法。

_blank：新窗口，在新打开的窗口访问链接。

_new：在同一个刚创建的窗口中打开。

_parent：在父窗口访问链接，用于框架结构页面。

_self：本页，在原窗口访问链接，是默认属性。

_top：整个浏览器窗口访问链接，用于框架结构页面。

常用的打开方法有两种，一种是在当前页面中直接打开，另一种是在新的窗口打开页面，如图8-27所示。

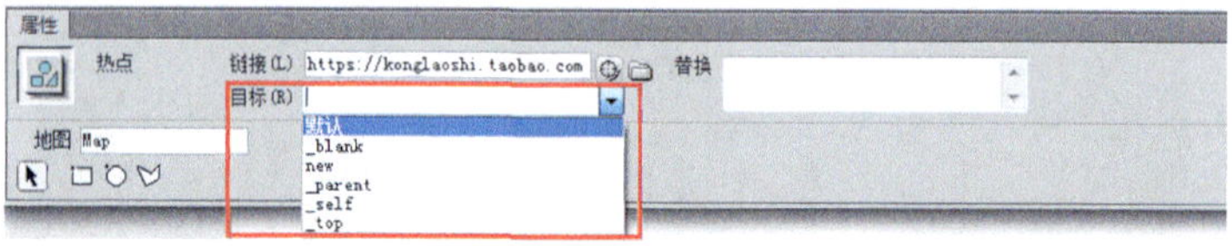

图8-27 链接打开方式

步骤08 将整个页面需要链接的商品逐一添加热区链接。同时，可以根据不同商品位置、大小，调整热区的覆盖面积，最终效果如图8-28所示。

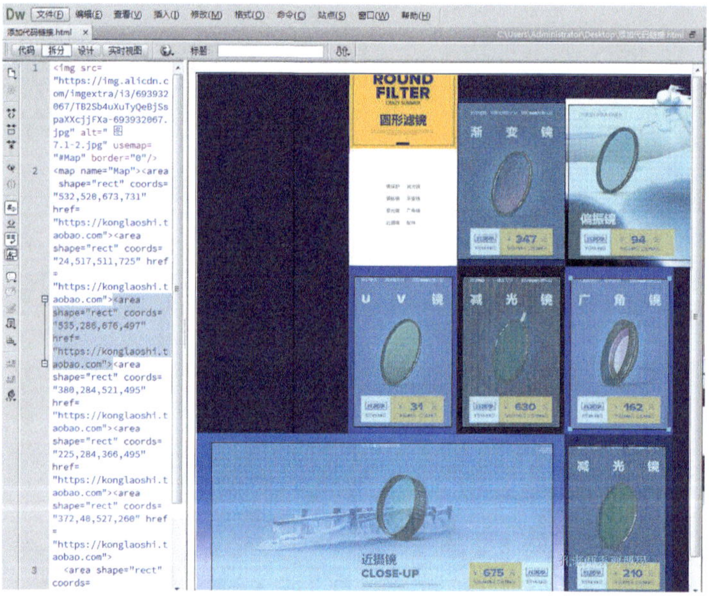

图8-28 添加图片热区

步骤09 按F12键在网页中进行效果预览，查看添加的链接指向是否正确，如果无误，进入代码视图，选中所有的代码内容进行复制，如图8-29所示。

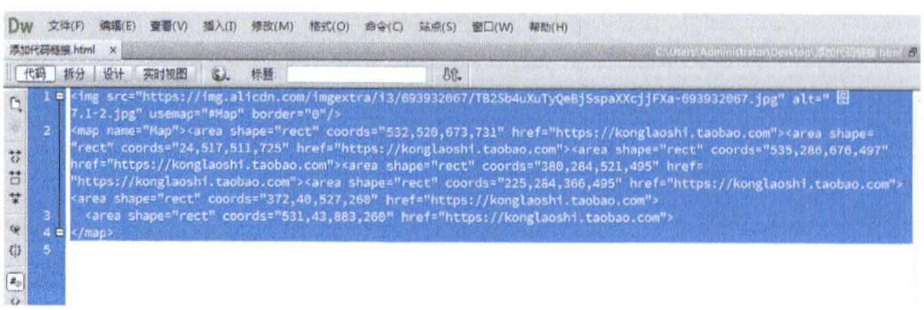

图8-29 复制添加链接的代码

8.3.2 测试预览与发布

视频文件 | 视频>CH08>8.3.2测试预览与发布.mp4

步骤 01 如果是在店铺首页装修中使用链接的话，需进入卖家中心，在店铺装修中添加自定义内容区，编辑源代码，将在Dreamweaver中复制的代码直接粘贴过来，如图8-30所示。

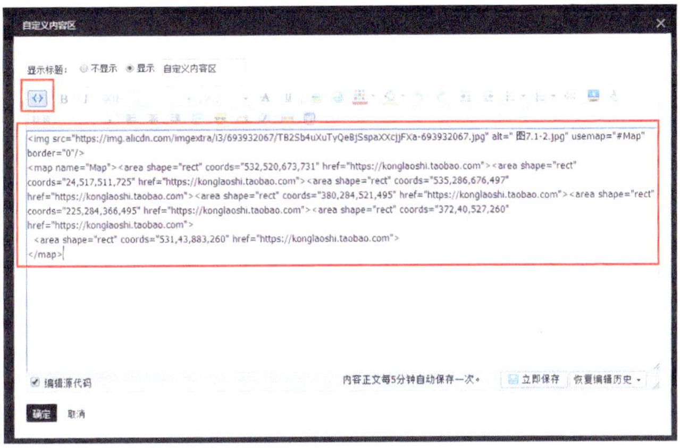

图8-30 首页装修添加方法

步骤 02 添加完成之后，可以单击“预览”按钮，在网页中查看具体效果，也可以单击“发布”按钮，如图8-31所示。

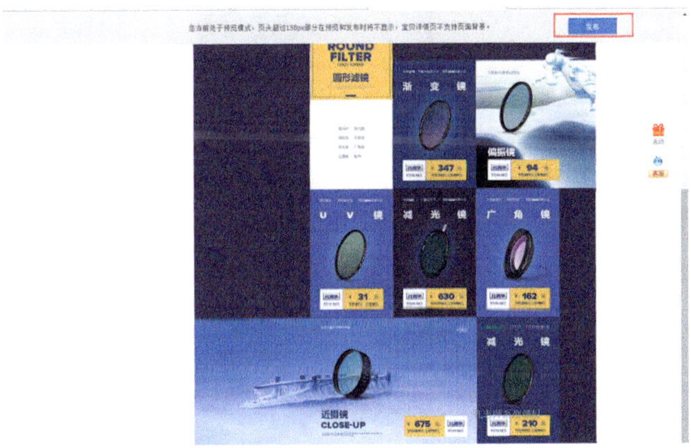

图8-31 预览效果查看

步骤 03 如果在宝贝详情页编辑过程中使用链接，用同样的方法，把编辑区域切换到源码，粘贴进来即可，如图8-32所示。

图8-32 详情页源码编辑区

步骤04 把宝贝基本信息内容添加完毕之后，设置好物流和售后信息，就可以发布新宝贝了，如图8-33所示。

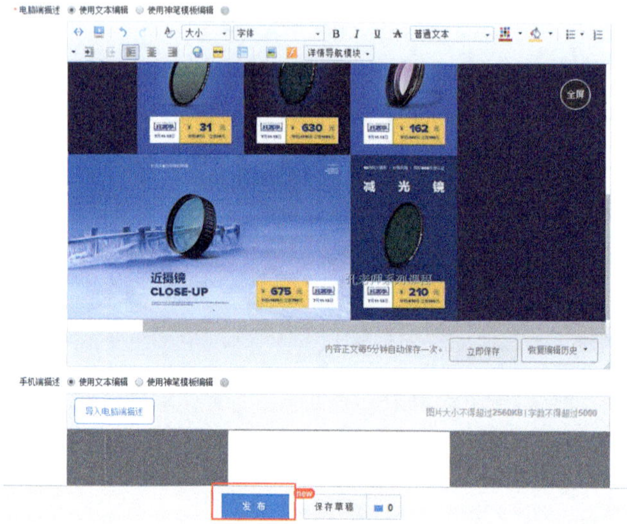

图8-33 发布新宝贝

步骤05 在浏览网页时，拖动鼠标后会出现一个手形图标，单击即跳转到指定的链接页面，效果如图8-34所示。

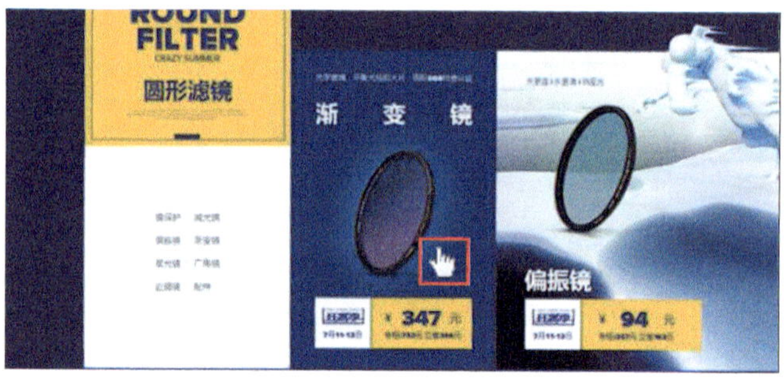

图8-34 页面中图片含有链接图标

第9章 Premiere主图视频制作

近年来，商品的展示已经不仅仅局限于商品图片和文字描述了，视频的形式更容易使消费者在短时间内直观了解商品。淘宝店铺对主图和详情页都支持视频展示，所以，很有必要掌握视频拍摄和后期编辑的方法和技巧。本章详细讲解关于视频展示商品的内容。

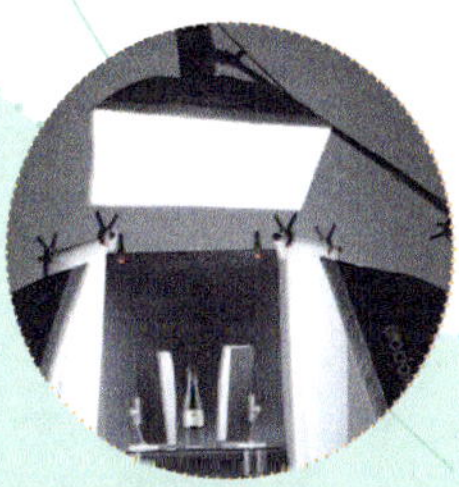

9.1 视频拍摄

随着数码产品的不断升级，视频的拍摄也不局限于摄像机，单反相机和手机都可以完成商品视频的拍摄，输出后可以在视频软件中编辑处理。

9.1.1 商品拍摄流程

商品的视频拍摄一般从4个方面入手。

1. 了解商品特点

拍摄淘宝视频前，需要对商品有一定的认识和了解，其中包括商品的特点及商品的使用方法等。只有深入了解商品，才能选择合适的模特、拍摄环境、拍摄时间，以及根据商品的大小和材质来确定拍摄的器材和布光等，如图9-1所示。

图9-1 了解商品特点

在对商品进行拍摄时，对商品特色之处要进行重点表现，这样可以帮助消费者了解商品，提高购买率。

2. 道具、模特和场景等

拍摄的环境是非常重要的，包括道具、模特的体现和场景的选择。

道具：视频拍摄的道具有很多，具体使用什么道具要结合商品来选择，如图9-2所示。如果拍摄的商品需要解释说明，需要选择录音设备。对于在室内拍摄的商品，则需要选择相应的摄影灯等。

模特：服装类目需要结合模特来完美展示商品，而数码电子产品展示的是商品本身，可以不使用模特。具体模特的选择与否，还要结合商品属性来最终确定，如图9-3所示。

图9-2 手表背后的拍摄道具

图9-3 模特展示

场景：一般而言，拍摄的场景分为室内棚拍和户外拍摄两种。室内场景需要考虑灯光、背景与布局等；户外拍摄则需要选择一个合适的地点，避免在人物杂乱的环境中拍摄，如图9-4所示。

图9-4 室内拍摄场景

无论是哪一种场景，一款商品都需要拍摄多组视频，以便多方位展示商品，满足后期的挑选和剪辑处理。

3. 视频拍摄

在准备好商品和选好场景后，就可以进行拍摄了。拍摄的器材可以是专业的摄影机，也可以使用数码相机，或者选择一款高像素的手机也可以拍摄，如图9-5所示。

图9-5 视频拍摄器材

在拍摄的时候，无论是哪种器材，都要保持平稳，减少镜头的晃动。

4. 后期编辑处理

拍摄好视频素材后，需要将多余的内容和杂乱信息删除，然后根据平台要求视频播放时长，把多个场景进行组合编辑，添加字幕解说、背景音乐、转场和特效等操作。

视频后期的编辑，有很多软件可以使用，常用的视频编辑软件有Premiere 、Edius、会声会影、爱剪辑等，如图9-6所示。一些片头特效可以在After Effects软件中制作。

图9-6 视频后期编辑软件

由于Premiere功能强大，是专业视频后期编辑软件，还能很好地支持Photoshop所有图层效果，因此，本书后面的章节主要讲解Premiere的视频合成编辑。有兴趣的读者，也可以尝试其他不同的视频编辑软件来操作。

9.1.2 商品摄影的构图

商品的在摄影过程中，构图是非常重要的。

对画面中各种元素的组成、结合、配置与取舍，从而更好地表达作品的主题与美感，同样的商品不同的角度就有不同的构图方法。必须注意的是，视频拍摄中，必须有一个主体将视频的兴趣中心点引到主体上，给人以最大限度的视觉吸引力。

1. 主体明确

突出主体是画面构图的主要目的，主体是变现主题思想的主要对象。在摄影的构图上，要将主体放在醒目的位置。从人们的视觉习惯来讲，把主体放置在画面视觉中心位置，更容易突出主体，如图9-7所示。

图9-7 商品构图——主图明确

2. 陪衬物体

“鲜花需要绿叶的衬托”，如果只有主体而无陪衬，画面就会显得呆板而无变化。值得注意的是，衬托物体不能喧宾夺主，主体在画面上必须显著突出，如图9-8所示。

图9-8 衬托物体画面中的女孩

3. 环境衬托

在拍摄时，将拍摄对象置于合适的场景中，不仅能突出主体，还能给画面增加浓重的现场感，如图9-9所示。

图9-9 环境衬托构图表现

4. 前景与背景

突出画面的空间感，需要对前景和背景进行虚化处理。多数情况下，主体商品前面的内容是前景，位于主体商品后面的景物为背景。前景的作用是为了弥补画面的空白感，背景则是摄影的重要组成部分，起到烘托渲染主体，增加画面空间感和立体感等，如图9-10所示。

图9-10 前景和背景构图表现

5. 画面简洁

选用简单的背景可以避免对主体商品注意力的分散。如果遇到了杂乱的背景，可以采取放大光圈的办法，让后面的背景模糊不清，突出主体，如图9-11所示。

图9-11 画面简洁

9.1.3 关于摄影的景别

景别是指由于摄影机与被摄体的距离不同，而造成被摄体在摄影机寻像器中所呈现出的范围大小的区别。景别的划分一般可分为5种，由近至远分别为特写、近景、中景、全景、远景。为了更好地表现商品，可以选择不同的景别来进行拍摄。

1. 远景

远景是指摄影机远离被摄物，表现拍摄场景全貌的画面。

在远景中，人物在画幅中的大小通常不超过画幅高度的一半，用来表现开阔的场面或广阔的空间，如图9-12所示。因此，这样的画面在视觉感受上更加辽阔深远，节奏也比较舒缓。从表现功能上细分的话，远景还可以包含大远景和远景两个层次。

图9-12 表现鞋子的远景

2. 全景

全景是指表现物体全貌或人物全身的拍摄方式。拍摄模特时，能看到人物的一举一动，并且能利用背景营造气氛，如图9-13所示。这种镜头在淘宝商品中应用较多，通常用于表现商品的整体造型。

图9-13 表现鞋子的全景

3. 中景

摄取人物膝盖以上部分的画面称为中景。中景在摄影中占的比重很大，它能很好地将大概外形展示出来，又能在一定程度上显示细节，是突出主体的常见镜头，如图9-14所示。

图9-14 表现鞋子的中景

4. 近景

近景是表现人物胸部以上或者景物局部面貌的画面，如图9-15所示。由于近景画面视觉范围较小，观察距离相对更近，人物和景物的尺寸足够大，细节比较清晰，因此，非常有利于表现人物的面部或者其他部位的表情神态，还能表现细微动作及景物的局部状态。这些是大景别画面所不具备的功能，近景能很好地表现对象特征和细节信息。

图9-15 表现鞋子的近景

5. 特写

拍摄人像的面部，被摄对象的一个局部镜头称为特写。特写镜头拍摄是在淘宝视频中的必用镜头，细节的表现能体现商品的材质和质量等，如图9-16所示。

图9-16 表现鞋子的特写（鞋底透气部位表现）

9.1.4 关于角度和方位

拍摄方向是指以被摄对象为中心，在同一水平面上围绕被摄对象四周选择摄影点。在拍摄距离和拍摄高度不变的条件下，不同的拍摄方向可展现被摄对象不同的侧面形象，以及主体与陪体、主体与环境的不同组合关系变化。拍摄方向通常分为正面角度、斜侧角度、侧面角度、反侧角度、背面角度。

1. 正面拍摄

正面拍摄是指与被摄对象正面成垂直角度的拍摄，主要表现某对象的正面具有典型性的形象。例如，在拍摄建筑时，无论古今在设计上都注重正面的样式与装修，如各展览馆、博物馆等。正面角度能够表现对象的本色。人物相貌也是一个很好的例子，正面形象更具有人物相貌的特点。正面角度的构图主要是表现对象多处在画面的垂直中心分割线上，常是对称的结构形式，一般来说，正面的构图形象比较端庄、稳重，如图9-17所示。

图9-17 正面拍摄

2. 斜侧拍摄

斜面拍摄是指偏离正面角度，或左或右环绕对象移动到侧面角度之间的拍摄。偏离正、侧面角度较小时，往往对正侧面的形象变化不大，可在正、侧面角度范围内选择适当的拍摄位置，使之既能表现对象正面或侧面的形象特征，且物体形象又有丰富多样的变化，往往能拍摄到形象生动的效果，如图9-18所示。

图9-18 斜侧面拍摄

3. 侧面拍摄

侧面拍摄一般是指与被摄对象侧面成垂直角度的拍摄，主要表现某些对象的侧面具有典型的形象。例如，在人像摄影中，侧面角度能看清人物相貌的外部轮廓特征，使人像形式多样变化。在客观对象中，有许多物体是只有从侧面才能看清它的相貌的，例如，人走动时的身影、各种车辆的外貌及某些用具都有这样的性质，在这种条件下，侧面角度就能更好地表现对象的特色。侧面角度比正面角度有较大的灵活性，在侧面垂直角度左右可有一些变化，以获得最能表现好对象侧面形象的拍摄位置，如图9-19所示。

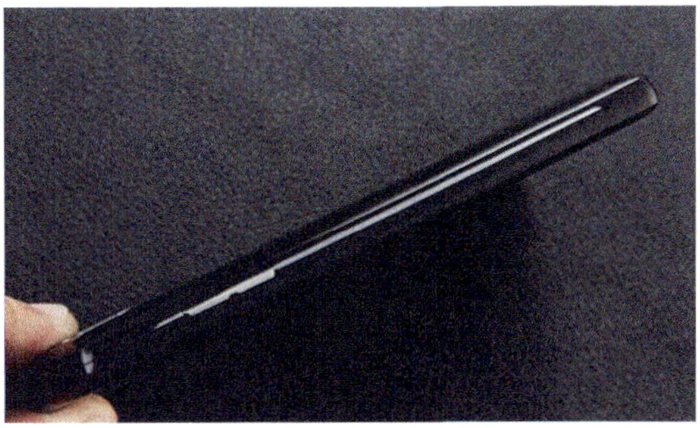

图9-19 侧面拍摄

4. 反侧拍摄

反侧拍摄是指由侧面角度环绕被摄对象向背面角度移动的拍摄。它有反常的意识，往往能将对象的一种特有精神表现出来，在与常用的正面、侧面、斜侧面角度的对比下，它有出其不意的效果，往往能获得很生动的形象。当然，这种拍摄方式对于某些对象来说，与斜侧拍摄的效果相似。因此，反侧角度对摄影对象是有要求的，或者说是只有适当的对象才可选择反侧的方向，如图9-20所示。

图9-20 反侧面拍摄

5. 背面拍摄

选择何种拍摄方向，不仅是主要被摄对象的形象有变化，构图的形式有变化，更主要是表现内容也可能有变化，因此，考虑拍摄方向的选择，应根据具体的被摄对象和主题表现的要求而变化。至于正面角度、斜侧角度、侧面角度、反侧角度、背面角度，没优劣之分，运用得当，都会获得成功的构图，如图9-21所示。

图9-21 背面拍摄

按拍摄高度来分，镜头角度主要分为3种：平视角度、俯视角度、仰视角度。

平视角度：是指镜头与被摄对象在同一水平线上，被摄物体和人物不易变形，透视感正常，具有真实感，给人平和、自然的感觉。

俯视角度：是指摄影机高于被摄主体水平线，自上往下，由高到低拍摄所获取的镜头效果。

仰视角度：是指摄像机低于被摄主体的水平线向上进行拍摄，自下往上，由低到高拍摄所获取的镜头效果。

9.2 Premiere视频编辑软件

视频拍摄完后，还需要删减、编辑不需要的片段，以及添加音频和字幕等工作，这些操作都会在视频编辑软件Premiere中来完成。本节就来介绍这款非常著名的视频后期编辑软件。

9.2.1 认识Premiere软件

素材文件 素材>CH09>9.2.1主图视频展示素材.flv

视频文件 视频>CH09>9.2.1认识Premiere软件.mp4

Premiere是一款剪辑软件，用于视频段落的组合和拼接，并提供一定的特效与调色功能。

Premiere是视频编辑爱好者和专业人士必不可少的视频编辑工具，提供了采集、剪辑、调色、美化音频、字幕添加、输出、DVD刻录的一整套流程，并和其他Adobe软件高效集成，足以完成在编辑、制作、工作流上遇到的所有挑战，满足创建高质量作品的要求。

目前最新版本是Premiere CC版本，启动界面如图9-22所示。

图9-22 Premiere软件启动界面

Premiere在素材的组织与管理方面非常出色，视频素材处理的前期，首要的任务就是将收集起来的素材引入到项目窗口，以便统一管理。

在出色的视频作品中，优美的音频效果是必不可少的成分，Premiere音频轨道多达99个，几乎可以满足所有用户处理音频的需要。

在特效方面，Premiere作为多媒体视频处理软件，可以轻松制作出动感十足的多媒体作品。运动是多媒体设计的灵魂，灵活运用动画效果，可以使得视频作品更加丰富多彩。

Premiere还可以配合Effects、Photoshop等进行使用。Premier可以把在Effects的场景直接导入进来，进行编辑和处理。同时，Premiere的项目可以导入至Effects中，甚至一些在时间轴编辑的片段可通过复制粘贴功能互相使用，Premiere还支持很多Effects的插件内容。

另外，Premiere也可以与 Photoshop配合使用，Photoshop文件编辑处理的文件可以直接导入Premiere中进行再次编辑。更加强大的是，任何在Photoshop中修改图像并存储后，在Premiere中便会立刻更新文件。

9.2.2 软件界面操作讲解

视频文件 视频>CH09>9.2.2软件界面操作讲解.mp4

安装好Premiere软件之后，首次启动，需要新建项目，如图9-23所示。

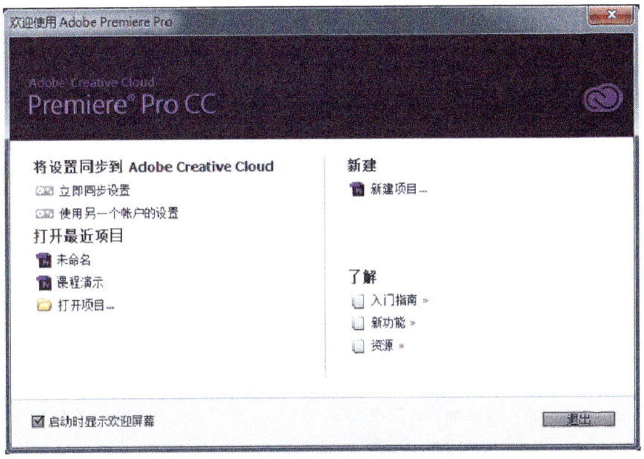

图9-23 首次启动软件

新建项目需要填写名称、文件保存位置及一些常规参数的设置，如图9-24所示。

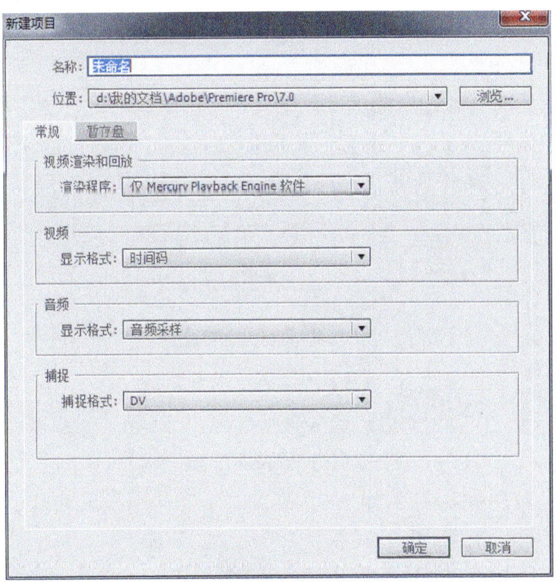

图9-24 参数设置

整个Premiere软件的操作界面和Adobe公司其他软件都非常类似，有菜单栏、视图查看区域、各种命令面板、时间轴等，如图9-25所示。

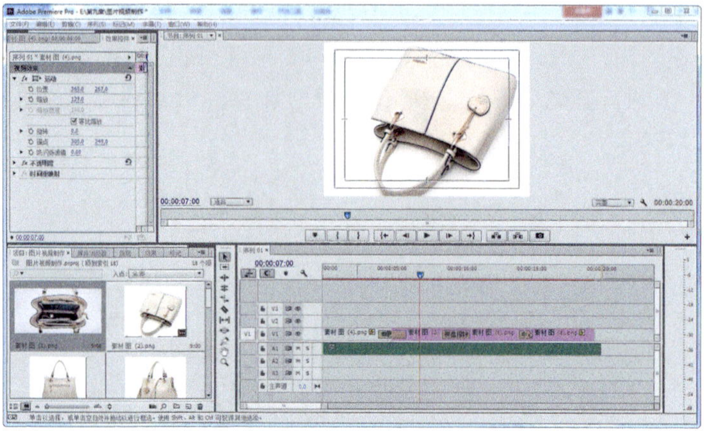

图9-25 软件界面

“项目”面板是对整个文件编辑过程中用到的素材存放地方，如视频素材、音频素材、图片素材，以及建立的字幕内容、项目内容等。如图9-26所示，右侧是工具箱面板，存放有几个常用的编辑工具。

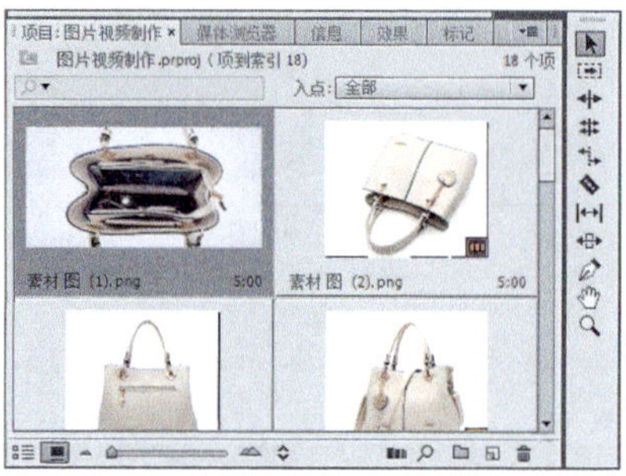

图9-26 “项目”面板

“时间轴”面板是编辑视频过程中使用到的素材存放区，可以建立不同的视频轨道和音频轨道。如图9-27所示，下面是时间抽编辑区，上面是视频编辑后预览播放区域。

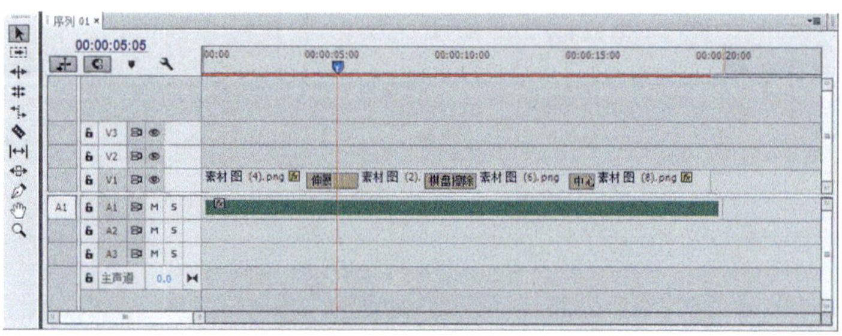

图9-27 时间轴编辑和视频预览

“效果”面板中有数百种视频效果、音频效果、图像调整和其他第三方插件，如图9-28所示。当选中某一个效果时，就可以在时间抽上直接添加给对象。

当添加过效果后，参数的调整和修改可以在效果控件面板中进行操作，如图9-29所示。

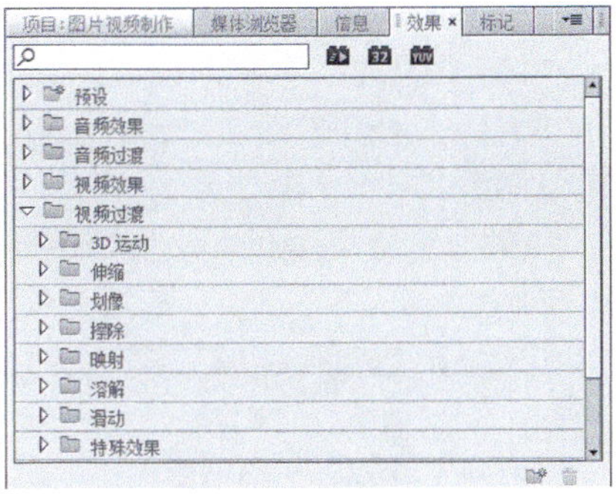

图9-28 效果面板

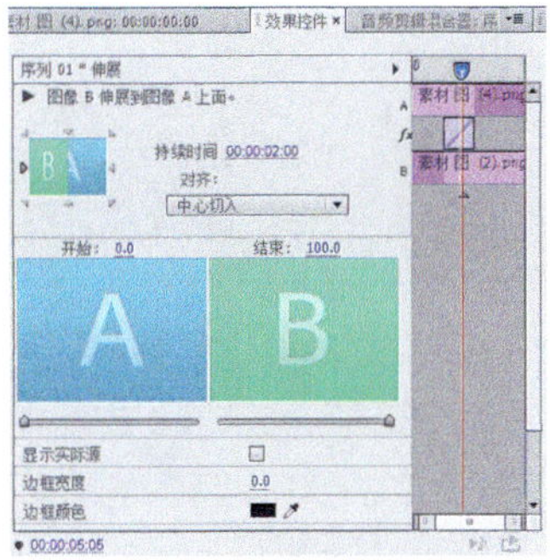

图9-29 效果控件面板

“源”面板又称素材预览区，可以对视频素材、图片素材、音频素材等进行预览和精确编辑，如图9-30所示。

“字幕”面板可以对添加的字幕内容进行系列的编辑排版操作处理，如图9-31所示。

图9-30 源面板

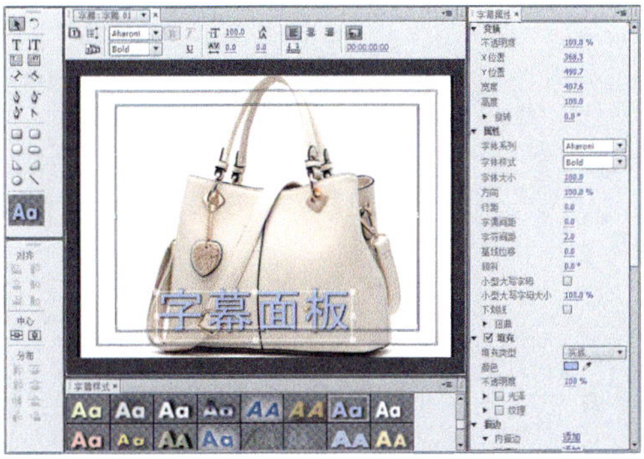

图9-31 字幕面板

当视频编辑好之后，需要输出成影片，根据需求进行参数设置，如图9-32所示。

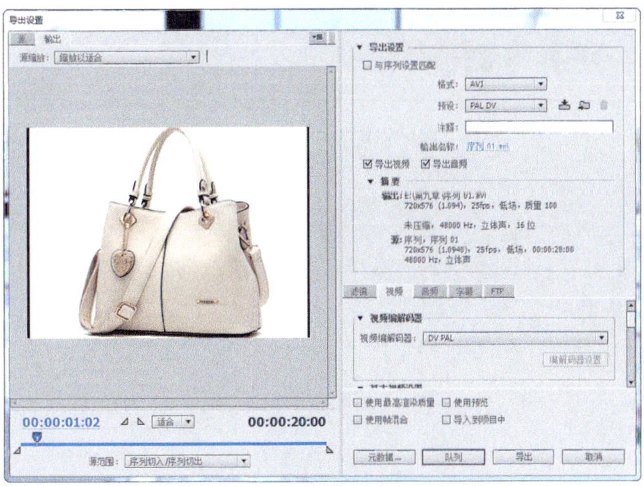

图9-32 视频输出设置面板

在制作视频的过程中，最长使用的命令和面板就是上述讲到的这些，在接下来的实例制作中，还会逐一进行讲解。

9.2.3 视频制作流程

Premiere视频制作的大致流程分为6个步骤：素材整理与导入、素材编辑与组接、转场添加与特效、字幕信息添加、音效内容添加、存储视频与输出等。

第一步：素材整理与导入。制作影片的第一步，是从摄影机或其他拍摄视频源中捕获媒体素材，将其导入计算机中，其中包括视频、照片、音效素材等。

第二步：素材编辑与组接。素材的编辑是工作的重点，将视频素材、图片素材进行排列、修剪和组接，按照先后顺序添加到不同的编辑轨道中。

第三步：转场添加与特效。添加覆盖素材、转场特效等效果，可以使视频精彩纷呈，丰富多彩，视频段落之间更加丰富。

第四步：字幕信息添加。视频主题部分制作完成后，添加合适的字幕说明。

第五步：音效内容添加。字幕添加完成后，有时需要添加旁白、背景音乐等。

第六步：存储视频与输出。视频编辑完成后，可以进行保存，如果想让更多的人看到，可将视频输出成相应的格式，分享出去。

9.3 淘宝视频制作

把所有的素材整理编辑好之后，就要开始制作视频了，本节将详细讲解关于店铺中常见的几种视频制作方法。

9.3.1 图片视频的制作

效果文件 | 效果>CH09>9.3.1图片视频.prproj

素材文件 | 素材>CH09>9.3.1素材图1.png~素材图15.png

视频文件 | 视频>CH09>9.3.1图片视频的制作.mp4

步骤01 整理所需要的商品素材图片，有时需要抠图去背景，后期调色处理，同时把素材图统一调整大小尺寸，整理后如图9-33所示。

步骤02 启动Premiere软件，新建项目，给文件命名，同时选择文件存储的位置，设置参数如图9-34所示。

图9-33 整理商品素材图

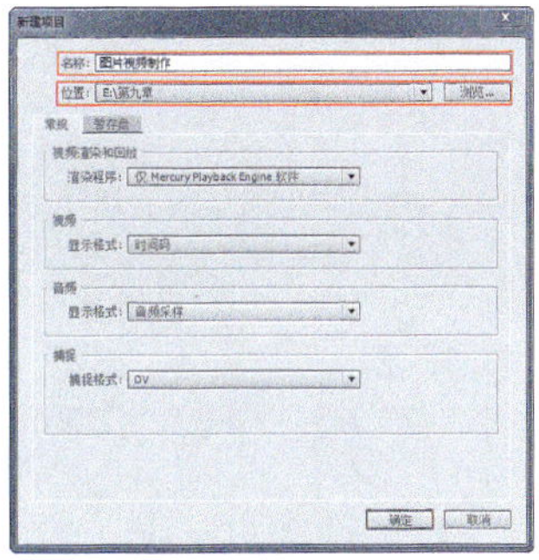

图9-34 新建项目

步骤03 执行“文件>导入”菜单命令，选择素材图存储的位置，将图片导入进来，如图9-35所示。

步骤04 执行“文件>新建>序列”菜单命令，在“序列预设”选项组中选择视频标准，如图9-36所示。

图9-35 导入素材

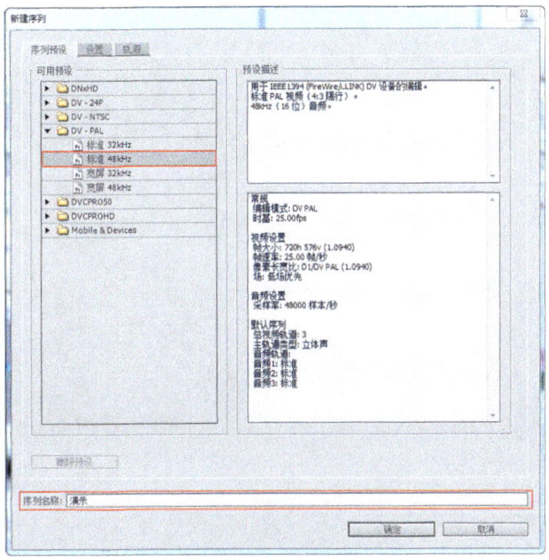

图9-36 序列预设设置

步骤05 在“序列设置”选项组中可以选择视频模式、时基为25帧/秒及视频尺寸大小，如图9-37所示。

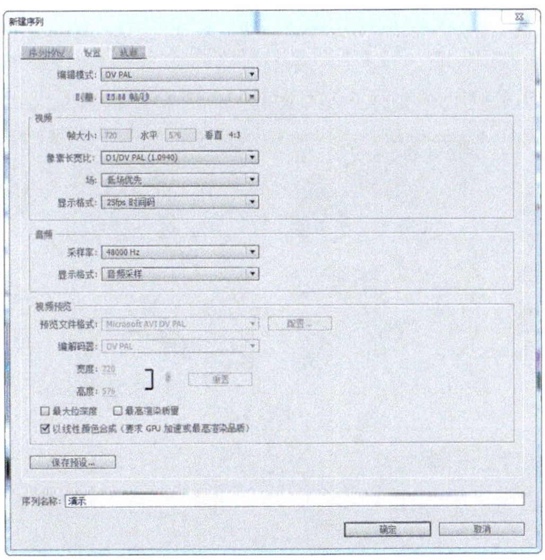

图9-37 序列设置参数

步骤06 把“项目面板”中的商品图拖曳到序列中，当图片素材呈现一个视频效果时，说明已经在序列中进行了应用，如图9-38所示。

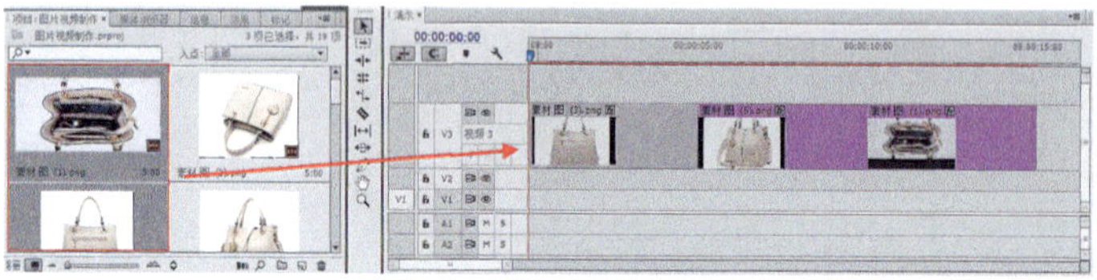

图9-38 素材导入序列

步骤07 通过“效果控件”面板对商品图尺寸、位置、时长、动画等进行调整，如图9-39所示。

步骤08 编辑过之后，就可以输出成视频了，可以通过“文件”菜单导出或者按Ctrl+M快捷键导出，如图9-40所示。

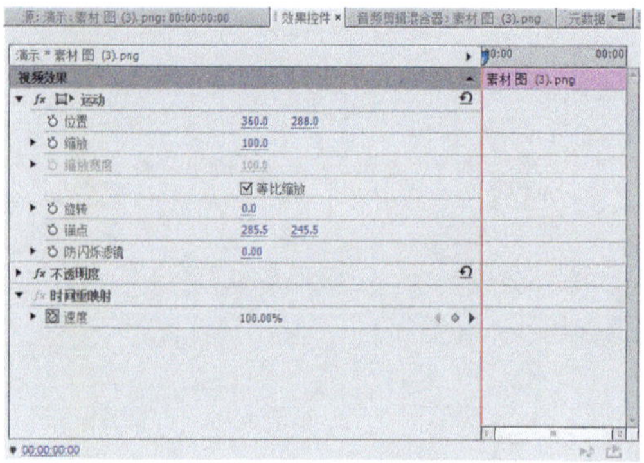

图9-39 效果控件面板修改参数

图9-40 输出设置

步骤09 视频输出后，就可以通过视频播放器对其进行播放查看了。

9.3.2 拍摄视频的制作

效果文件 | 效果>CH09>9.3.2视频编辑.prproj

素材文件 | 素材>CH09>9.3.2视频素材1.mp4~视频素材8.mp4

视频文件 | 视频>CH09>9.3.2拍摄视频的制作.mp4

步骤01 把拍摄好的商品视频片段导入计算机，如图9-41所示。

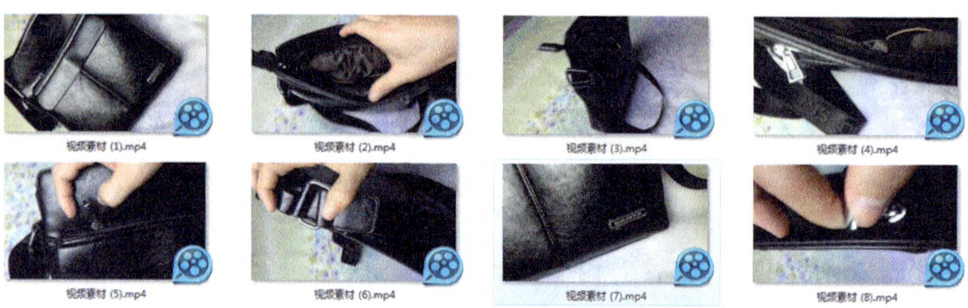

图9-41 视频拍摄素材

步骤02 打开Premiere软件，把视频素材导入进去，新建一个视频序列，如果视频尺寸大小和序列设置不相同，会有“剪辑不匹配警告”提示，可以选择“更改序列设置”或“保持现有设置”，如图9-42所示。

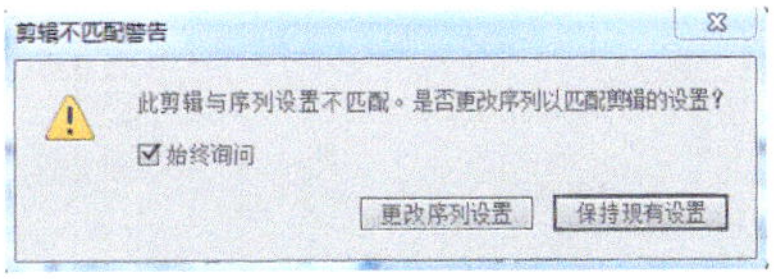

图9-42 序列匹配模式更改

步骤03 在序列时间轴上拖动最下端的伸缩滑块，可以改变素材的编辑的显示比例长度，如图9-43所示。

步骤04 选择工具箱中的“剃刀”工具，在时间轴上可以对一个视频素材进行剪辑处理，分割出多个视频，如图9-44所示。具体需要从哪个地方截取，需要根据拍摄的内容而定，满足视频最终要求即可。

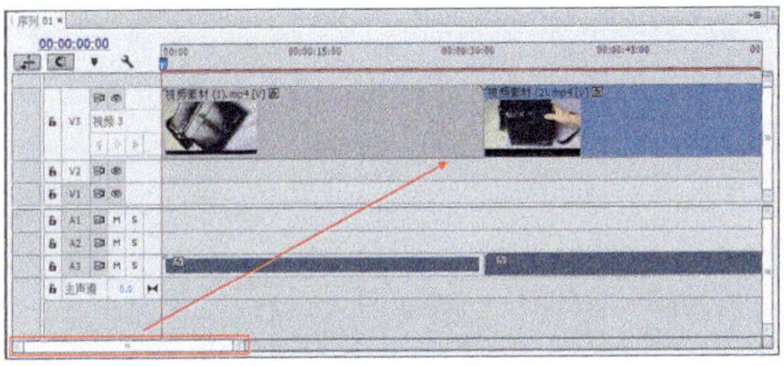

图9-43 改变时间轴编辑素材显示长度

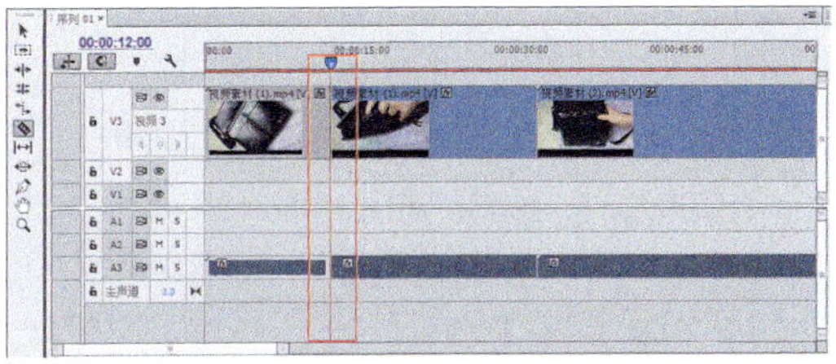

图9-44 使用“剃刀工具”分割视频

步骤05 使用工具箱中的“选择”工具把前后两段的视频选中，删除多余的内容，如图9-45所示。在选中多个视频素材片段时，可以配合Ctrl键加选。

步骤06 选择要删除的视频片段，可以通过编辑菜单命令下面的“清除”选项进行操作，也可以直接按Delete键直接删除该片段内容，如图9-46所示。

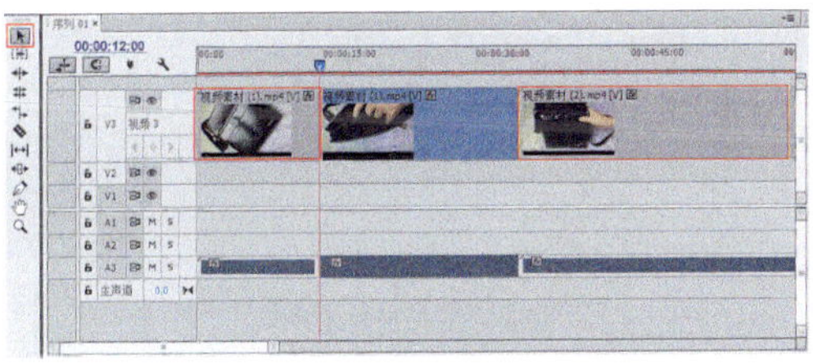

图9-45 选择工具

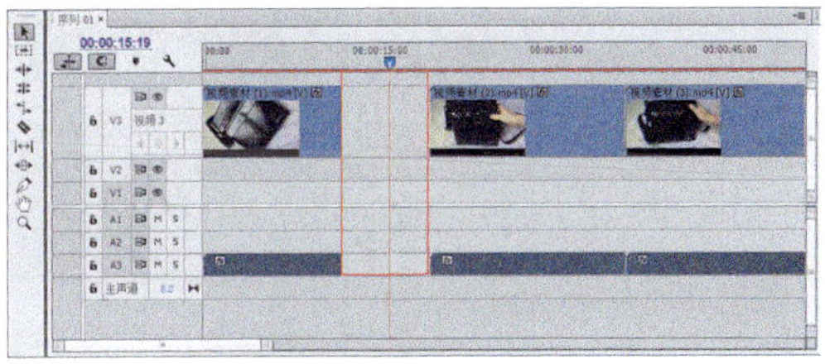

图9-46删除选中视频片段

步骤07 使用工具箱中的“选择工具”在时间轴中移动保留的视频片段到序列00:00秒开始的位置，如图9-47所示。视频片段与片段之间不能有空白内容，需要前后衔接，这样才是一个完整的转场效果，也就是常说的下一个镜头的出现。

步骤08 把多段视频片段剪辑好之后，在时间轴上将其全部选中，然后按Ctrl+G快捷键进行编组处理，这样，多个片段就可以连接在一起，选择移动或改变位置就非常便捷，如图9-48所示。

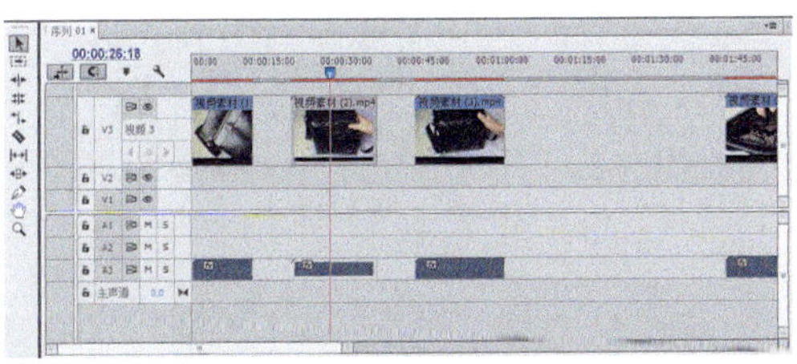

图9-47 视频片段的移动

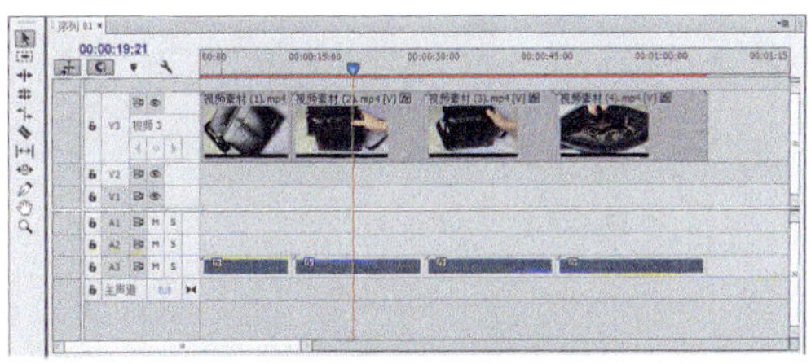

图9-48 视频片段编组操作

步骤09 所有操作都设置好之后，就可以视频输出了。

9.3.3 视频添加文字

效果文件 | 效果>CH09>9.3.3添加字幕.prproj
视频文件 | 视频>CH09>9.3.3视频添加文字.mp4

步骤 01 执行“文件>新建字幕>默认静态字幕”菜单命令，可以对视频进行字幕的创建，如图9-49所示。在“新建字幕”对话框中，可以根据视频需要设置相对应的参数。

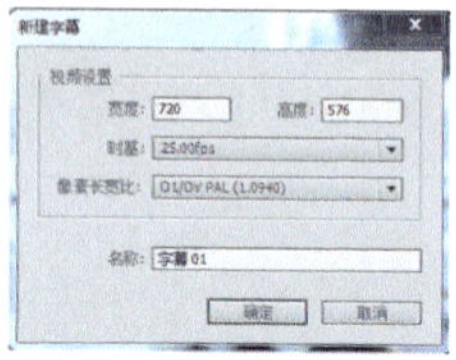

图9-49 新建静态字幕

步骤 02 设置好“新建字幕”参数后，进入到字幕操作面板，如图9-50所示。字幕操作面板的左侧是工具箱内容，中间是文字编辑预览区域，右侧是文字的属性参数设置。

步骤 03 使用工具箱中的“文字工具”创建需要的文字内容，然后在右侧的字幕属性中更改字体的属性、颜色、大小、位置等参数，如图9-51所示。

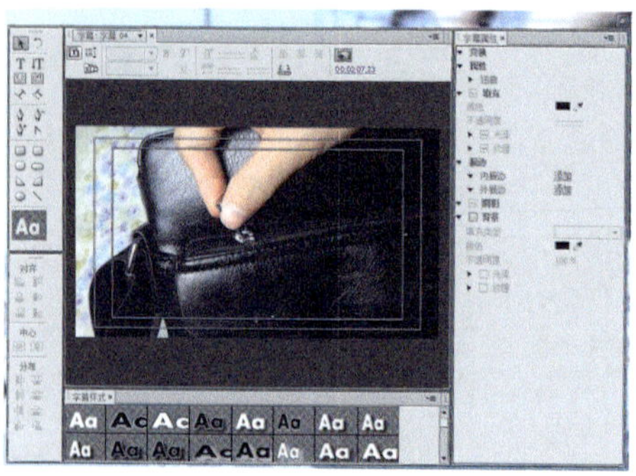

图9-50 字幕面板

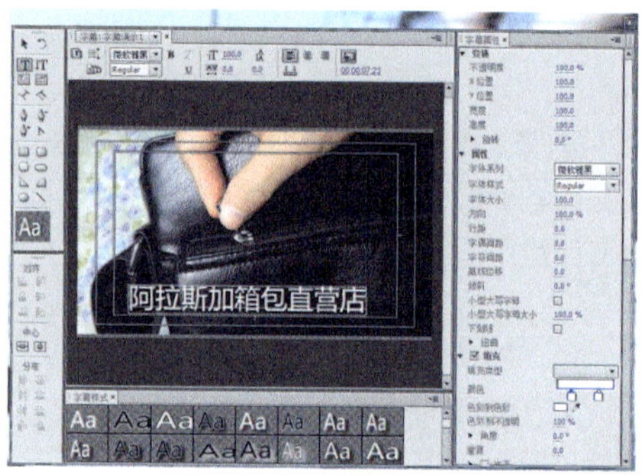

图9-51 创建文字内容

步骤 04 系统提供了大量的字幕样式，可以直接单击进行添加，也可以通过右侧的字幕属性栏进行二次修改，创建出满意的字幕样式，如图9-52所示。

步骤 05 设置好字幕之后进行保存，然后关闭面板，项目面板中已经有了“字幕演示1”这个文件，如图9-53所示。

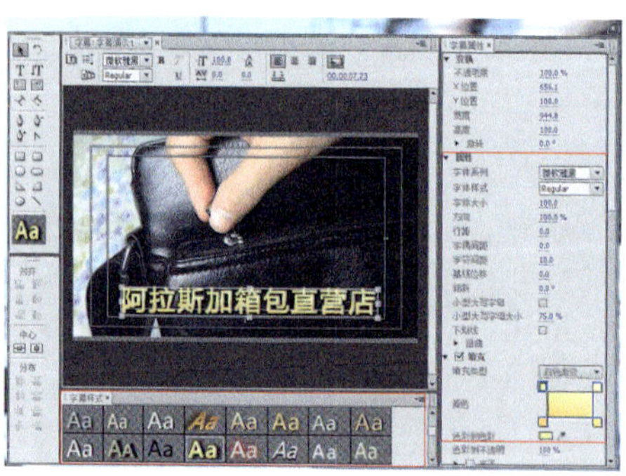

图9-52 创建字幕样式

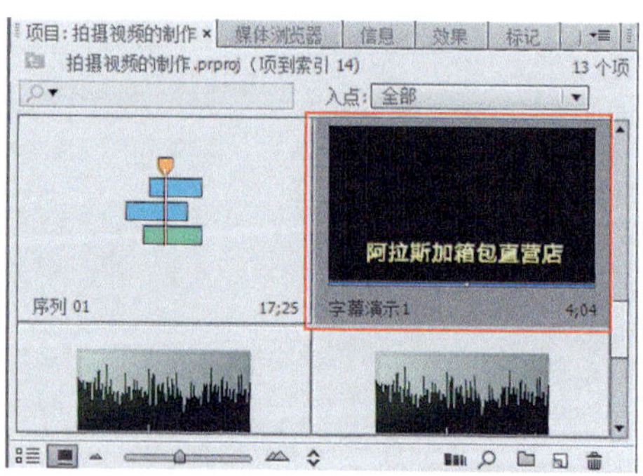

图9-53 项目文件查看字幕文件

步骤06 将字幕添加到时间轴上，如图9-54所示。在视频预览窗口中可以看见，文字已经被添加上来，如图9-55所示。

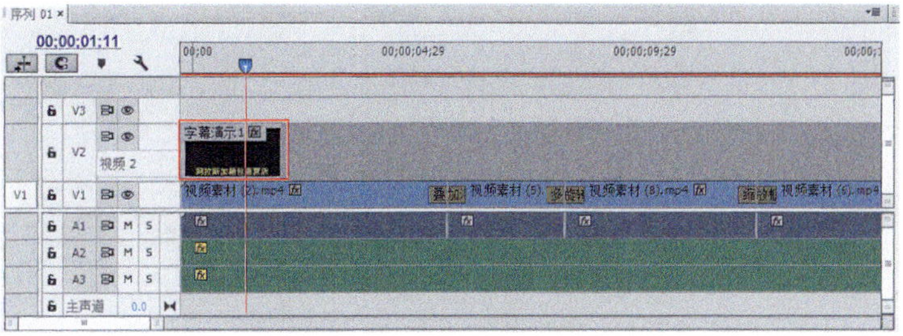

图9-54 添加字幕到时间轴

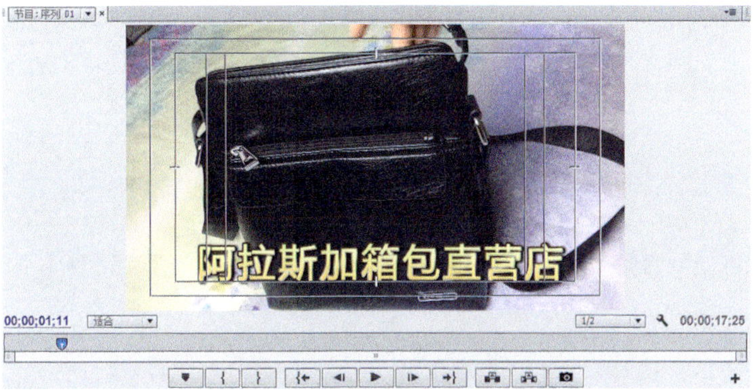

图9-55 视频预览窗口显示文字

步骤07 还有一种字幕是以滚动的方式进行展示，可以在“字幕面板”的左上方选择“滚动/游动选项”命令，如图9-56所示。根据需要设置相应的参数即可。

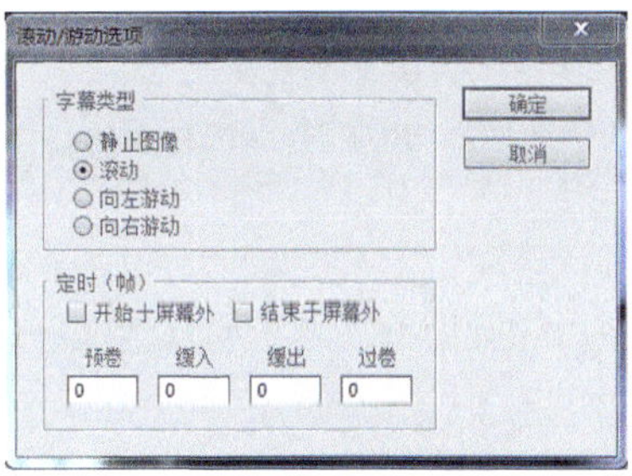

图9-56 设置滚动字幕

9.3.4 视频添加配音

效果文件 | 效果>CH09>9.3.4添加声音.prproj

素材文件 | 素材>CH09>9.3.4配音1.wma~配音4.wma

视频文件 | 视频>CH09>9.3.4视频添加配音.mp4

步骤01 配音分为两种，一种是背景音乐配音；另一种是解说配音，音频格式有wav、mp3等，可直接导入到Premiere软件中，如图9-57所示。

图9-57 音频素材内容

步骤 02 将声音导入到项目中，在音频预览源面板中可以查看音频的波段，音频格式最大带宽是20kHz，速率为40~50kHz。可以根据波段对音频进行调整处理，如图9-58所示。

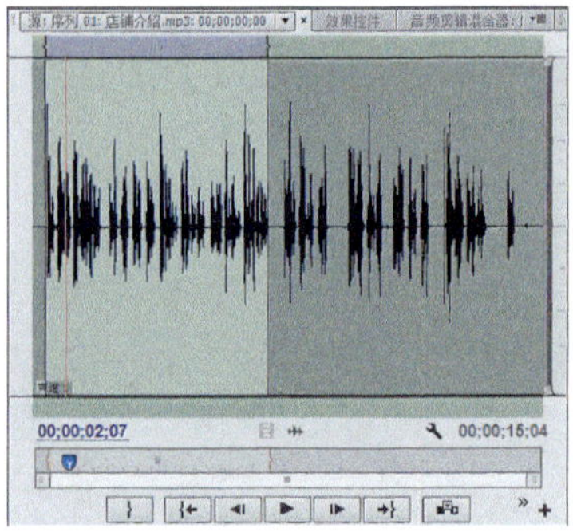

图9-58 音频波段预览

步骤 03 把音频创建到音频时间轴上。在进行播放预览的时候，会出现音量起伏的展示效果，如图9-59所示。

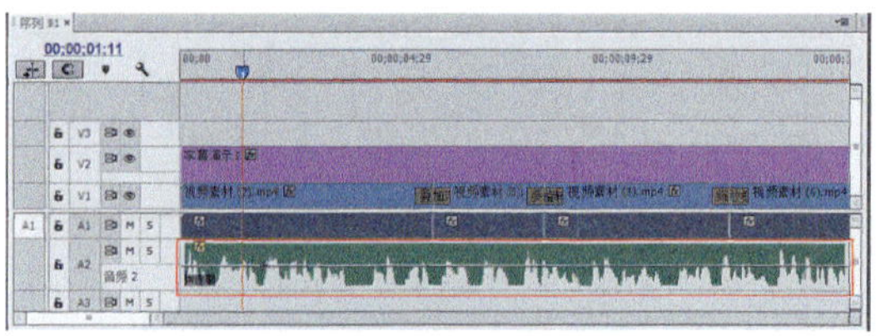

图9-59 音量展示

步骤 04 在“效果控件”面板上可以对音量级别的参数进行设置，可以对音频添加渐隐或音频淡出动画效果，如图9-60所示。

步骤 05 有时候在解说配音过程中往往会添加一个舒缓的背景音乐，这样可以烘托整个氛围。可以把舒缓的背景音效的级别设置成-10dB，这样就不影响解说的音频，又起到背景音乐的效果，如图9-61所示。

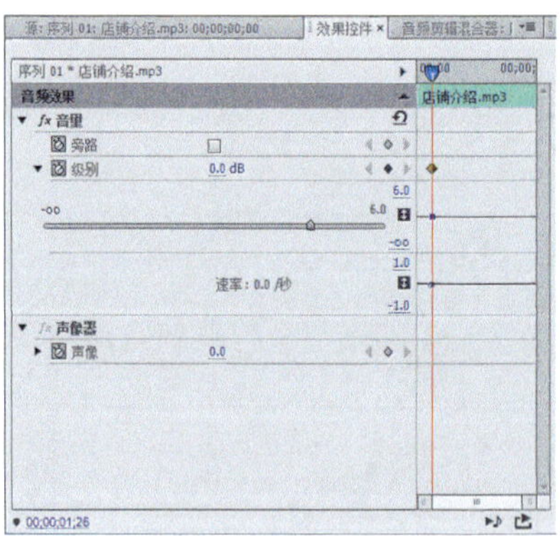

图9-60 音频效果控件

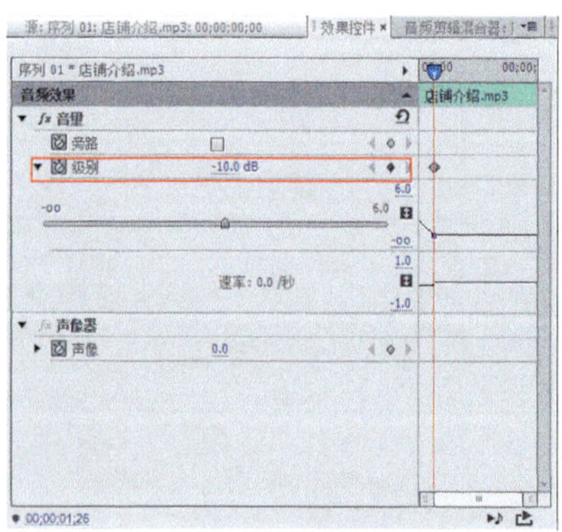

图9-61 舒缓背景音乐添加设置

9.3.5 视频添加特效

效果文件	效果>CH09>9.3.5特效添加.prproj
视频文件	视频>CH09>9.3.5视频添加特效.mp4

步骤01 “效果”面板上提供了大量的系统预设效果，以及音频效果和视频效果等。选中其中某一个特效，就可以添加到两个素材专场中间，如图9-62所示。

步骤02 选择“叠加溶解”效果并拖动到时间轴中的两个素材专场位置，这时已经将效果添加到素材上了，可以预览效果，如图9-63所示。

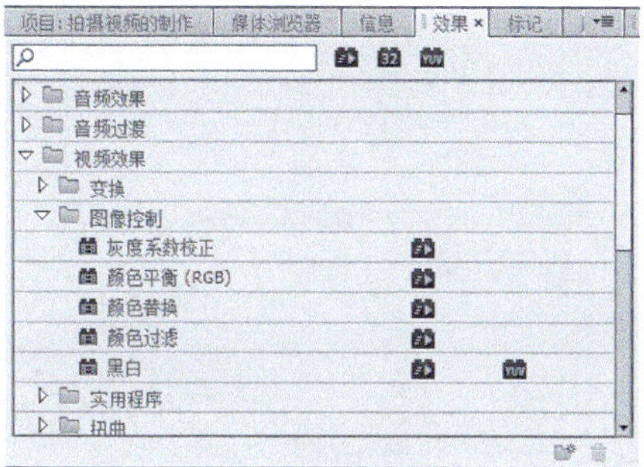

图9-62 效果面板

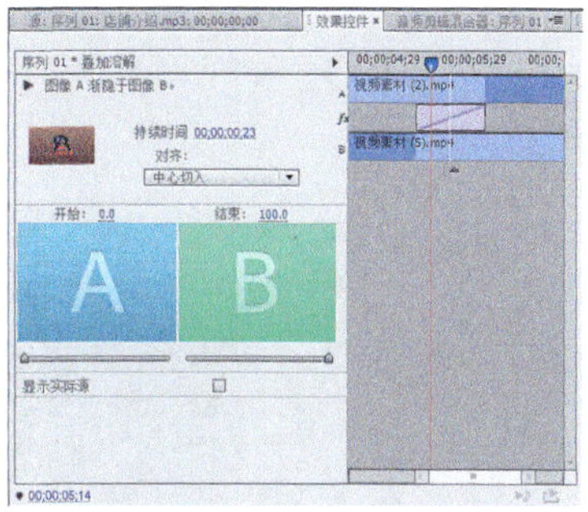

图9-63 添加伸展效果操作

步骤03 设置效果的持续时间及对齐方式，如图9-64所示。

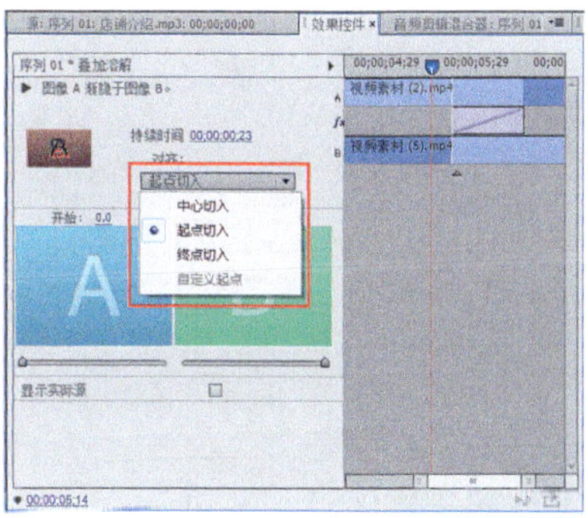

图9-64 效果参数设置

步骤04 用同样的方法为其他两个素材转场都添加上效果，同时，根据需要设置相应的参数，如图9-65所示。

步骤05 视频片段的特效添加方法也是一样的。为视频添加效果，在节目序列预览中点击播放按钮，可以查看效果，如图9-66所示。

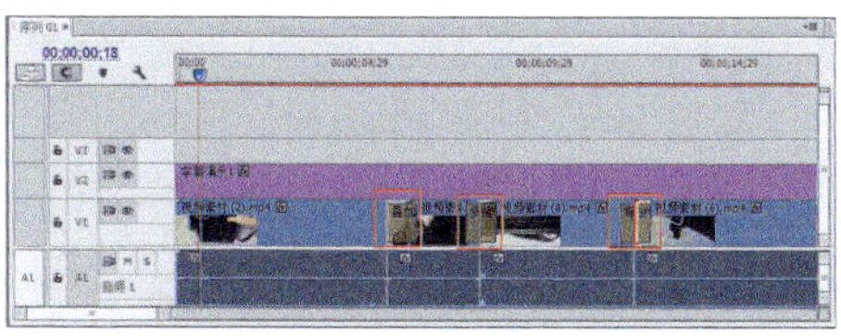

图9-65 添加其他素材转场特效

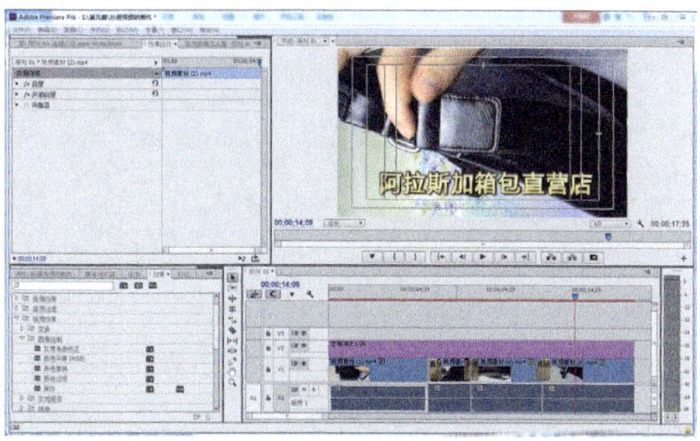

图9-66 视频素材添加效果

9.3.6 视频格式的转换

素材文件 | 素材>CH09>9.3.6 9秒主图视频.avi

视频文件 | 视频>CH09>9.3.6视频格式的转换.mp4

制作好视频后，可以根据自己需要的格式选择输出。通常情况下，会选择后期视频格式转换软件来对视频进行格式转换、视频压缩等处理。常用的视频转换软件有格式工厂、狸窝超级全能视频转换器等。

步骤01 到官网下载狸窝视频转换软件，安装到自己的计算机中，软件界面如图9-67所示。

步骤02 单击“添加视频”按钮，选择视频所在的位置，添加到软件中来，可以添加一个或多个视频，如图9-68所示。

图9-67 狸窝视频转换软件

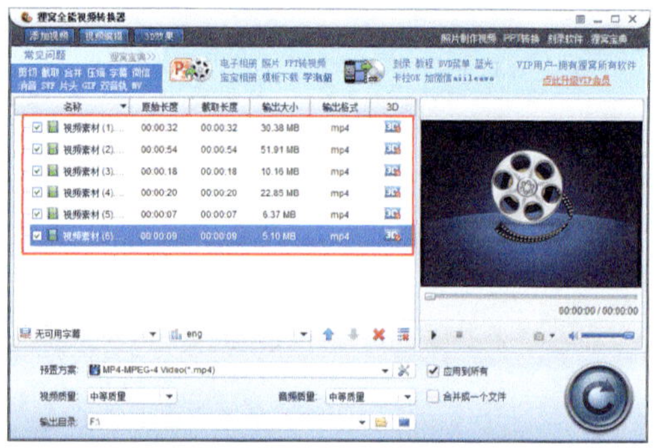

图9-68 添加视频内容

步骤03 在预设方案中可以设置视频格式，系统提供了上百种视频格式转换，如图9-69所示。

步骤04 软件提供了视频质量的选项，包括中、高、低及自定义4种模式，音频质量也是一样，如图9-70所示。

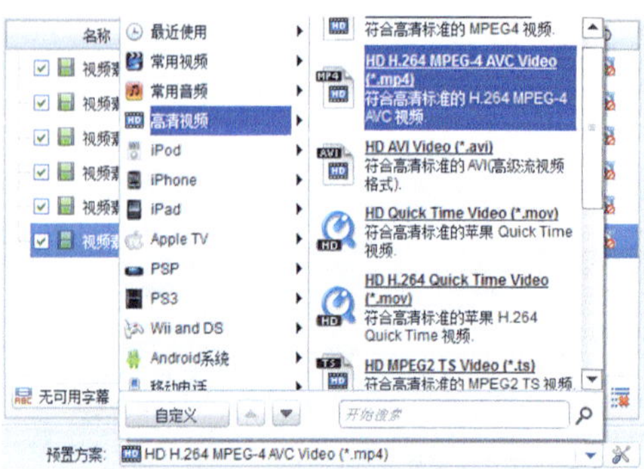

图9-69 视频格式预设选择

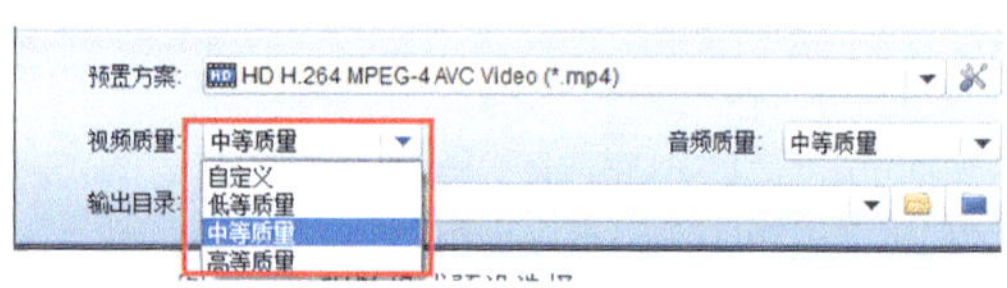

图9-70 视频质量设置

步骤05 设置好参数后，单击软件右下角的蓝色转换按钮后，就可以对视频进行格式转换了，如图9-71所示。

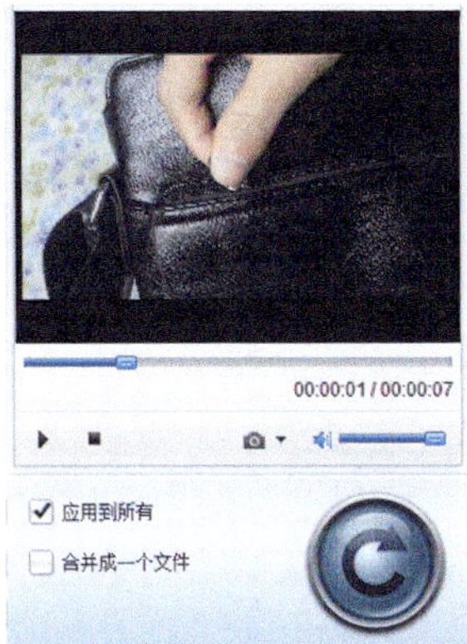

图9-71 视频转换按钮

步骤 06 当视频转换好之后，系统会自动提醒。

9.4 视频上传与应用

把视频编辑处理过之后，输出成相应的视频格式，压缩处理后，上传到淘宝平台。下面详细讲解视频的上传与应用。

9.4.1 视频的上传

视频文件 ┆ 视频>CH09>9.4.1视频的上传.mp4

步骤 01 在浏览器中输入淘宝视频上传地址http://ugc.taobao.com，登录店铺账号后就进入到了淘宝视频，如图9-72所示。

步骤 02 淘宝视频支持“无线视频”和“电脑端视频”两个模块。界面左侧是菜单内容，中间是已经上传到平台上的视频，右侧是视频的分组内容。单击右上角的“上传”按钮，如图9-73所示。

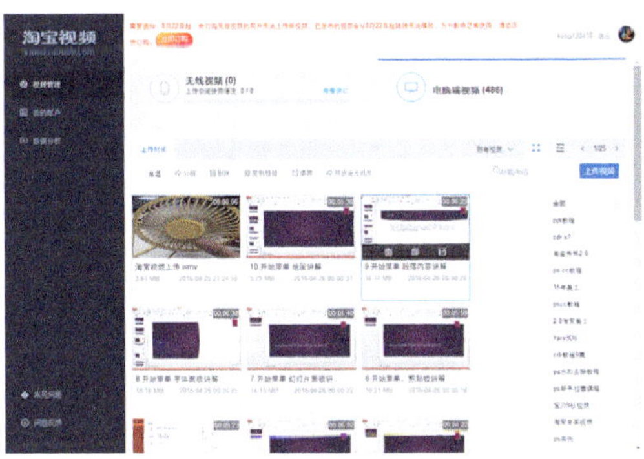

图9-72 淘宝视频

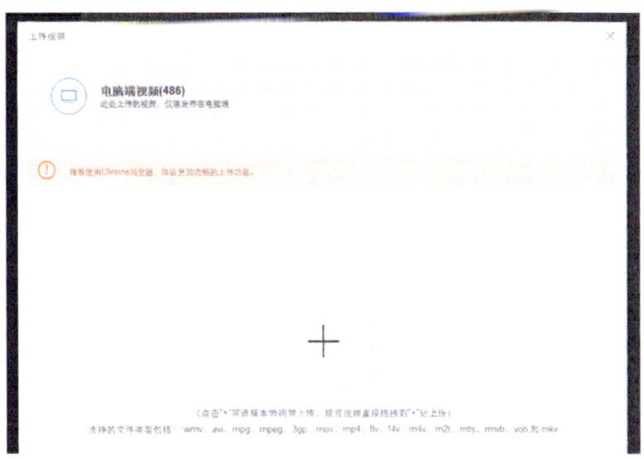

图9-73 单击“上传”按钮

步骤03 单击“+”号按钮，选择本地的视频进行上传，目前支持的视频格式有wmv、avi、mpg、mpeg、3gp、mov、mp4、flv、m4v、m2t、mts、rmvb、vob、mkv等，如图9-74所示。视频上传过程中，可以对视频的基本描述信息进行填写。

步骤04 上传视频之后，系统会经过一段时间的转码处理。如图9-75所示，第一个是在转码中的视频，另外两个是转码后正常播放的视频。

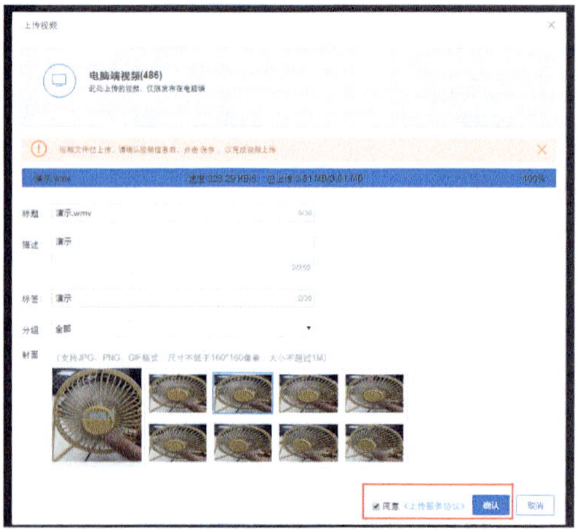

图9-74 视频的上传

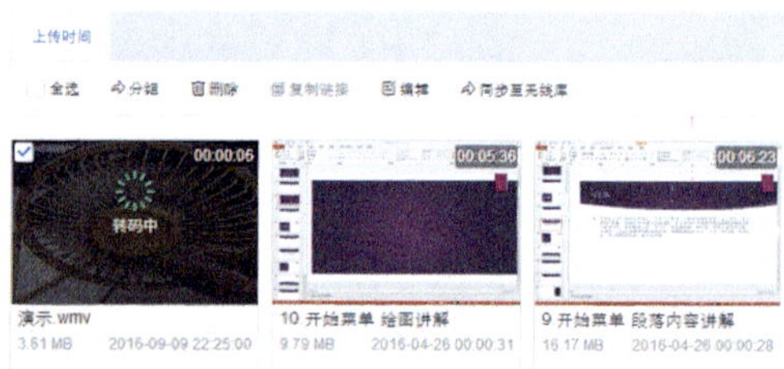

图9-75 视频转码

步骤05 视频转码后，就可以选择视频进行分组、删除、复制链接、编辑、同步至无线库等操作，如图9-76所示。

步骤06 当需要上传其中的某一个视频时，可以通过编辑选项中的复制链接命令实现。系统提供了HTML代码、Flash代码和MP4代码3种模式，如图9-77所示。

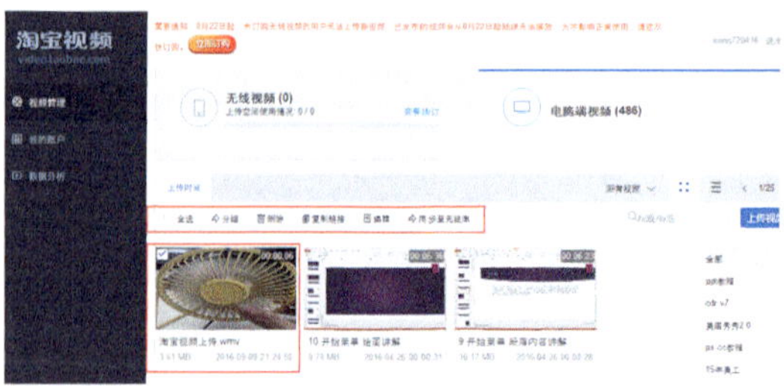

图9-76 视频编辑

图9-77 复制视频代码链接

9.4.2 主图视频的应用

● | **视频文件** | 视频>CH09>9.4.2主图视频的应用.mp4

步骤01 从淘宝首页登录卖家中心，在“出售中的宝贝”中单击“编辑宝贝”，进入宝贝编辑页面。也可以在发布新商品的时候，在“宝贝基本信息”的“宝贝视频”选项中进行上传视频，如图9-78所示。

步骤02 在“视频中心”单击“上传视频”按钮，如图9-79所示。

图9-78 上传视频

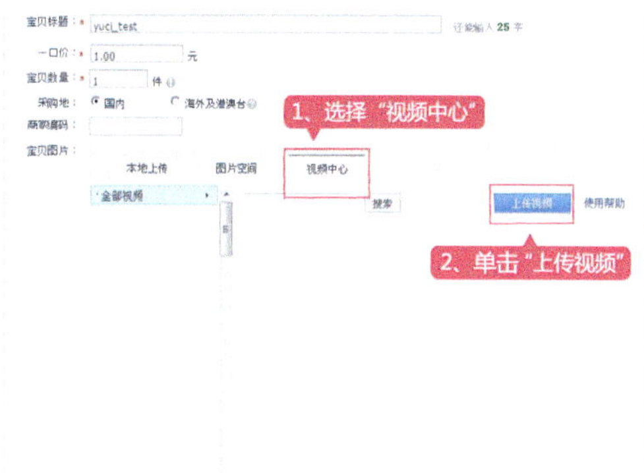

图9-79 上传主图视频

步骤 03 网页跳转到淘宝视频页面，单击右上角的“上传视频”按钮，把制作好的9秒主图视频上传上来，如图9-80所示。

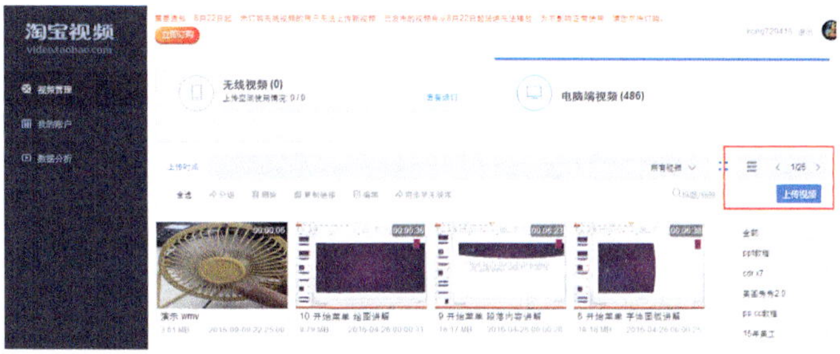

图9-80 淘宝视频管理界面

步骤 04 视频上传成功后，在宝贝编辑详情页中，通过视频中心可以看到已经加载刚才所上传的女包9秒的视频，单击此视频，直接添加到主图视频上来，如图9-81所示。

步骤 05 把商品发布之后，在主图第一个位置显示的就是9秒主图视频内容，默认情况下，背景音乐是关闭的，效果如图9-82所示。

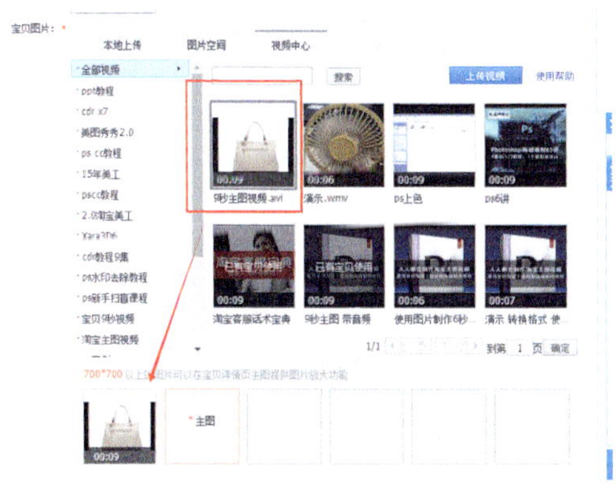

图9-81 主图视频应用

图9-82 主图视频最终效果

主图视频注意事项：

①主图视频必须为大于或等于9秒的视频。

②视频的高宽比必须为1：1，最好是800像素×800像素，大于800像素的也可以，低于800像素的会比较模糊。

9.4.3 详情页视频的应用

视频文件 | 视频>CH09>9.4.3详情页视频的应用.mp4

步骤01 在发布宝贝基本信息时，选择“宝贝描述”，找到“详情导航模块”，如图9-83所示。

步骤02 单击“新建模块”，系统会跳转到“填写模块信息”页面，填写标题内容和其他信息，如图9-84所示。

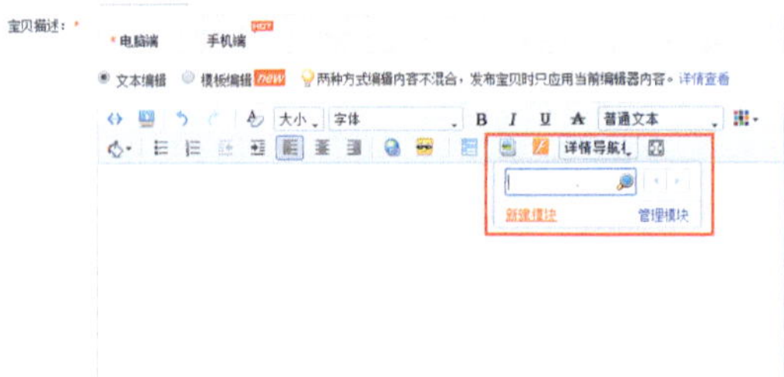

图9-83 详情导航模块

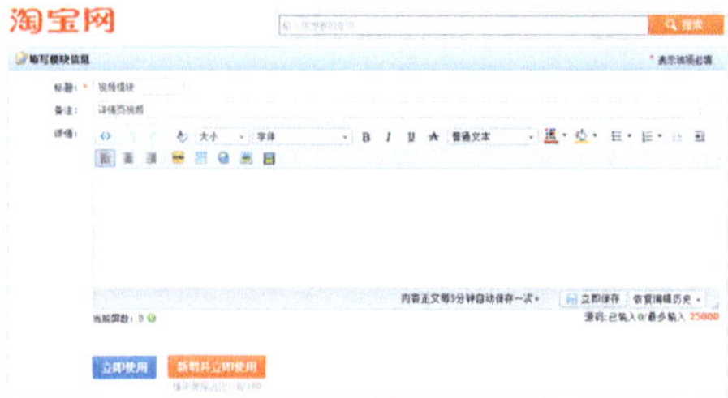

图9-84 新建模块填写信息

步骤03 在“详情”选项组中找到“插入视频”选项，如图9-85所示。

步骤04 在服务市场中，订购一个视频服务，推荐使用淘宝视频服务和优酷视频服务，如图9-86所示。

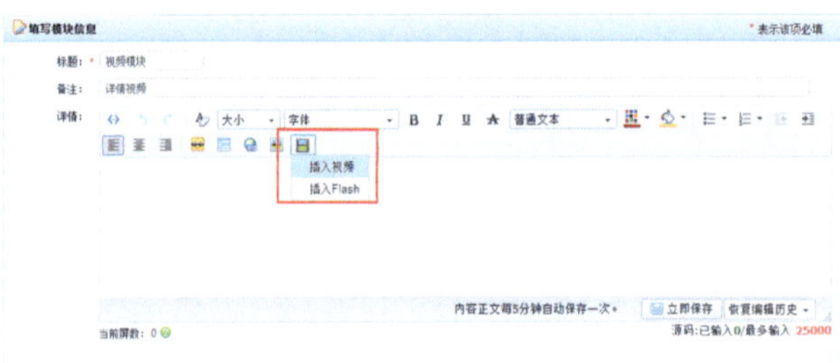

图9-85 插入视频

图9-86 服务市场订购视频服务

步骤05 进入淘宝视频中心，选择已经制作上传好的视频，选中之后，单击“发布至店铺”，如图9-87所示。

步骤06 回到模块编辑中，找到“插入视频”，在“多媒体中心”已经有了刚才发布过来的视频内容，选择后单击“插入”按钮即可，如图9-88所示。

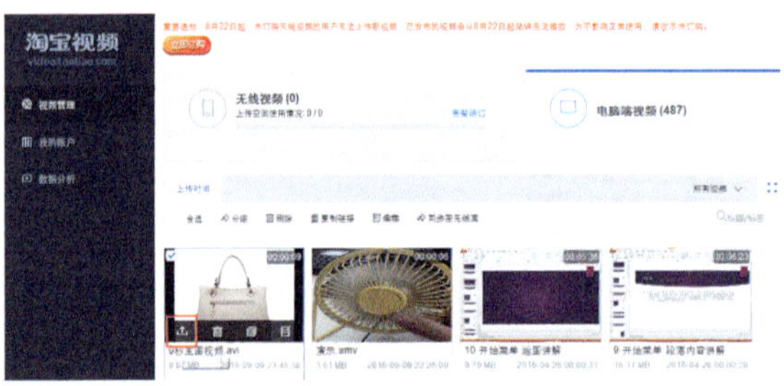

图9-87 选择淘宝视频发布至店铺

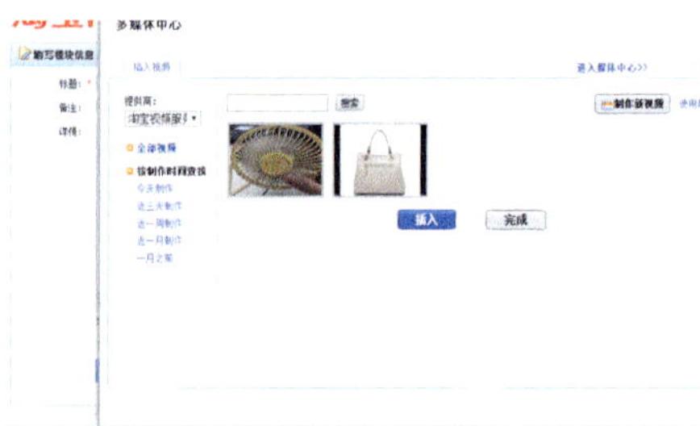

图9-88 多媒体中心插入视频

步骤07 把视频插入之后，单击“完成”按钮，在“详情”选项组中选择居中对齐，所有内容操作完之后，单击“新增并立即使用”按钮即可，如图9-89所示。

步骤 08 回到宝贝基本信息编辑页面，在宝贝描述中，已经把上传的这个详情页的视频应用到PC端的详情里面了，如图9-90所示。

图9-89 新增并立即使用

图9-90 详情页视频的应用

9.4.4 无线端视频的应用

步骤 01 淘宝无线端视频，需要在“服务市场”进行订购，收费情况是按照存储空间和播放流量而定，具体费用如图9-91所示。

图9-91 无线端视频订购费用

步骤 02 旺铺智能版首页视频的添加，需要登录店铺装修后台，然后选择“手机端页面装修”，在左侧选择店铺装修的“图文类”模块中添加“视频模块”，如图9-92所示。视频要求如下：选择一个120秒以内视频进行播放，尺寸比例为16：9，目前只支持淘宝视频。

步骤 03 无线端详情页视频的应用需要到“淘宝神笔宝贝详情编辑器”，对于符合视频类目的商品将会出现视频模块的按钮，在弹层中选择需要插入的视频，目前详情页的视频时长不超过60秒，如图9-93所示。

图9-92 店铺首页视频添加

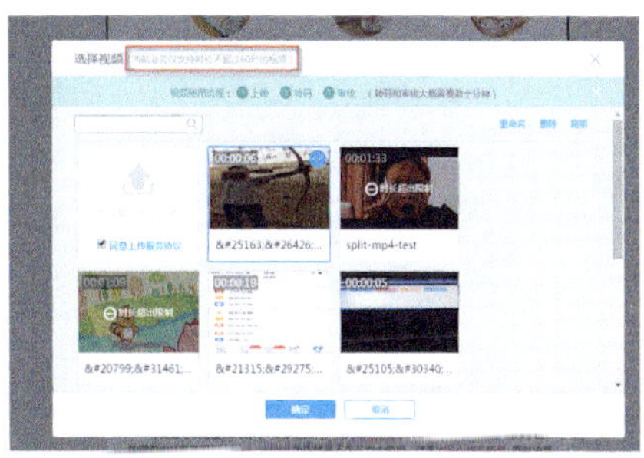

图9-93 详情页视频添加

步骤04 无线端视频的编辑和互动，可以直接在浏览器的地址栏中输入https://duomeiti.taobao.com登录进来，进入阿里多媒体中心，如图9-94所示。

图9-94 阿里多媒体中心

步骤05 可以通过阿里多媒体中心在线制作新的互动视频，可以添加“边看边买”“优惠券”和“红包”等功能，如图9-95所示。

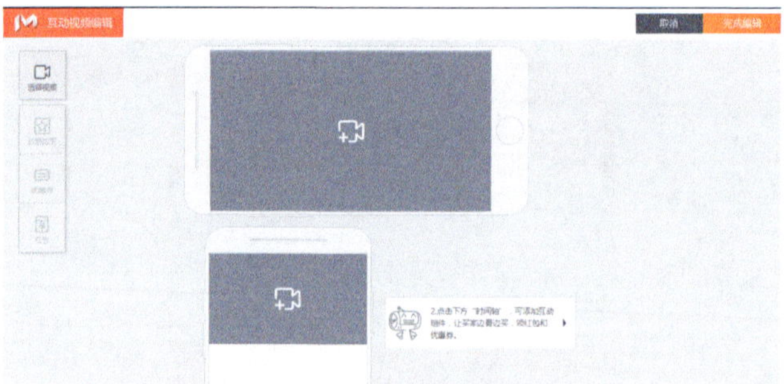

图9-95 互动视频在线编辑

值得注意的是，如果所经营的店铺不能订购视频，主要有以下几个原因。

①查看不能订购的系统提示，如主营类目暂未开通视频服务。单击这里查看暂未开通视频服务的类目名单。

②如果发现无法添加提示，请确保店铺内有上架商品，以便系统判断您的店铺是否在已经开通视频服务的类目中。

无线视频是阿里顺应视频直播等内容运营大趋势推出的一项赋能商家新服务，不仅提供无线端普通视频的播放能力，同时还集成了“边看边买”“优惠券”“红包”“圈立淘”等基于无线端的电商互动营销的导购视频功能，通过富媒体提升品牌认知、成交转化和买家互动等营销功能。

在未来，无线端视频也是新的发展趋势之一。

第10章 手机淘宝装修

手机在日常生活中有着无法取代的地位，甚至有一种说法，手机已经成了我们身体上的一个器官，当找不到手机时，几分钟后就会有烦躁情绪。

手机购物方便、快捷，随时随地都能进行购物，不受环境的限制，使得手机购物越来越普及。目前淘宝手机端总流量已经超过电脑端，例如，2016天猫双十一当天交易额超过1207亿元，无线成交占比近82%。移动互联网时代已经来临，并且迅猛发展着，因此，手机淘宝的设计必将成为重中之重，设计师需要有清晰的认识。

10.1 手机无线端淘宝

10.1.1 认识手机无线淘宝

随着智能手机和其他智能移动设备的普及，4G快速网络及WiFi的大面积覆盖，从每天睁开眼睛找手机的那一刻起，移动智能生活已经开始改变我们的生活习惯。

在上班的路上，在工作闲暇时，在朋友聚会中，人们都会拿出手机不停地刷屏，甚至三五岁的孩子，也会缠着要玩手机，他们不是捧着手机，就是捧着iPad玩游戏。对于上班族来说，每到假期，一部手机和一个WiFi热点就是休闲的天堂，如图10-1所示。

图10-1 手机在日常中的使用

根据近几年的无线交易额度，就可以看出无线端发展的迅猛速度，各种平台App层出不穷，大家将流量都导向无线端，现在无线端已经成为了主流。

无线端购物是大趋势，随着淘宝业务向无线端倾斜，无线浏览拉开新一轮商家竞争大赛的序幕。一个拥有漂亮外观且用户体验好的手机店铺是促成订单成交的重要因素。要想抢占流量高地，手机店铺的装修是不可少的。

10.1.2 手机端与电脑端的区别

很多卖家会把店铺电脑端的图片直接在手机淘宝上使用，因此，会出现尺寸不合适、效果不好等造成用户体验不佳的问题，导致店铺转化率低。手机淘宝的图片看似尺寸小，其实大有玄机，对最终的成交起到了关键性作用。

1. 尺寸的不同

手机屏幕的大小要求着手机淘宝装修的尺寸，如果尺寸不合适，会造成界面混乱，浏览效果不佳问题。

2. 布局的不同

手机淘宝要想满足受众的需求，应做到快时间预览、快速阅读、操作方便、消费者碎片化消费，这就决定了布局要简洁、明了，摒弃不必要的装饰。

3. 详情的不同

电脑端会通过较多的文字说明产品的卖点、店铺促销和优惠等信息，但手机淘宝详情要使用简洁的文字，运用适当的图片信息将详情进行阐述。

4. 分类的不同

分类结构要明确，模块划分清晰，体现少而精的特点，最好以图片突出体现为主。

5. 颜色不同

很多电脑端会用深色系体现店铺风格和高大上的品质等，而手机端由于浏览面积小，视觉受限，因此，店铺颜色要鲜亮，才能使消费者有愉悦感。

10.1.3 无线端装修要点

与电脑端营销相比，无线端营销更注重顾客体验，不论是文字还是页面的装修和排版等方面，都要比电脑端更为严格。要做好无线端，首先要做好的是视觉营销，装修是第一步，如何做好无线端装修，这是赢取手机流量的关键所在。

1. 首页装修要点

与电脑端从左到右的浏览习惯不一样，手机端的屏幕较小，浏览习惯一般是从上往下看。如果都是双列宝贝的展示方式或者用双列图片展示宝贝的话，用户的兴趣度和体验趣味性就会大大降低。利用无线装修可以巧用各种大模块的组合，如焦点图和左文右图及多图等模块，使手机淘宝首页显得更有趣味性。

首页装修的技巧可以从以下几方面入手。

（1）店标：店标是店铺的标志，我们也许会觉得在淘宝网店中店招的用处不大，但在手机店铺中，店标显示在店铺首页最上方且明显位置，买家在逛淘宝店铺时，一眼就能看到店标。店标颜色鲜明，主题简明，不仅可以吸引买家的目光，也能更好地宣传店铺。

（2）店名：手机的屏幕尺寸有限，所有店名不要过长，过长的店名可能在手机端会显示不完全，还会减弱整个店铺的品牌效应。

另外，在模块上的选择，可以选取大模块和从上而下的排列效果。

2. 详情页装修要点

详情页装修技巧可以从以下几方面入手。

手机详情页的制作是增加无线端宝贝和店铺的加权点之一，为店铺引流的重要环节。当我们没有做手机详情页的宝贝，同步电脑端的详情页时，会出现字体不整齐、图片加载效果慢、体验效果不佳的情况。重新制作或整理后的手机详情页，图片和文字将更清晰、有条理，用户体验也会更好。

（1）当需要添加的文字太多时，建议使用纯文本的方式编辑，这样看起来比较清晰。

（2）图片尺寸按照手机端店铺要求480像素×620像素，高度小于960像素。

（3）考虑名片的大小，尽量做到一张图片刚好占满一个屏幕，令买家注意力集中，从而锁定用户的眼球。

（4）手机端图片少，买家浏览的速度快，图层产品颜色冲击视觉效果。

（5）完善宝贝主图，通过5张主图把产品所有的信息都展示得淋漓尽致，更有利于提高买家的购买欲。

10.2 手机淘宝店铺首页装修

手机淘宝店铺首页与电脑端首页装修不同，我们通过智能版旺铺中的手机页面装修对无线端进行首页装修。如果没有订购智能版旺铺，手机淘宝店铺装修需要到浏览器中登录淘宝网，进入网页后，选择“无线装修”进行操作处理。本节主要讲解智能版旺铺手机页面装修。

10.2.1 店铺搜索和分类设置

视频文件 | 视频>CH10>10.2.1店铺搜索和分类设置.mp4

消费者进入手机店铺后，在顶部有搜索栏，其目的是让买家方便快捷地找到自己所需的商品，同时，通过设置搜索框关键字和热门关键词，可以更有效地引导单品或活动成交，设置后的效果如图10-2所示。

图10-2 热门推荐

步骤01 进入旺铺装修后台，选择“手机页面装修”，在顶部是“店铺搜索和分类”的设置，如图10-3所示。

图10-3 店铺搜索和分类设计

步骤02 搜索关键词的设置，可设置搜索框的搜索文案，消费者在搜索前将看到该内容并单击搜索，效果如10-4所示。

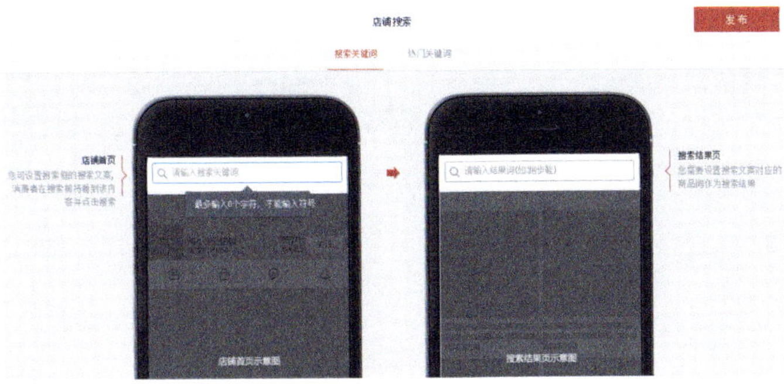

图10-4 搜索关键词的设置

步骤03 除了搜索关键词的设置，还可以设置成“热门关键词”，最多只能添加6个搜索关键词，剩下的关键词会由系统根据消费者的购买习惯自动推荐，效果如图10-5所示。

图10-5 热门关键词的设置

步骤04 店铺宝贝分类的设置类目的封面尺寸为372 像素×102像素，官方提供有尺寸模板，制作好之后，把图片上传到图片空间，单击“添加封面”按钮，选择制作好的图片，如图10-6所示。

图10-6 添加封面图片

步骤 05 如果上传的图片尺寸过大，可以在图片小工具中进行裁剪处理，在预览中可以快速查看效果，如图10-7所示。

图10-7 裁剪图片

步骤 06 制作好之后，单击右上角的“发布”按钮，就可以在手机端查看效果了，如图10-8所示。

图10-8 宝贝分类发布

10.2.2 店招的设计

效果文件	效果>CH10>10.2.2效果图.jpg、10.2.2源文件.psd
素材文件	素材>CH10>10.2.2素材.jpg
视频文件	视频>CH10>10.2.2店招的设计.mp4

无线端店铺的店招规格尺寸是642像素×200像素，图片类型支持JPG、JPEG、PNG等格式。

步骤 01 打开Photoshop软件，新建一个尺寸为642像素×200像素的空白文档，如图10-9所示。

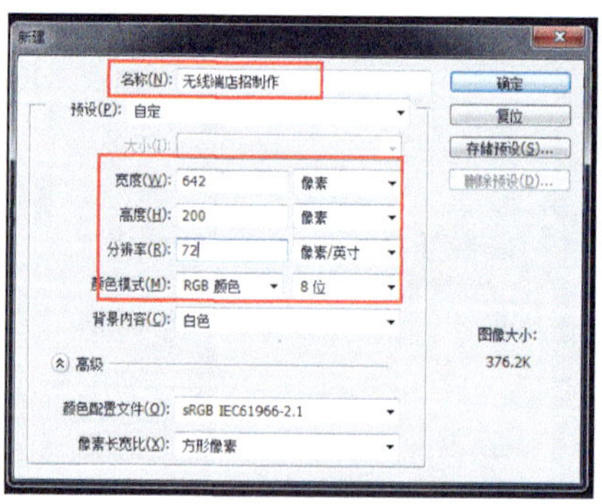

图10-9 新建文件设置

步骤02 导入素材图，调整至合适的位置和大小，如图10-10所示。

图10-10 导入素材背景图

步骤03 选择“矩形选框工具”，按Ctrl+T快捷键执行自由变换命令，拉伸填充右边空白区域，效果如图10-11所示。

图10-11 拉伸填充右边空白区域

步骤04 创建“全店秋装上新”主标题文字，如图10-12所示。

图10-12 创建主标题

步骤05 创建好其他文案内容，最终效果如图10-13所示。设计好之后，输出成JPG格式的图片即可。

图10-13 创建其他文案内容

步骤 06 登录智能版旺铺装修后台，选择“手机页面装修”，在头部模块设置店招基本信息，单击“重新上传”按钮，如图10-14所示。

步骤 07 选择刚才制作好的设计图，单击“上传”按钮即可，如图10-15所示。

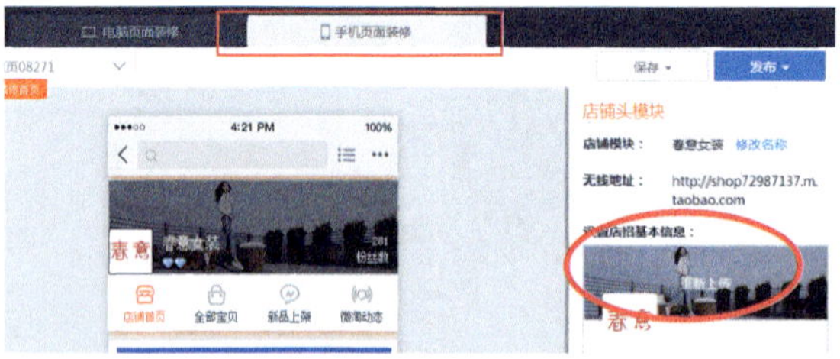

图10-14 设置店招基本信息重新上传

图10-15 上传制作好的设计图

步骤 08 上传图片之后，单击右下角的“确定”按钮即可，如图10-16所示。

步骤 09 单击右上角的“发布”按钮，可以选择“立即发布”和“定时发布”，如图10-17所示。发布后就可以在无线端查看最终效果了。

图10-16 单击“确定”按钮

图10-17 发布

10.2.3 焦点图模块设计

效果文件	效果>CH10>10.2.3效果图.jpg、10.2.3源文件.psd
素材文件	素材>CH10>10.2.3素材.jpg
视频文件	视频>CH10>10.2.3焦点图模块设计.mp4

无线端焦点图设计和电脑端的首焦海报设计道理是一样的，在前面的课程中都有详细讲解。需要注意的是，由于手机屏幕较小，无论是产品还是促销图设计，主题要简明、突出，吸引浏览者的目光。

焦点图模块图片最多4个，最少1个，尺寸建议为608像素×304像素，图片类型支持JPG、PNG等格式，可尝试用来展示店铺优惠活动促销内容或主推宝贝等。

步骤01 打开Photoshop软件，新建一个尺寸为608像素×304像素的空白文档，将“分辨率”设置为72像素/英寸，如图10-18所示。

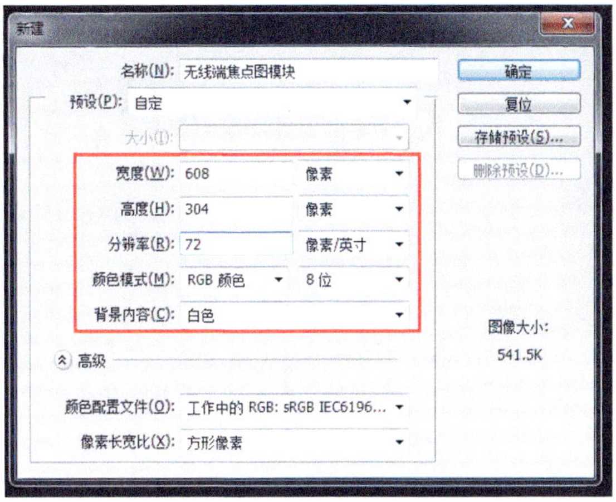

图10-18 新建文件

步骤02 导入素材图，调整至合适的位置，使用“亮度/对比度”命令对素材进行亮度调整，如图10-19和图10-20所示。

图10-19 导入素材图

图10-20 调整素材亮度

步骤03 创建一个白色填充矩形，将图层的透明度设置为80%，然后创建主题文案，如图10-21所示。

步骤04 用同样的方法把其他文案内容创建进来，最终效果如图10-22所示。把制作好的焦点图输出成相应的图片格式进行保存。

图10-21 创建主题文案

图10-22 最终效果

步骤05 进入智能版旺铺装修后台，在“手机页面装修”中选择左侧的店铺装修图文类模块中的焦点图模块，将其拖曳到编辑面板中，如图10-23所示。

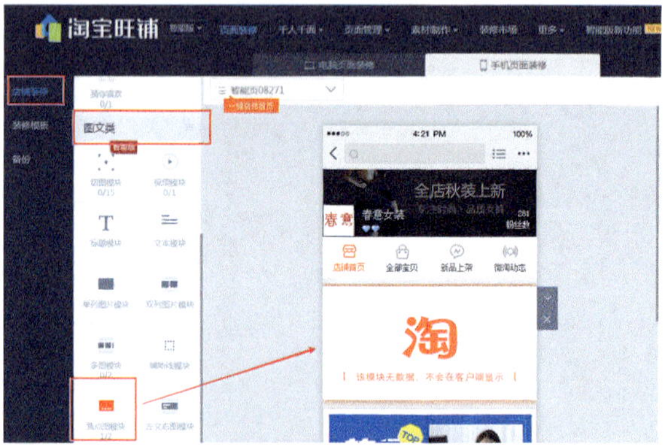

图10-23 添加创建焦点图模块

步骤 06 在右侧的焦点图编辑模块中，可以上传1~4张焦点图片、添加地址链接等，如图10-24所示。

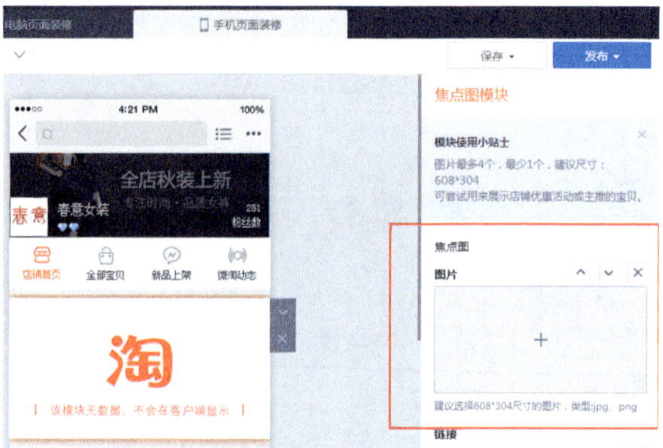

图10-24 焦点图编辑模块

步骤 07 把刚才制作好的焦点图上传进来，单击右下角的“确定”按钮即可，如图10-25所示。同时还可以添加其他海报图，形成轮播的效果。

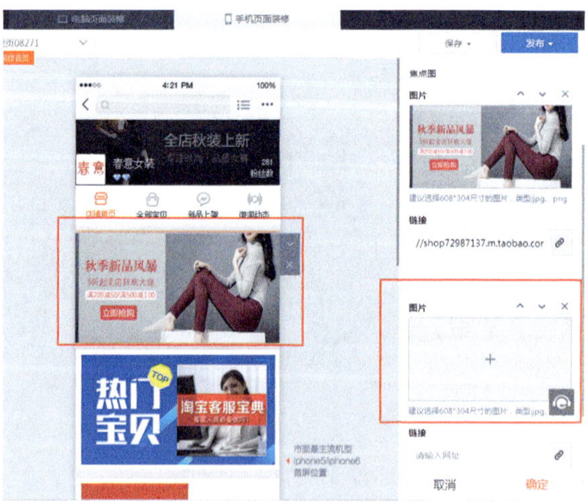

图10-25 添加焦点图

10.2.4 自定义模块设计

素材文件 | 素材>CH10>10.2.4素材图1.jpg~素材图7.jpg

视频文件 | 视频>CH10>10.2.4自定义模块设计.mp4

在“无线手机淘宝装修”页面中，新增了自定义模块，且最多可设置10个子模块，图片大小可以自行选择拉动。值得注意的是，先要规划好“自定义模块”的布局，以方便作图和切片。拖动角点可以控制模块大小，双击确认大小，在右侧模块使用小贴士会提醒图片尺寸大小。

步骤01 登录智能版旺铺后台，选择“手机页面装修”，在左侧模块中选择并添加自定义模块，如图10-26所示。

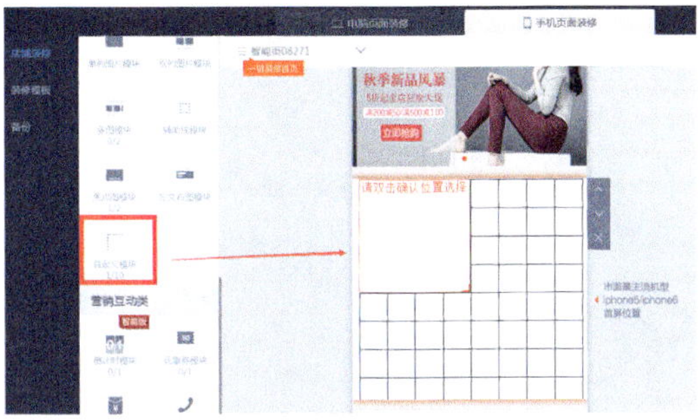

图10-26 添加自定义模块

步骤02 双击确认位置之后，在右侧模块编辑区会提醒上传图片大小和链接地址，如图10-27所示。

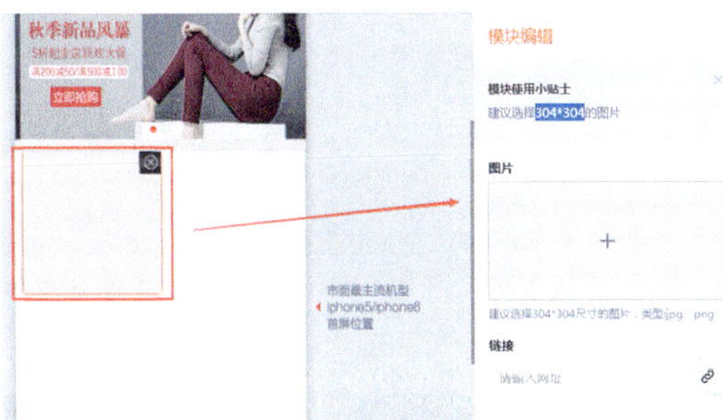

图10-27 确定自定义区域位置大小

步骤03 把配套的素材图上传进来，并添加商品指定链接地址，如图10-28所示。

图10-28 上传切割好的素材图

步骤 04 用同样的方法添加第二张商品图，如图10-29所示。

图10-29 添加商品图

步骤 05 将第二排的商品图也添加进来，如图10-30所示。

图10-30 添加第二排商品图

步骤 06 在一个自定义模块中添加尺寸不等的7张商品图，并且每个商品图都指定有不同的商品链接，最终效果如图10-31所示。

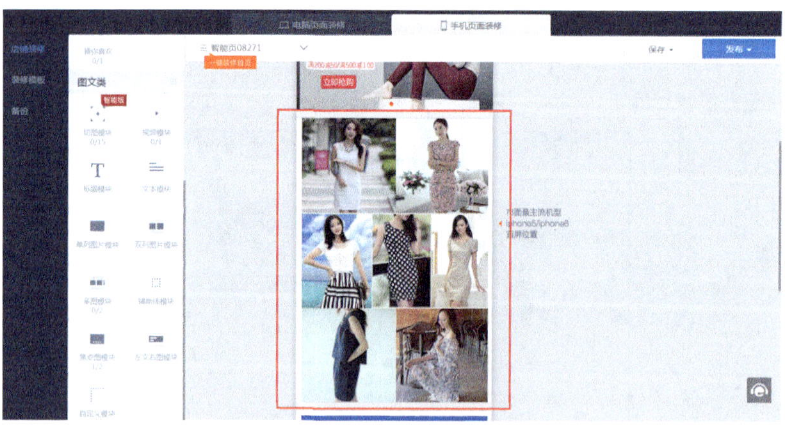

图10-31 自定义模块最终效果

10.2.5 智能单双列宝贝

视频文件 | 视频>CH10>10.2.5智能单双列宝贝.mp4

智能单双列宝贝是基于阿里大数据提供的智能算法模块，系统会根据每个访问店铺的消费者特征，推荐最有可能被购买的商品宝贝，有效提升店铺的成交转化。

步骤 01 登录智能版旺铺后台，选择“手机页面装修”，在左侧的模块中选择单列宝贝模块或者双列宝贝模块，将宝贝拖入到页面中进行编辑，如图10-32所示。

图10-32 智能单双列模块添加

步骤 02 添加智能双列模块后，在右侧模块编辑区中，智能商品库系统会自动帮用户选择“潜力新品”“热销爆款”“当季热卖”3种类型的宝贝商品，可单击详情进行查看，如图10-33所示。

步骤 03 “分类商品库”和“自建商品库”可以根据需求自定义，展现方式推荐选择“千人千面展现”，可有效提升成交转化。值得注意的是，若前面选择了“智能商品库”，则只能选择“千人千面展现”，如图10-34所示。

步骤 04 在智能宝贝个数上，系统最多可以推荐6个宝贝，如图10-35所示。

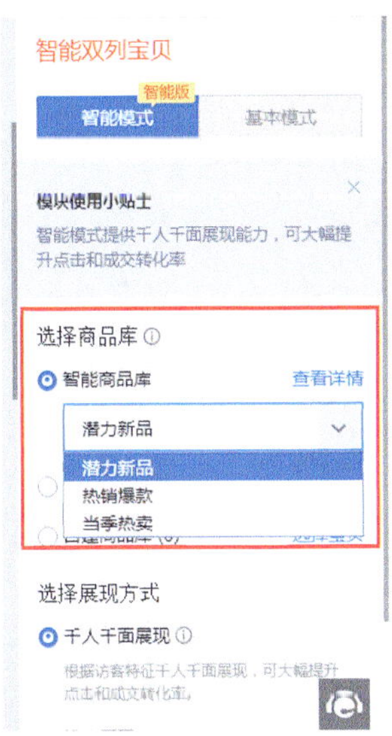

图10-33 选择商品3种推荐模式

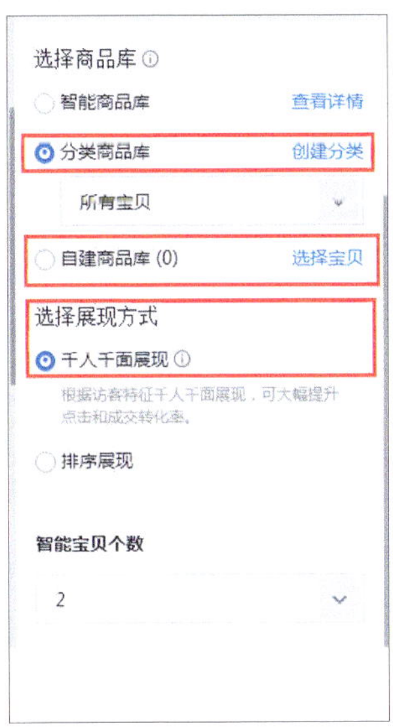

图10-34 分类商品库

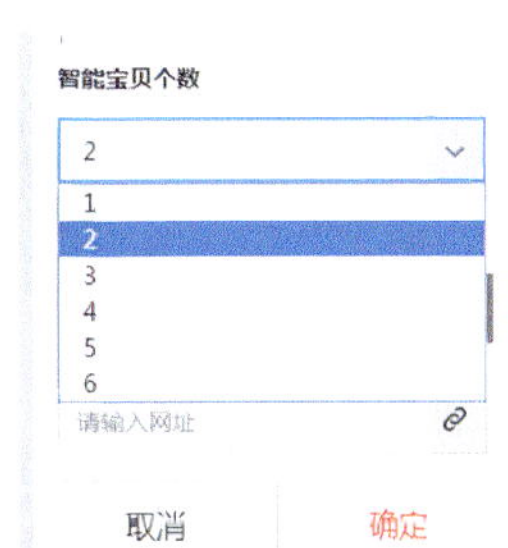

图10-35 智能宝贝个数

步骤05 以上选项设置完毕，单击“确定”按钮就编辑完成了，此时店铺的该模块的展示方式是“千人千面”，每个消费者进店后看到的商品都是不同的，将会展现最适合该消费者的商品，提升店铺的转化率。

10.2.6 切图模块添加

视频文件 | 视频>CH10>10.2.6切图模块添加.mp4

切图模块的添加可以在一张海报图上进行，创建不同的热区，指向不同的商品链接地址。图片建议尺寸宽度为640像素，高度为336 ~2500像素，同时系统最多支持添加15个切图模块，一个模块上能添加50个热区。

步骤01 登录智能版旺铺后台，选择“手机页面装修”，在左侧的模块中选择“切图模块”，如图10-36所示。

图10-36 添加切图模块

步骤02 把设计好的素材图上传进来，如图10-37所示。

图10-37 上传设计好的商品图

步骤03 在右侧切图编辑区中添加单击热区，使用鼠标左键拖动调整热区大小，同时指定商品链接地址，如图10-38所示。

步骤04 用同样的方法把其他两个小图也进行添加热区，如图10-39所示。

图10-38 添加单击热区

图10-39 添加其他两张小图热区

步骤05 为其他商品图都添加上热区，最后单击“确定”按钮，单击右边顶部的“发布”按钮，整个热区添加就完成了，如图10-40所示。

图10-40 添加整个热区效果

10.2.7 倒计时模块设计

视频文件 ┊ 视频>CH10>10.2.7倒计时模块设计.mp4

倒计时模块可以营造紧迫感，激发消费者的购买欲望，是营销过程中必不可少的一个环节。

步骤01 登录智能版旺铺后台，选择“手机页面装修”，在左侧模块营销互动类中选择“倒计时模块”，对模块进行添加，如图10-41所示。

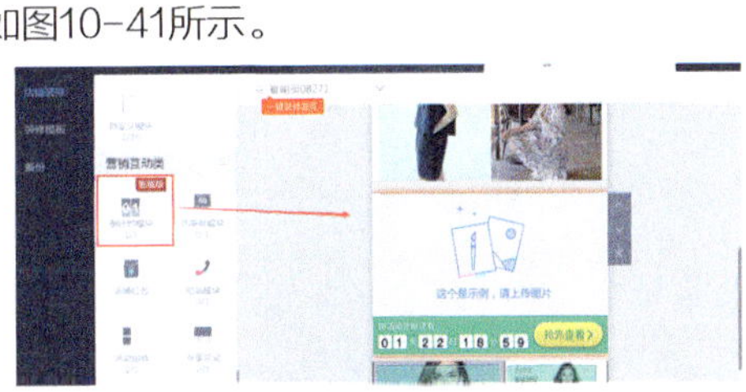

图10-41 添加倒计时模块

步骤02 在左侧模块编辑区添加一张活动图，建议选择640像素×330像素的图片，然后指定活动链接地址，如图10-42所示。

步骤03 设置活动开始时间和活动结束时间，如图10-43所示。

图10-42 添加图片　　　图10-43 设置开始和结束时间

步骤04 设置好之后，单击“确定”按钮。值得注意的是，在发布成功后，倒计时设置后的效果只能在手机上进行查看，如图10-44所示。

图10-44 倒计时设计效果

10.2.8 优惠券模块设计

视频文件 | 视频>CH10>10.2.8优惠券模块设计.mp4

优惠券能促进消费者的购买欲望，制作营销氛围，提升客单价，是店铺营销中最常用的活动之一。

步骤01 无线端添加优惠券模块之前，需要创建优惠券。可以到服务市场中订购一个优惠券服务，如图10-45所示。

图10-45 订购优惠券服务

步骤02 登录智能版旺铺后台，选择“手机页面装修”，在左侧模块营销互动类中选择“倒计时模块”，然后进行添加，如图10-46所示。

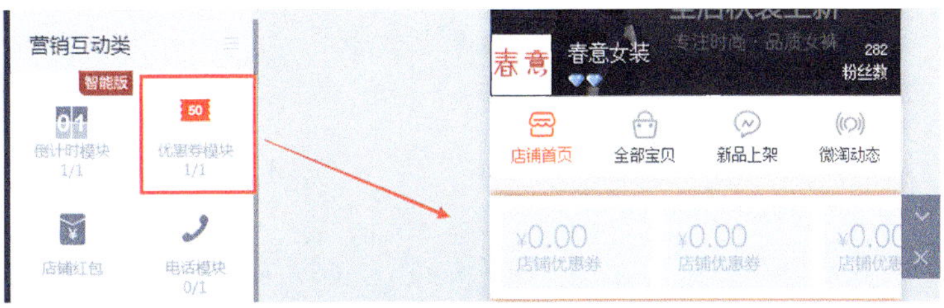

图10-46 添加优惠券模块

步骤03 在右侧模块编辑区提供了自动添加和手动添加两种模式，如图10-47所示。在自动添加模式下，系统自动抓取已创建的优惠券，按照面额由小到大排列，最多展示6个优惠券。

步骤04 如果选择手动添加优惠券，可以选择展示的个数最多为6个，展示样式中，可以使用系统默认的展示方式，也可以通过后期进行制作，以图片模式上传。设置效果参数如图10-48所示。

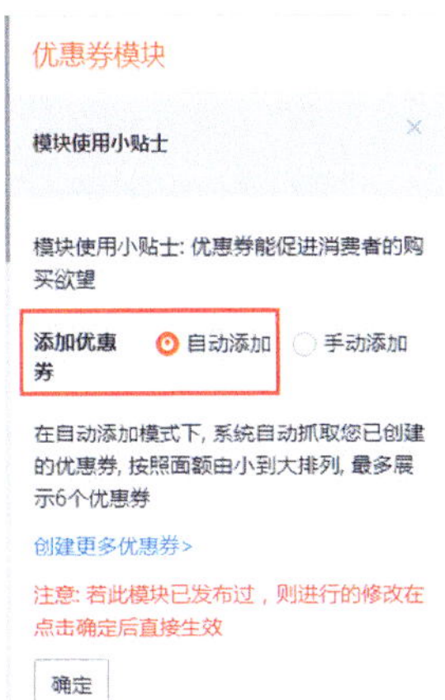

图10-47 自动添加优惠券模式

图10-48 手动添加优惠券设置

10.2.9 店铺红包设计

视频文件 | 视频>CH10>10.2.9店铺红包设计.mp4

店铺红包是卖家自己设置的，全店通用的店铺无门槛代金券可以有效地提高店铺转化率。

步骤01 登录智能版旺铺后台，选择“手机页面装修”，在左侧模块营销互动类中选择店铺红包模块，然后进行添加，如图10-49所示。

图10-49 添加店铺红包模块

步骤02 在右侧模块编辑区选择店铺红包，设置入口，进入到淘宝商家店铺红包设置页面，如图10-50所示。

图10-50 店铺红包设置页面

步骤03 回到页面中，刷新页面，这时系统已经自动加载进来，单击“发布”按钮，店铺红包就创建完成了，效果如图10-51所示。

图10-51 店铺红包效果

10.2.10 千人千面模块设计

视频文件 视频>CH10>10.2.10千人千面模块设计.mp4

“千人千面”是根据顾客的特征和需求，在店铺内为每个人提供个性化的宝贝展示，目的是提高店铺访客转化率。旺铺智能版正式把首页千人千面的能力赋予所有卖家，模块点击率平均提升超过20%，成交转化率提升超过40%，千次展现支付金额提升超过50%。目前，单、双列宝贝提供了千人千面展现的能力，有3种使用场景可以选择。而“新客热销”模块重点提高新客的成交转化率，帮助商家积累更多老客户；“潜力新品”模块重点提高新品的成交转化率，帮助商家快速提高新品成交。

步骤 01 登录智能版旺铺后台，选择“手机页面装修”，在左侧模块中选择智能类中的模块，然后进行添加，如图10-52所示。

步骤 02 对每一个店铺访客，系统都会根据其个人属性，以及在平台上的实时搜索、浏览、加购、收藏行为，在宝贝库（宝贝库可以由卖家手动设置，也可以由系统根据新客、新品或热销的场景自动生成）中筛选出当前访客最可能购买的6款（卖家可以自己设置展示数量）宝贝展示在模块中，所以，每个访客看到的宝贝是不一样的，由此实现智能模块级的千人千面，提高访客成交转化率。以新客热销设置为例，如图10-53所示。

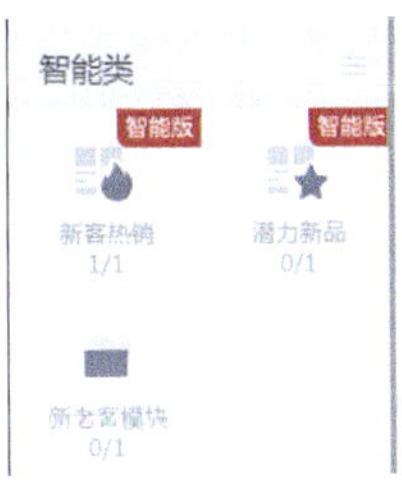

图10-52 智能类模块

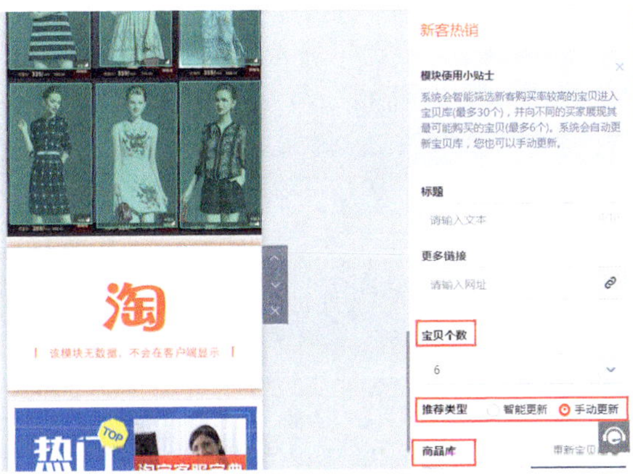

图10-53 新客热销

步骤 03 查看千人千面模块效果数据，登录生意参谋中心，单击“经营分析”，选择“装修分析>无线>已定制自定义页面”，选择手淘首页，单击“查看详情”即可查看，如图10-54所示。

图10-54 数据查看效果

最后要说的是，千人千面目前只支持无线店铺，在PC端是查看不到的。

10.3 手机详情页制作

2015年的“双十一”当天，淘宝总交易额912.17亿元，其中无线交易626.42亿元，占比68.67%，远远超过PC端，这在几年前是不可想象的。随着农村淘宝的不断深入，建立1000个县级服务中心和10万个村级服务站，农村地区家庭，电脑较少，手机却是人手一部。在未来几年，无线端消费必然会持续上涨，作为电商从业者，一定要知道自己的客户都在什么地方。所以，一定要重视手机端详情的制作和优化。

10.3.1 手机详情页规划规范

发布手机版详情规范：

（1）基本要求。

手机详情总体大小：图片+文字+音频应小于等于1.5MB，图片仅支持JPG、GIF、PNG格式。

（2）图片大小要求。

① 宽度：480～620像素。

② 高度：≤960像素。

③ 格式：JPG、GIF、PNG。

举例，可以上传一张宽度为480像素、高度为960像素、格式为JPG的图片。

（3）文字要求.

① 中文字体：≥30号字。

② 英文和阿拉伯数字：≥20号字。

③ 当需要添加的文字太多时，建议使用纯文本的方式编辑，这样看起来更清晰。

（4）音频（可选）。

① 每个手机详情只能增加一个音频，时长建议不超过30秒，大小不超过200KB，仅支持mp3格式。

② 音频内容可以围绕产品卖点、品牌故事、产品特色、产品优惠等展开。

10.3.2 导入PC端详情页

已经装修了PC端详情页的宝贝，可以直接将其生成手机端详情页。

步骤 01 登录卖家中心，发布宝贝，在发布一款新宝贝时，填写宝贝的基本信息，有手机端描述内容，如图10-55所示。

步骤 02 单击“导入电脑端描述”按钮，在弹出的提示对话框中单击“确定生成”按钮，如图10-56所示。

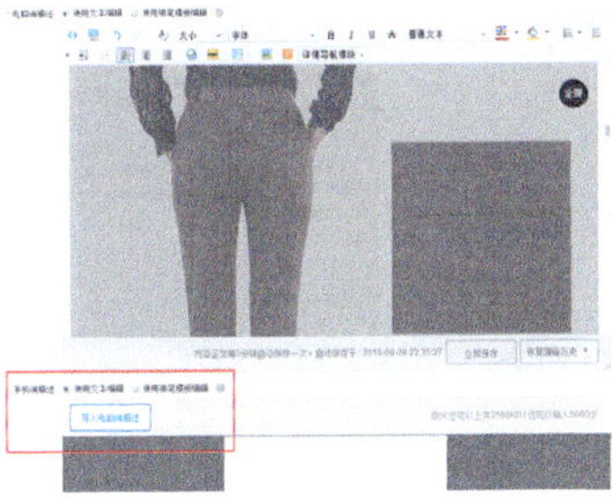

图10-55 手机端描述

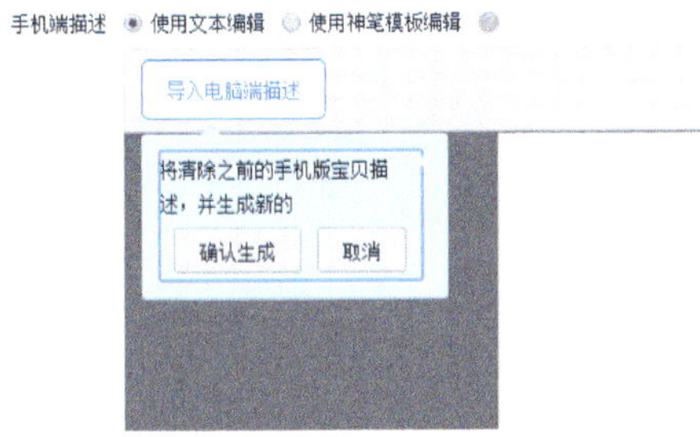

图10-56 单击“确定生成”按钮

步骤 03 生成手机端详情页之后，还可以单击每一张图片，进行上下移动和更换图片，以及删除此张选中的图片操作，如图10-57所示。

步骤 04 在手机端描述编辑最下端有一个“添加”按钮，单击后可以添加音频、摘要、图片和文字，如图10-58所示。

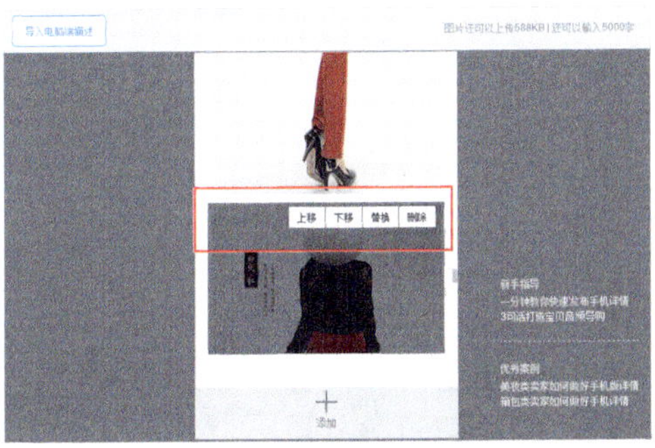

图10-57 移动和更换删除图片

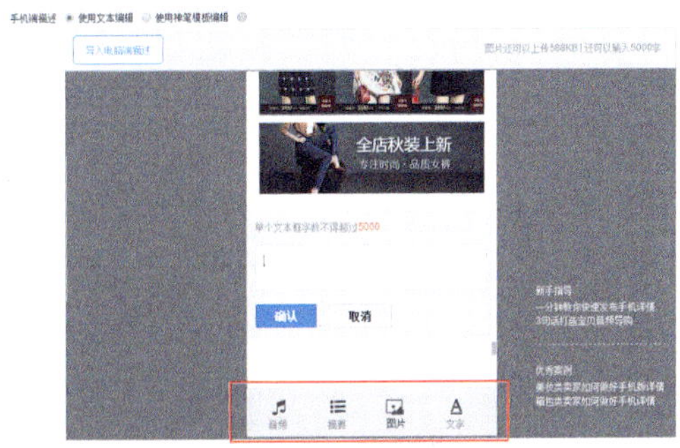

图10-58 添加内容操作方法

步骤 05 自动生成手机端详情页，经过二次修改之后，就可以发布宝贝，整个手机端详情页制作完成。如果想查看效果，可以在卖家中心>左侧菜单>出售中的宝贝中，将鼠标移动到单个商品下的“码”字标签上，浮现出二维码，扫描后查看最终效果。

10.3.3 模板生成详情页

手机店铺详情页也可以使用“淘宝神笔”进行编辑，方便简单，同时还可以导入设计师设计好的模板。

步骤 01 进入宝贝详情编辑页，选择使用神笔模板编辑，并单击“修改”或“立即编辑”按钮，如图10-59所示。

图10-59 选择使用神笔模板编辑

步骤02 如果是新发布的宝贝，它的手机详情页还没有编辑，这时进入后台操作界面，如图10-60左侧所示。如果是制作好的手机详情页，淘宝神笔会自动载入内容，如图10-61右侧所示。

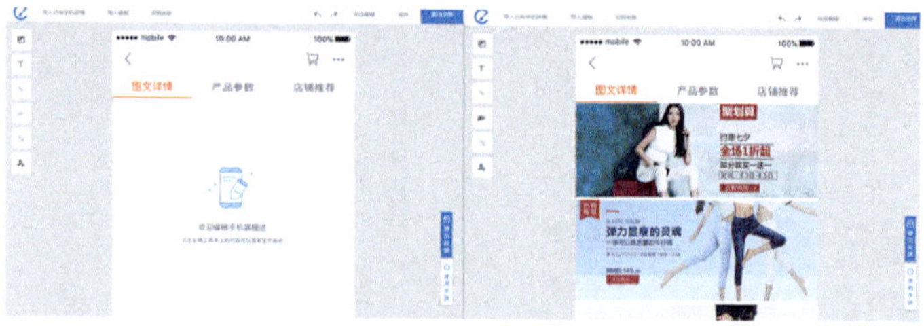

图10-60 淘宝神笔手机详情页编辑器

步骤03 单击最顶部的菜单栏，可以选择“导入模板”，进入模板设计中心，选择合适的模板，导入进来，再进行设计编辑，如图10-61所示。

步骤04 图片模块，不但可以更换图片的顺序、替换图片、删除图片和添加文字等，还支持添加热区链接等操作，如图10-62所示。

图10-61 导入设计模板编辑

图10-62 图片模块编辑

步骤05 图片热链接的添加，可以调整链接覆盖图片的大小，目前最多可以支持15个链接，如图10-63所示。

步骤06 文字模块，可更改文字的样式、颜色、背景色等，一般作为标题或者公告说明用，如图10-64所示。这里添加的文字是单独的一个模块，与在图片上添加文字是两种不同的操作，图片上的文字叠加在图片上，属于图片模块的一部分内容（当图片模块删除后，文字也会删除）。这里添加的文字模块是独立的一个模块，与图片模块是并列关系。

图10-63 图片添加热链接

图10-64 文字模块

步骤07 对于符合视频类目的商品，将会出现视频模块的按钮。值得注意的是，未订购无线视频的用户将无法上传新视频，同时有部分类目不支持视频。目前详情页的视频时长不超过60秒，如图10-65所示。

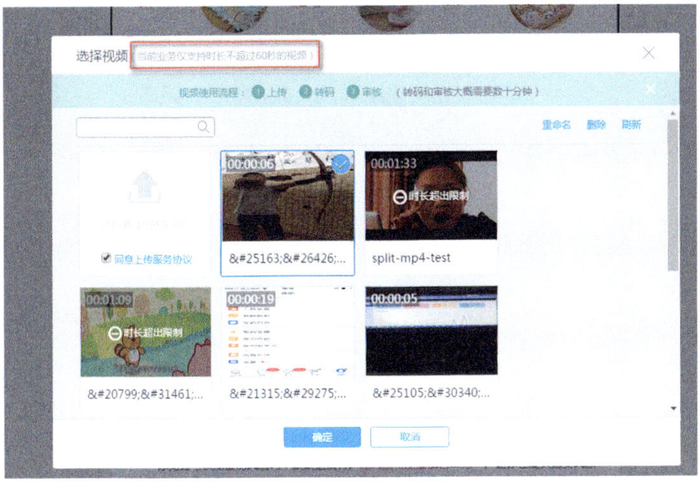

图10-65 视频模块

步骤 08 所有详情内容编辑完之后，如需要发布到线上，可在详细检查后单击“完成编辑”按钮；如暂时不发布，可单击“保存”按钮。

10.3.4 手机详情页音频录制

细心的读者一定发现了，每个手机版图文详情可以有1个音频，也就是说，可以使用语音导购的模式向买家们推荐自己的商品和店铺，如果觉得自己的商品有卖点，觉得自己的店铺有故事，那可别错过了。接下来为大家介绍如何快速录制自己专属的音频导购。

步骤 01 登录卖家中心，在发布宝贝中填写基本信息，有手机端描述内容后就可以添加音频，一个宝贝只能上传一个音频，如图10-66所示。

图10-66 添加音频

步骤 02 选择要上传的音频，大小不要超过200KB，仅支持MP3格式，可以找专业的配音录制，也可以自己使用手机录制，如图10-67所示。

步骤 03 做好音频之后，上传到音频空间，选择一个需要的声音，单击“插入”按钮，就可以添加到手机详情页中，如图10-68所示。

图10-67 选择要上传的音频

图10-68 插入音频

1. 基本规范和建议

（1）基础规范：每个手机详情只能增加一个音频，建议时长不超过30秒，大小不超过200KB，仅支持MP3格式（最好使用格式转化器，如百度音乐、MP3转化器转化成标准的MP3格式）。

（2）建议：可以采用多样化的表达方式，例如，口语化的表达方式，会显得更加亲切；激情的表达方式，会让人产生购物冲动；模仿明星口吻，会让人有想听完的欲望。

2. 音频内容示例

为了让大家快速运用音频导购的方式，这里准备了几种模板，供大家“填空”录音。

（1）产品卖点。

填空：大家好，欢迎光临______（店铺名称），我们的产品__________（描述卖点），喜欢请记得点击收藏哦！

示例：大家好，欢迎光临美体小铺，我们的产品纯植物提取，0添加，安全有保障，还有美白淡斑的功效，喜欢请记得点击收藏哦！

（2）品牌故事。

填空：__________（品牌名称），__________（品牌口号），贴合亲的心意，欢迎选购。

示例：×××雨伞制造世家，每一把都是随时为你撑开的绚丽之伞，贴合亲的心意，欢迎选购。

（3）产品特色。

填空：亲，我家的__________（产品名称）和别家大不同，__________（产品特点特点），千万别错过呀！

示例：亲，我家的黑芝麻和别家大不同，是村里的老人炒制出来的，是淘宝上唯一可以即食的黑芝麻，千万别错过呀！

（4）产品优惠。

填空：大家好，这里是__________（店铺名称），恰逢__________（优惠理由）之际，我们推出__________（优惠具体内容），大家不要看得眼花缭乱哦！看准心仪的一款，赶紧下手吧！

示例：大家好，这里是×××牛仔，恰逢本店开店一周年之际，我们推出买一送一的活动，买一条牛仔裤，马上送一双袜子，大家不要太眼花缭乱哦！看准心仪的一款，赶紧下手吧。

（5）店铺特色和服务。

填空：亲们，本店拥有__________（店铺特色），在本店选购任何商品，均享受__________（店铺服务）！

示例：亲们，本店拥有杭州最优质的货源，全淘宝最清晰的手机细节实拍图，同类商品最低廉的价格，在本店选购任何商品，均享受十天无理由退换货服务，退换货产生的来回运费掌柜包哦。